Manfred Wöhlcke:
Soziale Entropie
Die Zivilisation und der Weg allen Fleisches

Deutscher
Taschenbuch
Verlag

Originalausgabe
März 1996
© Deutscher Taschenbuch Verlag GmbH & Co. KG,
München
Umschlaggestaltung: Dieter Brumshagen
Umschlagbild: Wieslaw Smetek/Stern
Gesamtherstellung: C. H. Beck'sche Buchdruckerei,
Nördlingen
Printed in Germany ISBN 3-423-04687-2

Das Buch

Schonungslos, provokant und mit bissiger Ironie erläutert diese Streitschrift die alles andere als hoffnungsvollen Entwicklungsperspektiven der menschlichen Gesellschaft. Ausgangspunkt ist die Erkenntnis, daß in sozialen Systemen bestimmte Kräfte wirksam sind: die Tendenz zur Syntropie, zur Aufrechterhaltung von Ordnung, zum Aufbau von Organisationsstrukturen, und die Tendenz zur Entropie, zur Unordnung, zum Verfall. Soziale Entropie wird in der komplexesten Gesellschaftsform, der Industriegesellschaft, am deutlichsten sichtbar, weil hier das erforderliche Maß an syntropischen Gegenkräften nicht mehr erreicht werden kann. Die Folge ist die soziokulturelle Desintegration, der Zerfall. Der Autor erläutert die Faktoren globaler Zerfallserscheinungen – Überbevölkerung, Umweltzerstörung, Verelendung, Flüchtlingsbewegungen, Krankheiten –, analysiert die Perspektiven der Entwicklungsländer und zeigt anhand der hochentwickelten Industrieländer, wie weit hier die selbstzerstörerischen Tendenzen und moralischen Defizite in allen Bereichen des sozialen Systems bereits fortgeschritten sind. Das Fazit ist provozierend pessimistisch: »Die Zukunft wird in der Gegenwart vorbereitet und beginnt jetzt. Sie zeigt einen stabilen Trend in die falsche Richtung.« Höchste Zeit zum Nach- und Umdenken.

Der Autor

Manfred Wöhlcke, geboren 1942, ist Soziologe und Lateinamerikanist. Er promovierte 1969 mit einer religionssoziologischen Studie; seine Habilitationsschrift von 1979 behandelt soziale Aspekte der nachholenden Industrialisierung. Zur Zeit arbeitet er an einem Forschungsinstitut für internationale Politik über die globale Entwicklungs- und Umweltproblematik sowie den gesellschaftlichen Wandel in Lateinamerika. Veröffentlichungen u. a.: ›Ein dritter Weg für die Dritte Welt?‹ (1985); ›Der Fall Lateinamerika. Die Kosten des Fortschritts‹ (1989); ›Brasilien. Anatomie eines Riesen‹ (1991); ›Umweltflüchtlinge‹ (1992); ›Der ökologische Nord-Süd-Konflikt‹ (1993); ›Brasilien. Diagnose einer Krise‹ (1994).

Inhalt

Vorwort 7

I. Soziale Entropie und Soziologie 9

II. Soziale Entropie global 36
   1. Bevölkerungswachstum 36
   2. Umwelt 42
   3. Massenelend 57
   4. Migrationen 77
   5. Rüstung 83
   6. Krankheiten 91
   7. Drogen 102

III. Soziale Entropie in »rückständigen«, »unterentwikkelten« und »halbentwickelten« Gesellschaften 116
   1. »Rückständigkeit« 116
   2. »Unterentwicklung« am Beispiel eines Schwellenlandes der sogenannten Dritten Welt 120
   3. »Halbentwicklung« am Beispiel von Regionen der europäischen Peripherie 151

IV. Soziale Entropie in »hochentwickelten« Gesellschaften 166
   1. Wirtschaft, Gesellschaft, Politik und Verwaltung . 166
   2. Gehobene Kultur 179
   3. Alltagskultur 195
   4. Umwelt 221

V. Perspektiven 231

Literaturhinweise 233

Vorwort

Dies ist ein in mehrfacher Hinsicht ärgerliches Buch: Erstens werden fast alle Illusionen zerstört, die unserem Weltbild eine erfreuliche Färbung geben; zweitens wird mit der Bejahung von phänomenologischen und morphologischen Analogien die ganze moderne Sozialwissenschaft in Frage gestellt; drittens wird der Leser in ein Labyrinth geführt und dort allein gelassen; viertens werden keinerlei Rücksichten auf die gängigen Grenzen des Humors genommen; und fünftens sind die Konsequenzen dieser Abhandlung schlichtweg trostlos.

Der einzige Trost, den ich dem Leser zu geben vermag, besteht in der Versicherung, daß ich selber bei der Niederschrift dieses Textes am allermeisten leiden mußte und auch die Fahnenkorrekturen nur mit größter Überwindung erledigt habe.

Ich bin Soziologe. Man weint viel in diesem Beruf, aber von allen deprimierenden soziologischen Büchern, die ich kenne, ist dieses mit Abstand das deprimierendste. Es wird dennoch seine Leser finden, und zwar unter jenen sozialwissenschaftlich interessierten Personen, die den in Deutschland so häufigen und sonderbaren Hang zur Selbstbestrafung haben.

Die soziologische Erkenntnis kommt selten, aber plötzlich. Je mehr ich mich seit dreißig Jahren mit der Soziologie beschäftigt habe, um so sinnloser erschien sie mir, und zwar aus zwei Gründen: Erstens bekam ich den Eindruck, daß sie die spirituellen Probleme der menschlichen Existenz nicht zu lösen hilft, sondern im Gegenteil verstärkt, und zweitens wurde mir immer bewußter, daß die Geschichte der Theorien von einer ganz anderen, realen Geschichte begleitet wird. Als ich die Hoffnung schon aufgegeben hatte, jemals das gleißende Licht der soziologischen Erkenntnis zu erblicken, wurde mir dieses Geschenk plötzlich zuteil, aber es erwies sich schon bald als ein veritables Danaergeschenk.

Ich gehe davon aus, daß die menschliche Gesellschaft wahrscheinlich schon *vor*, spätestens aber *nach* dem Durchlaufen des sogenannten Entwicklungsprozesses kollabiert und die Menschen als stammesgeschichtliche Gattung von diesem Planeten verschwinden werden. Es ist nun leider nicht nur diese These an sich, die deprimierend ist, sondern die Tatsache, daß es gute Argumente gibt, die sie plausibel machen.

Es gibt viele Wege in die Katastrophe. Die Menschheit hat sich entschlossen, alle Varianten des Untergangs gleichzeitig auszuprobieren um herauszufinden, welche die beste ist. Der Selektionsprozeß, der die Entwicklung der Arten hervorgebracht hat, wirkt auch bei deren Untergang. Die erfolgreichste Art wird den besten Weg finden, um sich selber zu vernichten, sofern sich nicht einer der anderen Wege bereits vorher für diesen Zweck als ausreichend erweist.

Alle jene Leser, die sich von der Lektüre dieses Buches die Befriedigung einer gewissen masochistischen Frivolität erhoffen, werden eine Enttäuschung erleben, denn sie werden zwar gequält, aber ihre Frivolität wird nicht befriedigt.

M. W.

I. Soziale Entropie und Soziologie

Aus der Soziologie schöpfen wir Tatsachen und Vermutungen. Sie ist reich an Argumenten, aber arm an Sinn. Die Lektüre soziologischer Texte produziert darüber hinaus schlechte Laune, und zwar aus zweierlei Gründen: Erstens ist die soziologische Terminologie weniger eine Sprache, die der Verständigung dient, als eine Art Desinfektionsmittel, und zweitens ist es äußerst schwierig, zwischen der soziologischen Theorie und der gesellschaftlichen Wirklichkeit einen Zusammenhang zu entdecken, der ebenso in kognitiver wie in emotionaler Hinsicht befriedigt.

Was liegt näher, als in anderen Wissenschaften Anregung und Trost zu suchen? Beides finde ich nicht nur in den sogenannten Hilfswissenschaften der Soziologie (z. B. in der Kulturanthropologie, Biosoziologie, Sozialpsychologie, sozialen Morphologie, Sozialphilosophie und Geschichtswissenschaft), sondern auch in der Physik und in der Philosophie, die zwar eine schwere, aber nahrhafte und letztlich bekömmliche Kost bereitstellen.

Die Soziologie ist die wissenschaftlich-systematische Behandlung der Gesetzmäßigkeiten, die sich aus dem Zusammenleben der Menschen ergeben, und zwar im Bereich der allgemeinsten Beziehungen zwischen Person, Gruppe und Gesellschaft sowie allen gesellschaftlichen Teilsystemen. Greifen wir ins Archiv:

Der soziologische Begriff der *Person* betrifft den einzelnen Menschen als Produkt von Sozialisations- und Enkulturationsprozessen sowie als selbständigen sozialen Akteur (Individuation). Die sozio-kulturelle Integration der Person erfolgt nie »total« im Sinne einer vollständigen Anpassung an die dominanten Werte und Normen, sondern immer nur relativ und segmentell, was mit den Begriffen der sozialen Rolle, der Rollenerwartung und Rollenselbstdeutung erfaßt wird. Bei starker Verbindlichkeit von Werten und Normen kann es zu entsprechenden Konflikten und zur Herausbildung von Randpersönlichkeiten kommen. Normen- und Wertekonflikte treten besonders häufig in der Übergangsphase vom Jugendlichen zum Erwachsenen auf, und zwar so lange, wie die entsprechenden Desorientierungen und Statusunsicherheiten nicht konstruktiv bewältigt werden. Das alles kennen wir zur Genüge.

Gruppe im Gegensatz zu »Gesellschaft«, also einem sozialen Makrosystem, bezeichnet ein System enger und intensiver sozialer Beziehungen (»Intimgruppe«, »face-to-face-group«), das über gruppenspezifische Aktivitäten, Interaktionen und Gefühle eine eigene Identität entwickelt und sich von anderen Primär- oder Sekundärgruppen abgrenzt, was einen entsprechenden sozialen Austausch natürlich nicht ausschließt. Eine wichtige Unterscheidung betrifft die formalen und die informalen Gruppen, bei denen jeweils funktionale bzw. emotionale Aspekte im Vordergrund stehen.

»Die Gesellschaft« schließlich ist ein mehrdeutiger Begriff. In der Soziologie hat sich der Begriff der Gesellschaft als synonym mit demjenigen des »Sozialen« durchgesetzt; er bezeichnet ein prozeßartiges Geschehen zwischenmenschlicher Natur, das sowohl der mikro- (Beziehungssoziologie) wie auch der makro-soziologischen (Analyse komplexer sozialer Gebilde) Betrachtung offensteht. Die Gesellschaft wird in der modernen Soziologie nicht mehr als Gegensatz zur »Gemeinschaft« (Ferdinand Tönnies) verstanden. Sie läßt sich über eine Analyse der Struktur (d. h. des vorgefundenen Aufbaus der sozialen Wirklichkeit) und der Funktionen einzelner Strukturelemente im Rahmen eines gegebenen Normen- und Wertezusammenhangs erfassen.

Im Rahmen dieser Abhandlung geht es um den Wandel von Gesellschaften und ihrer Teilsysteme. Es gibt zahlreiche Theorien des sozialen Wandels,[1] die in der Regel ebenso kompliziert wie unhistorisch sind. Sie werden später noch einmal zur Sprache kommen. Um meinen Ansatz zu erklären, will ich zunächst nur auf eine besonders aktuelle Theorie eingehen. Sie befaßt sich mit der gesellschaftlichen Selbstorganisation, der sogenannten Autopoiesis bzw. Autopoiese (von griech. autos = selbst und poiein = machen), welche die als längst überwunden erachteten Organismustheorien (Paul v. Lilienfeld, Alfred Espinas, Herbert Spencer, Othmar Spann u. a.) aus der Perspektive einer allgemeinen Systemtheorie wieder aufgreift.

Zunächst behandelte die Theorie der Autopoiesis nicht die menschliche Gesellschaft, sondern die Selbstorganisation ein-

---

[1] Vgl. Manfred Wöhlcke, Abhängige Industrialisierung und sozialer Wandel. München 1981, S. 28 ff.

zelner lebender Organismen. »Unser Vorschlag ist, daß Lebewesen sich dadurch charakterisieren, daß sie sich – buchstäblich – andauernd selbst erzeugen. Darauf beziehen wir uns, wenn wir die sie definierende Organisation autopoietische Organisation nennen.«[2] Schon bei der ersten Lektüre glaubte ich, diesen Text richtig zu deuten, indem ich annahm, daß dies nur ein Präludium für eine ziemlich sperrige Darbietung sein würde. Ich hatte mich nicht getäuscht. Wichtige Beiträge zur Theorie der Autopoiesis stammen vor allem von den soeben zitierten Autoren, nämlich dem chilenischen Neurobiologen Humberto R. Maturana und seinem Kollegen Francisco Varela.[3] Da es ähnliche Formen der Selbstorganisation nicht nur in der unbelebten Materie (z. B. Kristallwachstum) und bei einzelnen lebenden Organismen, sondern auch in Tiersozietäten (z. B. Ameisenhaufen oder Bienenvolk) gibt, lag die Frage nahe, ob nicht die menschliche Gesellschaft ebenfalls als ein autopoietisches System höherer Ordnung zu verstehen sei. Diesbezüglich äußerten sich Maturana und Varela eher zurückhaltend. Andere Autoren gingen dieser Frage aber intensiver nach und legten einige komplizierte Bücher vor, bei deren Lektüre man sich allerdings fragt, ob man überhaupt etwas versteht, und wenn ja, ob das, was man zu verstehen meint, tatsächlich das ist, was der betreffende Autor meint.[4] Dieses Unverständnis macht mich sensibel für die auf Deutschland lastende Schwermut, obwohl der Anstoß dazu aus Chile kommt, aber dies nur am Rande.

Das wenige, was ich meine, verstanden zu haben, will ich an einem Beispiel erläutern, das meinem sozialen Horizont entspricht. Wir verlassen also kurz das Reich des Soziologen, um

---

[2] Humberto R. Maturana u. Francisco Varela, Der Baum der Erkenntnis. Die biologischen Wurzeln des menschlichen Erkennens. Bern, München, Wien 1987, S. 50.

[3] Vgl. Humberto R. Maturana, Erkennen: Die Organisation und Verkörperung von Wirklichkeit. Ausgewählte Arbeiten zur biologischen Epistemologie. Braunschweig, Wiesbaden 1982; Humberto R. Maturana u. Francisco Varela, Autopoietische Systeme: Eine Bestimmung der lebendigen Organisation. In: Maturana, Erkennen, S. 170–235; Maturana u. Varela, Der Baum der Erkenntnis.

[4] Vgl. Jürgen Habermas, Zur Logik der Sozialwissenschaften. 5. Aufl. Frankfurt a. M. 1982; ders., Soziale Systeme. Grundriß einer allgemeinen Theorie. 2. Aufl. Frankfurt a. M. 1988; Niklas Luhmann, Autopoiesis, Handlung und kommunikative Verständigung. In: Zeitschrift für Soziologie 11 (1982), S. 366–379; ders., Autopoiesis als soziologischer Begriff. In: H. Haferkamp u. M. Schmid (Hrsg.), Sinn, Kommunikation und soziale Differenzierung. Beiträge zu Luhmanns Theorie sozialer Systeme. Frankfurt a. M. 1987, S. 307–320; G. Teubner u. A. Febbrajo (Hrsg.), State, Law, Economy as Autopoietic Systems. Mailand 1990.

uns dem wahren Leben zuzuwenden: Wenn im Frühjahr ein Campingplatz eröffnet wird, kommt eine Gruppe von mehr oder weniger zufällig anreisenden Touristen in ein unstrukturiertes, quasi-geschlossenes System[5] mit einem Minimum an vorgegebenen sozialen Werten und Normen. Schon nach wenigen Tagen hat sich eine soziale Struktur entwickelt, die viele Elemente einer komplexen Gesellschaft enthält (Beziehungen, Kommunikation, formale und informale Gruppen, Werte, Normen, ritualisierte Handlungsabläufe, Hierarchien u. ä.). Dieser komplizierte Aufbau einer sozialen Ordnung vollzieht sich gewissermaßen »von selbst«, und je länger er andauert, um so differenziertere Strukturen und Funktionen bilden sich heraus. Interessant ist dabei die Tatsache, daß viele dieser Strukturen und Funktionen bestehen bleiben und weiter ausdifferenziert werden, obwohl es eine ständige Ab- und Zuwanderung der Touristen gibt, bis das ganze System schließlich im Oktober kollabiert. Dieses Beispiel habe ich deswegen gewählt, weil sich damit die Autopoiesis der menschlichen Gesellschaft illustrieren läßt, gleichzeitig aber auch deren – von den Theoretikern der Autopoiesis kaum beachteter – Kollaps, der durch die (später angesprochene) »Dissipation« der Touristen und den Zerfall der von ihnen aufgebauten Ordnungsstrukturen erfolgt. Damit sind wir schon mitten in unserem Thema, aber bis es richtig losgeht, sollten wir uns noch auf eine intellektuelle Warteschleife begeben, auf der sich die in der gebotenen Skepsis aufgewachsene Erkenntnis ein wenig konsolidieren läßt.

Die meisten Autoren, die sich mit autopoietischen Systemen beschäftigen, vermitteln den Eindruck, daß die Vergesellschaftung der Menschen komplizierter verläuft als das, was wir auf einem Campingplatz beobachten können. Hoffnungslosigkeit ergreift den Leser, noch bevor er die betreffenden Bücher aufschlägt. Wir erfahren zum Beispiel folgendes:

> »Es gibt eine Klasse dynamischer Systeme, die – als Einheiten – verwirklicht werden als Netzwerke der Produktion (und Auflösung) von Bestandteilen, welche

---

[5] »Autopoietische Systeme sind intern zustandsdeterminiert. Die inneren Zustände derartiger Systeme stehen in zyklischer Wechselbeziehung, wobei sie im Hinblick auf die Abfolge ihrer Zustände operational geschlossen sind.« R. Mocek, Anmerkungen zur Autopoiesis. In: Deutsche Zeitschrift für Philosophie 38 (1990) 4, S. 354–363 (358).

a) durch ihre Interaktion in rekursiver Weise an der Verwirklichung des Netzwerkes der Produktion (und Auflösung) der Bestandteile mitwirken, das sie selbst erzeugt, und welche
b) durch die Festlegung seiner Grenzen eben dieses Netzwerk der Produktion (und Auflösung) von Bestandteilen als eine Einheit in dem Raum konstituieren, den sie bestimmen und in dem sie existieren. Francisco Varela und ich haben solche Systeme autopoietische Systeme und ihre Organisation als autopoietische Organisation bezeichnet (...). Ein autopoietisches System, das im physikalischen Raum existiert, ist ein lebendes System – oder, etwas genauer, der physikalische Raum ist der Raum, den die Bestandteile lebender Systeme bestimmen und in dem sie existieren (...)«[6]

Gefällt uns das? Nein, es gefällt uns nicht. Wenn uns an diesem Zitat überhaupt etwas gefällt, so ist es im ersten Satz der verschämte Hinweis in der Klammer (»und Auflösung«). Der Autor verfolgt diesen Gedanken aber nicht weiter, was mir insofern entgegenkommt, als ich dies selbst tun will. Die schwerverdauliche Kost, die uns dieser spröde chilenische Koch anbietet, ist allerdings eine bekömmliche Süßspeise im Vergleich zu dem, was andere kulinarische Stars in derselben Küche zubereiten. Mittlerweile haben nämlich die Soziologen den Fall übernommen:

»Die Theorie selbstreferentieller Systeme behauptet, daß eine Ausdifferenzierung von Systemen nur durch Selbstreferenz zustandekommen kann, das heißt dadurch, daß die Systeme in der Konstitution ihrer Elemente und ihrer elementaren Operationen auf sich selbst (sei es auf Elemente desselben Systems, sei es auf Operationen desselben Systems, sei es auf die Einheit desselben Systems) Bezug nehmen. Systeme müssen, um dies zu ermöglichen, eine Beschreibung ihres Selbst erzeugen und benutzen; sie müssen mindestens die Differenz von System und Umwelt systemintern als Orientierung und als Prinzip der Erzeugung von Informationen verwenden können. Selbstreferentielle Geschlossenheit ist daher nur in einer Umwelt, ist nur unter

---

[6] Maturana, 1982, S. 245.

ökologischen Bedingungen möglich. Die Umwelt ist ein notwendiges Korrelat selbstreferentieller Operationen, weil gerade diese Operationen nicht unter der Prämisse des Solipsismus ablaufen können (man könnte auch sagen: weil alles, was in ihr eine Rolle spielt, einschließlich des Selbst selbst, per Unterscheidung eingeführt werden muß). Die (inzwischen klassische) Unterscheidung von ›geschlossenen‹ und ›offenen‹ Systemen wird ersetzt durch die Frage, wie selbstreferentielle Geschlossenheit Offenheit erzeugen könne.«[7]

Als ich diese Passage las, fürchtete ich, psychosomatische Hautausschläge zu bekommen, falls ich weiterlesen würde. Ein Text dieses Zuschnitts, der tatsächlich nur von Luhmann stammen kann, hinterläßt hoffentlich nicht nur bei mir ein Gefühl der Ratlosigkeit. Für die Überwindung eines solchen Zustands intellektueller Selbsterniedrigung und emotionaler Vereinsamung empfehle ich eine hilfreiche Methode für den Umgang mit schwer zugänglichen Mitteilungen, nämlich die Meditation. Wenn es dem Meditierenden gelingt, die allgemeine Soziologie und speziell die Theorie der Autopoiesis im höheren Selbst zu spiegeln, dann bekommt er zunächst den Eindruck, daß die gesellschaftliche Evolution nichts anderes sei als ein nahezu irreversibler Prozeß der aufwärts gerichteten Evolution aller lebenden Organismen sowie der gesellschaftlichen Selbstorganisation im Sinne einer Herausbildung immer komplexerer Strukturen. Wenn man diese These noch etwas idealistisch anreichert, ist man nicht mehr weit von der Auffassung Hegels entfernt, wonach sich der als individuelles, subjektives Bewußtsein im einzelnen Menschen vorhandene Geist zu einer überindividuellen Intelligenz in der Gesellschaft kumuliert und im Recht, in der Moral sowie letztlich im Staat eine objektive Gestalt annimmt.

Da sich das höhere Selbst mit zunehmender Meditationsdauer aber immer weniger täuschen läßt, arrangiert es vermeintliche Zufälle, die einem weiterhelfen. In meinem Fall lief das so, daß ich im Urlaub einen Physiker kennenlernte, der sich mit der Entropie beschäftigte, während ich mich gerade in einem von Maturana und Varela[8] kunstvoll angelegten Labyrinth verirrt hatte. Die Gespräche mit diesem Physiker waren

[7] Luhmann, 1988, S. 25.
[8] Maturana u. Varela, 1987.

für mich nicht nur ein unerwartetes Bildungserlebnis, sondern sie halfen mir auch, mein diffuses soziologisches Gesellschaftsbild zu ordnen, und zwar ausgerechnet über den Begriff der Entropie.

Dieser Begriff, der sich vom griechischen Verb »entropein« (= umkehren) ableitet, hat in der Physik zwei Bedeutungen. Im Rahmen der Thermodynamik ist er ein Maß für die Umkehrbarkeit bzw. Nichtumkehrbarkeit energetischer Prozesse, und im Rahmen der Wahrscheinlichkeitstheorie ist er ein Maß für Ordnung bzw. Unordnung. Es ist dieser zweite Aspekt, der meines Erachtens für die Sozialwissenschaften fruchtbar gemacht werden kann, und zwar speziell die These, wonach in geschlossenen Systemen irreversible Prozesse ablaufen, die zum Zustand größter Wahrscheinlichkeit und damit zu größter Unordnung tendieren. Es kommt zur sogenannten Dissipation von Energie und damit zu einem Zerfall der vorhandenen Ordnungsstrukturen: Der Grad der Entropie steigt. Dies läßt sich nur dadurch verhindern, daß dem betreffenden System von außen Energie zugeführt wird; das System muß also »geöffnet« werden.

Ein begriffliches Pendant zur Entropie ist nicht allgemein eingeführt. Gelegentlich wird der Begriff der »Syntropie« verwendet. Er bezeichnet ursprünglich das gleichzeitige Auftreten mehrerer Krankheiten. Ich will ihn wie einige andere Autoren als Gegensatz zu Entropie verwenden, also im Sinne des Aufbaus und der ständigen Ausdifferenzierung von Ordnungsstrukturen.[9]

Im Gegensatz zu vielen soziologischen Modellannahmen (auch im Rahmen der Theorie der Autopoiesis) sind die meisten sozialen Systeme und Teilsysteme mehr oder weniger »offen«, und zwar um so »offener«, je komplexer und interdependenter sie sind. Ein isolierter Indianerstamm im Amazonasgebiet ist also weitgehend »geschlossen«, eine moderne Industriegesellschaft ist dagegen weitgehend »offen«. Dennoch ist der physikalische Entropiebegriff auch und gerade für das Verständnis »offener« sozialer Systeme hilfreich. Dies genau ist das Thema der vorliegenden Studie.

---

[9] Das Gegenteil von Entropie wird gelegentlich auch als Negentropie bezeichnet, z. B.: »Das Gegenteil (von Entropie) ist *Negentropie*, das Maß der Ordnung, Sortierung oder Voraussagbarkeit in einem Aggregat.« Vgl. Gregory Bateson, Geist und Natur. Frankfurt a. M. 1982, S. 273.

Ich habe ein tiefes Verständnis für zivilisatorische Dekadenz und glaube, daß Pessimisten letztlich mehr Realitätssinn haben als Optimisten. Die ständigen Neuerungen machen mich tendenziell nervös. Vor Jahren habe ich mir eine Formulierung notiert, die mir gut gefallen hat: »die zerstörerische Kraft der Zeit«. Leider habe ich mir nicht gemerkt, von wem dieses Zitat stammt, aber ich glaube, es stammt von Hegel. Auch der Kontext ist mir nicht mehr in Erinnerung, aber falls das Zitat tatsächlich von Hegel ist, käme es mir sehr gelegen, da ich annehme, daß er es ordentlich dialektisch verpackt hätte und damit meinem Thema der ambivalenten Balance zwischen Entropie und Syntropie ziemlich nahe gekommen wäre.

Ich gehe davon aus, daß in allen Gesellschaften und ihren Teilsystemen ein Prozeß der sozialen Entropie wirksam ist, welcher der sozialen Syntropie, also jener Energie, die den Aufbau sozialer Ordnung und Differenzierung fördert, entgegenwirkt. Es bedarf immer eines angemessenen Aufwands an »sozialer Energie« (spezialisierter Intelligenz und Arbeit), um die Struktur und Funktion sozialer Systeme und Teilsysteme aufzubauen, zu optimieren, zu erhalten und in einem sich verändernden Umfeld anzupassen. In einfachen gesellschaftlichen Systemen genügt dafür die Energie der Selbstorganisation – eben die Autopoiesis. In komplexeren Gesellschaften wird dieser Aufwand jedoch immer größer und kann nicht mehr über die Selbstorganisation geleistet werden. Die erforderliche soziale Energie muß dann über direkte wie indirekte Zwangsmaßnahmen (»soziale Kontrolle«) bereitgestellt werden, aber auch diese reichen letztlich nicht aus, um die Aufrechterhaltung des Zustands hoher Ordnung und Spezialisierung zu gewährleisten. Damit greift das Gesetz der Entropie: Die Gesellschaft tendiert zum Zustand der größten Wahrscheinlichkeit und damit zur größten Unordnung; sie zerfällt. Angesichts dieser Perspektive, die derjenigen der Soziologie genau entgegengesetzt ist, erwartet der Leser vielleicht sachkundigen Trost. Dessen bedarf ich jedoch selber.

Neben den Wissenschaften gibt es bekanntlich noch andere Erkenntnissysteme, zum Beispiel die Künste, die Religionen und die Esoterik. Töne, Formen, Bewegungen und Farben können mehr sagen als Wörter, religiöse Transzendenz kann vieles »in einem anderen Licht« *erscheinen* lassen, und das Denken in esoterischen Analogien kann Zusammenhänge aufdecken, die dem logischen Denken nicht ohne weiteres zugänglich sind. Von den Künsten und den Religionen wird später noch die Rede sein. Hier sei zunächst nur an eine grundlegende Einsicht der Esoterik erinnert: »Wie im Großen, so im Kleinen«. Betrachten wir lediglich drei von beliebig vielen Analogien »im Kleinen«:

Für den Bau eines Hauses muß Materie, die diffus – das heißt im Zustand hoher Entropie – auf unserem Planeten verteilt ist, konzentriert, aufbereitet und in einer geordneten Form strukturiert werden; ebenso muß die diffus vorhandene menschliche Intelligenz und Arbeitskraft für diesen besonderen Zweck spezialisiert und bereitgestellt werden. Danach ist ein ständiger Funktions- und Erhaltungsaufwand erforderlich. Wenn dieser nicht im ausreichenden Umfang geleistet wird, wird das Gebäude seine Funktionen nach und nach verlieren und letztlich auch materiell verfallen, bis schließlich der Zustand größter Wahrscheinlichkeit, nämlich des vollständigen Verfalls erreicht ist. Wie wir wissen, ist dieses das Schicksal der meisten Gebäude.

Die zweite Analogie betrifft die Menschen als biologische Wesen. Der menschliche Körper erleidet im Laufe der Jahre bekanntlich einen schmerzhaft erlebten Prozeß zunehmender Entropie. Der Versuch, sich emotional damit zu entschädigen, daß gleichzeitig der menschliche Geist zu Strukturen höherer Ordnung aufwächst, ist meistens nicht von Erfolg gekrönt, denn erstens stimmt diese Annahme in der Regel nicht, und falls sie stimmt, erbringt ein aufwachsender Geist in einem verfallenden Körper auch kein wirklich überzeugendes Gefühl erfolgreicher Kompensation. Der Tod atomisiert schließlich den menschlichen Körper, das heißt, er wird nach einer angemessenen Umtriebszeit zum Ausgangspunkt zurückgeführt und geht in ein entropisches Maximum über. Inwieweit der Geist bzw. die Seele davon verschont bleibt, ist ein traditioneller Gegenstand religiöser Spekulation. Möglicherweise erhält sich diesbezüglich eine syntropische Reserve, die durch eine lange Reinkarnationskette hindurchdekliniert wird, bis sie sich schließlich doch im großen Ganzen – das heißt in einem Höchstmaß an Entropie – auflöst.

Die dritte Analogie betrifft die sogenannte Liebe, die ja bekanntlich hochentropische Eigenschaften hat, sobald sie höhere Aggregatseigenschaften annimmt als die geschlechtsneutrale Kameradschaft. Wenn nicht ständig von beiden Partnern ein konzentrierter Funktions- und Erhaltungsaufwand geleistet wird, kommt es zu einem galoppierenden Prozeß der Dissipation libidinöser Energie, der zu einem syntropischen Prozeß in Richtung auf eine neue soziale Abbindung umschlägt, in der die Entropie wiederum wirksam wird. Dies ließe sich natürlich einfacher formulieren, aber das laufende Kapitel richtet sich in erster Linie an die Fachkollegen, die mich nicht richtig ernst nehmen würden, wenn ich mich damit begnügen würde, die Liebe mit einem Schmetterling zu vergleichen, der sich Dressurversuchen gegenüber als ziemlich unzugänglich erweist.

Damit der Leser noch besser versteht, worum es hier geht, und um naheliegende Mißverständnisse von Anfang an auszuräumen, soll bereits an dieser Stelle erwähnt werden, daß der Prozeß der Entropie in einer komplexen Gesellschaft nicht alle Teilsysteme mit derselben Intensität erfaßt und daß es selbstverständlich auch Teilsysteme gibt, die dem entropischen Prozeß entgegenwirken. Im Sinne einer didaktischen Handreichung, zu der ich mich jedoch nur in diesem einleitenden Kapitel bereitfinden möchte, liste ich im folgenden einige Institutionen, soziale Regelungen, Verhaltensweisen, Befindlichkeiten und zivilisatorische Produkte auf, die hochsyntropische bzw. hochentropische Eigenschaften haben, das heißt, die sich in einem Zustand hoher bzw. niedriger Ordnung befinden oder in diesem Sinne wirksam sind. Dabei handelt es sich um morphologische Analogien mit einer engen und leicht erkennbaren inneren Verwandtschaft.

Hochsyntropisch sind beispielsweise der Bundesrechnungshof, die Heilsarmee, die deutsche Friedhofsordnung, die CSU, der Knigge, der deutsche Apotheker-Verband, die Aktion »Saubere Leinwand«, der deutsche Skat-Bund, die Finanzämter, die Zeugen Jehovas, das ›Deutsche Adelsblatt‹, das Tölzer Müllkonzept, die Bundesbank, der deutsche Schäferhund, die Flurbereinigung, Waschsalons, Johann Sebastian Bach, der TÜV, der Papst, das deutsche Reinheitsgebot, die Straßenverkehrsordnung, die Feuerwehr, der ›Duden‹, die Trachtenvereine, der Denkmalschutz, die Wiener Sängerknaben und die Anonymen Alkoholiker.

Hochgradig entropisch sind beispielsweise die deutschen Autobahnraststätten, der moderne Kunstmarkt, das deutsche Scheidungsgesetz, die sexuelle Revolution, öffentliche Toiletten, das Frankfurter Bahnhofsviertel, die Inflation, der Massentourismus, der Autoverkehr, die UNO, die moderne Architektur, der jugendliche Vandalismus und die sogenannte Fernsehkultur. Das bekannteste Symbol für ein entropisches Kraftfeld ist das Bermuda-Dreieck. Entropische Geistesströmungen enden häufig auf »-mus«, »-ance« und »-ion«, zum Beispiel Nihilismus, Anarchismus, Defätismus, Materialismus, Kommunismus, Egoismus, Sexismus, Existentialismus, Expressionismus, Dadaismus, Nonchalance und Korruption.

Zur Verdeutlichung seien noch einige physische Produkte genannt: Hochsyntropisch sind zum Beispiel Beton, Verkehrsampeln, Edelstahl, Diamanten, Leitz-Ordner und Büstenhalter; hochentropisch sind demgegenüber Heroin, Kaugummi, Dynamit, DDT, Konfetti und die sogenannten »Installationen« auf der Documenta in Kassel.

Wie anhand dieser Auflistung leicht verständlich wird, ist weder ein hoher Grad der Syntropie noch ein hoher Grad der Entropie im wertenden Sinne per se gut oder schlecht. Die gesamtgesellschaftliche Zunahme der Entropie wird man allerdings wohl eher als problematisch einschätzen müssen. Dieser Punkt wird später im Detail angesprochen. Man beachte in diesem Zusammenhang ebenfalls, daß es soziale Teilsysteme gibt, die bezüglich ihrer syntropischen bzw. entropischen Qualität ambivalent sind. Dies ist zum Beispiel der Fall bei der Mafia, die bekanntlich eine hochsyntropische Organisation ist, aber gleichzeitig einen wesentlichen Beitrag zur Beschleunigung des entropischen Prozesses in der Gesamtgesellschaft leistet.

Da ich dazu neige, mit empfindlichen Sensorien auf meine narzistische Unversehrtheit zu achten, war es für mich betrüblich festzustellen, daß ich nicht der erste Sozialwissenschaftler war, der den Entropie-Begriff entdeckt hat. Allerdings nehme ich für mich in Anspruch, diesen Begriff als erster zentral zu thematisieren und ihn auf ganzer Breite zu entfalten, was meinem leicht gedämpften Naturell entspricht, denn Entropie und Depression passen gut zusammen, so daß sich hier eine ganz glückliche Verbindung zwischen Erkenntnisobjekt und -subjekt einstellt.

Im Grunde interessiere ich mich für die soziale Entropie, seit ich mit sechzehn Jahren die Apokalypse des Johannes gelesen habe. Mit siebzehn las ich ›Tao-Tê-King‹ von Lao Tse, in dem es um das große Nichts geht, und mit achtzehn las ich ›Der Untergang des Abendlandes‹ von Oswald Spengler. Den auch heute noch sehr lesenswerten theoretischen Teil verstand ich damals zwar nicht, war vom historischen Teil aber sehr beeindruckt. Später habe ich den theoretischen Teil noch einmal gelesen. Dabei fand ich auch aus heutiger Sicht interessant, daß Spengler mit morphologischen Analogien arbeitete. Nach eigener Aussage widmete er sich »dem Studium der morphologischen Verwandtschaft, welche die Formensprache aller Kulturgebiete innerlich verbindet«.[10] Ein solcher Ansatz ist mir sympathisch, obwohl ich die naheliegenden Einwände kenne und keineswegs übersehe.[11] Das Denken in morphologischen Analogien hat übrigens auch im Rahmen der Esoterik viele interessante Erkenntnisse erbracht, die ich zum Teil sehr *einleuchtend* finde. Von Oswald Spengler, von dem ich meine, daß er zu Unrecht in Vergessenheit geraten ist, habe ich mir seit über dreißig Jahren einige handschriftliche Exzerpte aufbewahrt, darunter folgendes Zitat:

»Die ägyptische Seele, eminent historisch veranlagt und mit urweltlicher Leidenschaft nach dem Unendlichen drängend, empfand die Vergangenheit und Zukunft als ihre *ganze* Welt und die Gegenwart, die mit dem wachen Bewußtsein identisch ist, erschien ihr lediglich als die schmale Grenze zwischen zwei unermeßlichen Fernen.«[12]

Dieses Zitat hat mit unserem Thema nichts zu tun. Ich streue es hier nur ein, um dem Leser eine ästhetische Auffrischung zu gönnen, nach allem, was ich ihm auf diesen wenigen Seiten bereits zugemutet habe.

Der Begriff der Entropie taucht weder beim Apostel Johannes noch bei Lao-Tse noch bei Oswald Spengler auf, obwohl alle drei dieses Thema zentral behandeln. Dies ist auch der Fall bei zwei späteren Arbeiten, die in verkürzter Form als das »Peter-Prinzip« und das »Parkinsonsche Gesetz« bekannt geworden sind. Das Peter-Prinzip hat mit der sogenannten vertikalen sozialen Mobilität zu tun und macht darauf aufmerksam, daß Personen entsprechend ihren Fähigkeiten aufsteigen, bis sie schließlich in eine Position geraten, in der sie

---

[10] Oswald Spengler, Der Untergang des Abendlandes. 2 Bände, München 1927, Band 1, S. 8.

[11] Vgl. Émile Durkheim, Regeln der soziologischen Methode. Neuwied, Berlin 1980; ders., Die elementaren Formen des religiösen Lebens. Frankfurt a. M. 1981; Talcott Parsons, Das System moderner Gesellschaften. Frankfurt a. M. 1972.

[12] Spengler, Der Untergang des Abendlandes, Band 1, S. 15.

überfordert sind. Man kann demnach davon ausgehen, daß die gesellschaftlichen Führungspositionen von Personen besetzt werden, die darin überfordert sind. Dies ist ein gutes Beispiel für soziale Entropie, um so mehr, als entropische Prozesse in Führungspositionen einen beträchtlichen entropischen Effekt auf alle untergeordneten sozialen Positionen ausüben.

Das Parkinsonsche Gesetz beschäftigt sich mit dem eigendynamischen Wachstum bürokratischer Organisationen. Deren Hauptziel ist hauptsächlich auf Expansion und weniger auf ihre eigentliche Funktion ausgerichtet, was schließlich dazu führt, daß sie letztere völlig aus dem Auge verlieren und sich nur noch mit Selbstverwaltung beschäftigen. Auch diese Erkenntnis ist ein anschauliches Beispiel für entropische Prozesse, die sich natürlich weit über die jeweilige bürokratische Organisation hinaus auswirken.

Das ebenfalls bekannte »Dritte Gesetz von Murphy«,[13] demzufolge alles einmal schiefgeht, was irgendwie schiefgehen kann, beschreibt entropische Prozesse allerdings nur unzureichend, weil es sich auf die Verwirklichung wenig wahrscheinlicher Ereignisse beschränkt, während das Gesetz der Entropie sozusagen die Regel beschreibt, also die Verfallsprozesse hoher Wahrscheinlichkeit.

Den frühesten spezifischen Hinweis auf den Begriff der Entropie im nicht-physikalischen Sinne habe ich in einem 1923 geschriebenen und 1924 publizierten Aufsatz des russischen Schriftstellers Jewgeni Samjatin mit dem Titel ›Über Literatur, Revolution, Entropie und anderes‹ gefunden.[14] Er bezeichnet darin die Ketzer als »die einzige (bittere) Medizin gegen die Entropie des menschlichen Geistes« und betrachtet die Revolution als die einzige Therapie, um die Menschen von einer erblich bedingten Schlafsucht – nämlich der Entropie – zu heilen, »denn andernfalls obsiegt die letztere, der ewige Schlaf, der Tod«. Im Gegensatz zu Samjatin bin ich der Meinung, daß weder Ketzer noch Revolutionen den Prozeß der Entropie aufhalten können. In der Regel beschleunigen sie ihn sogar. So hat zum Beispiel Thomas Münzer ein entropisches Chaos erster Güte produziert, und nicht anders war es im Falle der

---

[13] Das erste lautet: »Nichts ist so einfach, wie es aussieht«; und das zweite: »Alles braucht länger, als man denkt«.
[14] Neuauflage in: Jewgeni Samjatin, Aufsätze. Autobiographie. Brief an Stalin. Leipzig, Weimar 1991, S. 24–34.

meisten Revolutionen, einschließlich der russischen und der sexuellen.

Von den zeitgenössischen Autoren, die sich mit der sozialen Entropie beschäftigt haben, ohne diesen Begriff zu verwenden, möchte ich einen kraftvollen Realisten und einen dünnhäutigen Pessimisten erwähnen, nämlich Hoimar von Ditfurth[15] und Herbert Gruhl.[16] Beide kommen zu demselben Ergebnis, daß nämlich in absehbarer Zeit alles zusammenbricht.

Ein philosophisch sensibilisierter Fußballspieler, dessen Name mir leider entfallen ist, hat den entropischen Prozeß, den seine Mannschaft bei einem Auswärtsspiel erleiden mußte, mit den Worten beschrieben: »Erst hat man kein Glück, und dann kommt noch Pech dazu.« So sehr diese Formulierung durch intellektuelle Eleganz besticht, meine ich auch in diesem Falle, daß sie für das Verständnis der Entropie als einem generellen Phänomen zu kurz greift, weil deren Zunahme auf die zufällige Häufung ungünstiger Umstände zurückgeführt wird und als Ausnahme erscheint, während es sich in Wahrheit umgekehrt verhält: Man muß außerordentlich viel Glück haben und – was ebenfalls sehr unwahrscheinlich ist – kein zusätzliches Pech erleiden, wenn man den entropischen Prozeß verlangsamen will; von Aufhalten kann ohnehin nicht die Rede sein; ebenso könnte man versuchen, die Zeit anzuhalten. Nur wenn man außerordentlich viel Glück und kein zusätzliches Pech hat, bleibt alles, wie es ist, und das ist deprimierend genug.

Die moderne Soziologie begann mit einer bekannten Analyse entropischer Prozesse, nämlich mit ›Le suicide‹ von Émile Durkheim. Den Begriff der Entropie kannte er freilich noch nicht; er sprach von »Anomie« als einem Zustand mangelnder sozialer Regelung.[17] Die Anomie wurde danach zum Schlüs-

---

[15] Vgl. Hoimar von Ditfurth, So laßt uns denn ein Apfelbäumchen pflanzen. Es ist soweit. Hamburg 1985.

[16] Vgl. Herbert Gruhl, Himmelfahrt ins Nichts. München 1992.

[17] »Anomie (...) bezeichnet einen Zustand sozialer Systeme, bei dem der Durchschnittsverlauf der Interaktionen die Systemstrukturen, die von ihnen zuvor gebildet waren, nicht wiederum befestigt, wie es sonst der Fall ist, sondern sie tendenziell aufweicht und damit ihre Balance gefährdet. Im Normalfall folgt das *soziale Handeln* einer durch Sitten, Traditionen, Vorschriften und andere Regulierungen bestimmten Erwartungshaltung hinreichend genau, um seinerseits deren Geltung für den weiteren sozialen Verkehr zu bestätigen und zu sichern. Im anomischen Zustand werden demgegenüber die sonst gültigen Verhaltensregeln nicht mehr im üblichen Umfang befolgt, so daß die Akteure das Risiko der Normeninkonformität im eigenen Handeln

selbegriff bei der Analyse des sogenannten abweichenden Verhaltens. Dieses wurde nicht aus der psychischen Befindlichkeit von Individuen erklärt, sondern letztere wurde »soziogenetisch« aus sozialen Strukturen und den in ihnen wirksamen Werte- und Normenkonflikten abgeleitet. Diese Deutung läßt sich in zweierlei Weise kritisch kommentieren: Erstens impliziert dieser Ansatz eine beträchtliche sozio-kulturelle Determiniertheit des Individuums und schließt seinen »freien Willen« weitgehend aus, und zweitens – was noch bedeutsamer ist – erscheint die Anomie als Ausnahme, während sie in Wahrheit die Regel ist, was mit dem Begriff der Entropie zentral thematisiert wird.

Die syntropische Energie, die der Anomie entgegenwirkt, heißt in der Soziologie »soziale Kontrolle«. Diese ist ein Sammelbegriff für alle Werte, Normen und Aktivitäten, die darauf ausgerichtet sind, dem gesellschaftlichen Zerfall entgegenzuwirken und die soziale Integration zu fördern, das heißt, gesellschaftskonformes und kulturtypisches Verhalten herzustellen. Das klingt gut, beschreibt die soziale Wirklichkeit aber nicht zutreffend, weil die entropischen Prozesse ab einem bestimmten Grad der Vergesellschaftung viel dynamischer sind als die syntropischen, also jene, die von der sozialen Kontrolle gespeist werden.

Wer wäre berufener als Niklas Luhmann, um den Entropiebegriff in die Sozialwissenschaften einzuführen? In der Tat habe ich bei ihm diesen Begriff zum ersten Mal explizit gefunden.[18] Dort heißt es zum Beispiel:

»Aus den Überlegungen zur autopoietischen Reproduktion unter der Bedingung temporalisierter Komplexität ergibt sich der Begriff der systemimmanenten *Entropie*. Für einen Beobachter ist ein System entropisch, wenn eine Information über ein Element keinerlei Rückschlüsse auf andere zuläßt. Das System ist für sich selbst entropisch, wenn im Prozeß der Reproduktion, also des Ersetzens entfallender Elemente, jenes mögliche Nächstelement gleichwahrscheinlich ist. Anders gesagt: Im Falle der Entropie fehlt jede

---

zunehmend veranschlagen und sich durch eigene Abweichungen zu schützen suchen.« Günter Endruweit u. Gisela Trommsdorff (Hrsg.), Wörterbuch der Soziologie. Stuttgart 1989, S. 19.

[18] Luhmann, Soziale Systeme. Frankfurt a. M. 1988, S. 79, 103, 204, 218, 358, 386, 477. (Das Buch erschien 1984 in erster Auflage.)

Engführung der Anschlußfähigkeit, und es fehlt damit auch der Zeitgewinn, der daraus resultiert, daß nicht alles in Betracht kommt. Der Begriff bezeichnet mithin den Grenzfall, in dem die Reproduktion des Systems aus sich selbst heraus zum Zufall wird.«[19]

Luhmann wurde von Fachkollegen bereits angemessen gewürdigt. Ein Gefühl festlicher Melancholie steigt in mir auf, wenn ich einen solchen Text lese. Er erregt mich geradezu körperlich, obwohl ich ihn nicht verstehe, aber mein Instinkt sagt mir, daß darin wichtige Erkenntnisse enthalten sind. Sieben Fundstellen auf knapp 700 Druckseiten machen allerdings deutlich, daß die Entropie auch für Luhmann nur von marginalem Interesse ist; sein Hauptinteresse gilt der Autopoiesis, das heißt dem syntropischen Prozeß.[20] Dies ergibt sich auch aus dem letzten Satz des Zitats, in dem die Entropie als »Grenzfall« bezeichnet wird.

In jüngster Zeit taucht der Entropiebegriff in den Sozialwissenschaften auch in einem anderen Zusammenhang auf, und zwar bezüglich des globalen Ressourcen- und Energieverbrauchs im Rahmen der bestehenden Weltwirtschaftsordnung. Während einige Arbeiten stärker auf den ökologischen Aspekt konzentriert sind, steht in anderen die politische Ökonomie der Industriegesellschaft im Vordergrund.[21] Meinem Anliegen am nächsten kommt Ernest Gellner, der die Dynamik der

---

[19] Ebd., S. 79 f.
[20] Etwa im folgenden Sinne: »Als selektive Einschränkung der Relationierungsmöglichkeiten hebt Strukturbildung die Gleichwahrscheinlichkeit jedes Zusammenhangs einzelner Elemente (Entropie) auf. Das ist Voraussetzung der *Selbstreproduktion*: des Ersetzens von verschwindenden Elementen durch andere.« Ebd., S. 386.
[21] Vgl. Gruhl, Himmelfahrt, S. 253 ff; Elmar Altvater, Der Preis des Wohlstands. Münster 1992, bes. S. 222 ff; Peter W. Atkins, Wärme und Bewegung. Die Welt zwischen Ordnung und Chaos. Heidelberg 1986; Franz Josef Brüseke, Chaos und Ordnung im Prozeß der Industrialisierung. Skizzen zu einer Theorie globaler Entwicklung. Münster, Hamburg 1991; Nicholas Georgescu-Roegen, The Entropy Law and the Economic Process. Cambridge, London 1971; ders., The Entropy Law and the Economic Process in Retrospect. In: Eastern Economic Journal 12, Nr. 1, S. 3–25; Malcolm Slesser, Forecasting Long-Term Energy Prices from an Entropy Theory of Value. In: OPEC Review 13 (1989) 3, S. 191–202. Gelegentlich wird der Entropie-Begriff im Rahmen der Sozialwissenschaften auch in sehr spezifischen Kontexten gebraucht, z. B. P. Saviotti, Information, Variety and Entropy in Technoeconomic Development. In: Research Policy 17 (1988) 2, S. 89–103; Eiichi Shindo, Hunger and Weapons: The Entropy of Militarisation. In: Peter Lawrence u. a. (Hrsg.), War and Famine. Baltimore 1985, S. 6–22.

Industriegesellschaft als einen Prozeß der Auflösung »klarer, feststehender Muster« in Richtung auf den »systematischen Zufall« interpretiert.[22] Ich möchte jedoch noch weiter gehen und vom systematischen *Zerfall* sprechen.

Darüber hinaus bin ich nicht der Meinung, daß die soziale Entropie ein Spezifikum der Industriegesellschaft oder gar des Kapitalismus ist. Dies ließe ja noch Raum für Hoffnung. Statt dessen gehe ich davon aus, daß der entropische Prozeß die Vergesellschaftung überhaupt begleitet, aber in komplexen Gesellschaften am sichtbarsten wird, weil dort der erforderliche Funktions- und Erhaltungsbedarf besonders groß ist und nicht mehr in ausreichendem Maße geleistet werden kann, da die Entropie die »modernen« Menschen an der empfindlichsten Stelle zuerst trifft, nämlich in der individuellen Moral und der kollektiven Solidarität. Dies geschieht deswegen, weil die syntropischen Normen, Werte und Kontrollen aufgrund der gesellschaftlichen Komplexität immer schlechter durchsetzbar werden, wobei die so gewonnene Freiheit – ohne ihr notwendiges Pendant der Verantwortung – in sozio-kultureller Desintegration mündet.

Man könnte noch weiter gehen und an ›Die Macht der Dummheit‹ von André Glucksmann erinnern.[23] Einschränkend sollte ich allerdings erwähnen, daß ich die Grundthese von Glucksmann zwar interessant finde, das gesamte Buch aber als eine vergebene Chance ansehe, dieses Thema kompetent zu behandeln. Dummheit ist ein universelles Phänomen, aber sie richtet in einer hochentwickelten Gesellschaft natürlich mehr Schaden an als in einem Clan von Steinzeitmenschen: Wenn einige von allen guten Geistern verlassene Techniker es im Reaktor von Tschernobyl zur Kernschmelze kommen lassen, so hat das selbstverständlich eine andere Qualität, als wenn ein Indianer in die Falle tritt, die er selber ausgelegt hat. Dummheit produziert aber nicht nur Katastrophen, sondern sie führt ganz generell zu vielen größeren und kleineren Fehlern in bezug auf den notwendigen Funktions- und Erhaltungsaufwand der bestehenden gesellschaftlichen Systeme, das heißt: Die notwendigen Dinge werden überhaupt nicht oder falsch, unvollständig oder zum ungeeigneten Zeitpunkt erledigt. Um dies zu kaschieren, werden im großen Stil sinnlose Ersatzhand-

---

[22] Ernest Gellner, Nationalismus und Moderne. Berlin 1991, S. 98.
[23] André Glucksmann, Die Macht der Dummheit. Frankfurt a. M., Berlin 1988.

lungen betrieben, für die es nicht nur in der Bürokratie einen kräftig sprudelnden und nie versiegenden Quell von Beispielen gibt. Davon später.

Da ich mir seit langem vorgenommen habe, endlich einmal ein sozialwissenschaftliches Buch ohne alle methodologischen und theoretischen Skrupel zu schreiben – was evidente Vor- und Nachteile hat –, nehme ich es mir heraus, den Begriff der gesellschaftlichen Desintegration viel dynamischer zu entfalten, als es meinen in akademischen Corsagen eingezwängten Kollegen bislang möglich war. Der private Erkenntnisstand der Sozialwissenschaftler ist ja erfreulicherweise höher, als ihre wissenschaftlichen Arbeiten vermuten lassen. Deshalb ist das persönliche Gespräch in den Kaffeepausen von Konferenzen auch meistens viel ergiebiger als jene hölzernen Elaborate, die auf den betreffenden Konferenzen offiziell präsentiert werden. Ich schreibe dieses Buch sozusagen aus dem Erkenntnisstand der Kaffeepausen. Einen sozialphilosophischen Ansatz, der im Gegensatz zur Soziologie mit Wert- und Sinnerfassung zu tun hat, will ich dabei von der Idee, nicht aber von der strengen Argumentation her für mich gern in Anspruch nehmen.[24]

Daher liegt es mir auch fern, eine ausgefeilte und ausgetüftelte Theorie der sozialen Entropie vorzustellen; statt dessen bescheide ich mich damit, das auf den Begriff zu bringen, was sich aus dem gesunden Menschenverstand mittleren Niveaus ohne größere intellektuelle Akrobatik destillieren läßt. Dieses Destillat läßt sich in acht Punkten zusammenfassen:

1. Die gesellschaftliche Evolution ist kein Prozeß endloser Differenzierung und Höherentwicklung, sondern das Ergebnis einer dialektischen Balance von syntropischen und entropischen Kräften. Die soziale Entropie ist eine allen Gesellschaften und ihren Teilsystemen inhärente Dynamik, die der syntropischen Dynamik entgegenwirkt und in Richtung auf Funktionsverlust, Qualitätsminderung und Verfall gerichtet ist. Die Entropie durchdringt die gesamte unbelebte und belebte Welt – so auch die Gesellschaft – wie die gleichmäßig strömende Zeit.

---

[24] Die soziologische Kritik an einem solchen Ansatz ist naheliegend, aber letztlich zu ertragen. Vgl. die Kritik am »wertbesetzten« Begriff der Modernisierung in Endruweit u. Trommsdorff, Wörterbuch der Soziologie, S. 455.

2. Der Prozeß der sozialen Entropie wird dann zu einem Problem, wenn er stärker ist als der Prozeß der sozialen Syntropie, das heißt, wenn der erforderliche Aufbau-, Differenzierungs-, Erhaltungs- und Anpassungsaufwand nicht mehr im genügenden Umfang geleistet wird.

3. In komplexen Gesellschaften ist dies offensichtlicher, hat weitreichendere Konsequenzen und wirkt sich schädlicher aus als in einfachen Gesellschaften, in denen die syntropischen Kräfte in der Regel überwiegen.

4. Die Zunahme der sozialen Entropie erfolgt in vier Varianten: in qualitativem Verfall (z. B. moderne Kunst), in quantitativer Verkümmerung (z. B. geburtenschwache Jahrgänge), in quantitativer Inflation (z. B. Massentourismus) sowie in zunehmender individueller (z. B. Drogenkonsum) wie kollektiver (z. B. Umweltzerstörung) Selbstschädigung.

5. Einige gesellschaftliche Teilsysteme sind dem entropischen Prozeß stärker ausgesetzt als andere. Es gibt sowohl Kraftzentren der Syntropie (z. B. der TÜV) wie Kraftzentren der Entropie (z. B. das deutsche Scheidungsgesetz). Erstere sind aber nur relativ entropieresistent.

6. Ein hohes Maß an Entropie ist nicht per se »schlecht«, ebensowenig wie ein hohes Maß an Syntropie per se »gut« ist. Das hohe Maß an Entropie im brasilianischen Karneval ist zum Beispiel dem hohen Maß an Syntropie im Mainzer Karneval vorzuziehen. Eine Zunahme von Entropie kann auch die Voraussetzung für einen konstruktiven Wandel sein – im Sinne einer sinnvollen Desintegration von gesellschaftlichen Elementen, um danach wieder »bessere« syntropische Strukturen hervorbringen zu können. Umgekehrt ist ein Flugzeug im Zustand hoher Syntropie einem Flugzeug im Zustand hoher Entropie vorzuziehen. Für jedes System gibt es also eine spezifische, optimale Balance zwischen syntropischen und entropischen Kräften; dieses Gleichgewicht ist meistens labil und wird in der Wirklichkeit nur selten erreicht, so daß die betreffenden Systeme dazu tendieren, aus diesem labilen Optimum in die eine oder andere Richtung zu »kippen«. Da dies in vielen sozio-kulturellen Bereichen der Fall ist, aggregieren sich die Abweichungen vom Optimum zu einer makrodynamischen Deformation, ähnlich wie sich kleine Schädigungen an vielen Organen zu einem fatalen Gesundheitszustand des ganzen Körpers kumulieren. Im gesamtgesellschaftlichen Sinne ist ein hoher Zustand der Syntropie (Totalitarismus) ebenso verhee-

rend wie ein Zustand hoher Entropie (Anarchie). Die angemessene Balance zwischen beiden ist die zentrale zivilisatorische Aufgabe. Sie gelingt nur selten und lediglich für kurze historische Perioden (z. B. während der Renaissance). Der Zustand hoher Entropie läßt sich zwar mit einem großen Aufwand an sozialer Energie, der meistens von gefährlichen Zwangsneurotikern geleistet wird, in einen Zustand hoher Syntropie zurückführen, aber langfristig überwiegen doch immer die entropischen Kräfte, die auch hochsyntropische Systeme in relativ kurzer Zeit zersetzen können. Letztlich wird dann in der Tat das – nach dem Zusammenbruch des Sozialismus zu früh behauptete – Ende der Geschichte erfolgen.

7. Die stärker zerfallenden Teilsysteme wirken »ansteckend« auf jene anderen Teilsysteme, mit denen sie verknüpft sind, und beschleunigen deren Zerfall. Die Tatsache, daß schlechte Vorbilder leichter nachgeahmt werden als gute, ist eine Alltagserfahrung, die jene Soziologen, welche sich mit der sogenannten Diffusion von Neuerungen beschäftigen, übersehen haben. Zu den verheerendsten Leistungen der deutschen Kulturgeschichte gehören zum Beispiel das Bauhaus und Bert Brecht. Beide bedrängen die Menschen mit einer penetranten Ideologie und einer Inflation des schlechten Geschmacks. Im Grunde produzieren sie nichts als miese Laune, das heißt die Entropie des subjektiven Wohlbefindens. Für das Phänomen der entropischen Ansteckung ist die Theorie des »cultural lag« von William F. Ogburn hilfreich.[25] Dabei handelt es sich um eine Theorie, die versucht, den sozialen Wandel dadurch zu erklären, daß dieser nicht in allen gesellschaftlichen Teilsystemen synchron und verschränkt stattfindet, sondern daß einige Teilsysteme sozusagen vorpreschen und einen Wandlungsbedarf in anderen Bereichen hervorrufen, zum Beispiel: Die Erfindung des Verbrennungsmotors führt zur Erfindung des Automobils; dieses schafft einen Bedarf nach besseren Straßen und besserem Treibstoff, wodurch eine Nachfrage nach besseren und schnelleren Automobilen sowie spezialisierten Werkstätten entsteht; dies wiederum bedingt die Verbesserung der Straßenverkehrsordnung, die Einführung von Führerscheinprüfungen, Kfz-Versicherungen, führt zum autogerechten Umbau der Städte usw. Ogburn hat allerdings nicht bedacht,

---

[25] William F. Ogburn, Social Change with Respect to Culture and Original Nature. New York 1950.

daß diese Theorie auch auf entropische Prozesse anwendbar ist, zum Beispiel: Eine sterile und inhumane Architektur führt zur Diffusion des schlechten Geschmacks und der Neurosen sowie zum Verfall der Moral und der guten Sitten usw.; oder: Die Demontage des traditionellen Theaters und die sozialistische Propaganda in diesem zentralen Bereich der Kultur führen zum Werteverfall, zur Fehlallokation sozialer Energien usw. Noch verheerender ist die Wirkung der modernen bildenden Kunst auf andere gesellschaftliche Teilsysteme. Dieses kulturelle Teilsystem, das ja eigentlich ein syntropisches Zentrum der Ästhetik und Sinnhaftigkeit sein sollte, befindet sich bereits heute im höchsten Zustand der Entropie und setzt entropische Maßstäbe für alle jene gesellschaftlichen Bereiche, in denen Ästhetik und Sinnhaftigkeit eine Rolle spielen. Aber davon später.

8. Die sogenannte Weltgesellschaft erleidet nach und nach den sogenannten Wärmetod, also die Dissipation der sozialen Energie, das heißt, sie wird sich atomisieren und in Anarchie auflösen. Gleichzeitig verfällt die Kultur und reduziert sich auf ein Niveau, auf dem es nur noch um die individuelle Überlebensfähigkeit geht. Schließlich wird es die Menschen überhaupt nicht mehr geben. Sie werden vollständig im sozialen, kulturellen und physischen Sinne in einen Zustand hoher Entropie übergehen und sich in einem stummen mineralischen Dasein auflösen. Insofern wird die Gesellschaft dasselbe Schicksal erleiden wie der einzelne Mensch in seiner individuellen Biographie.

Die Soziologie hat die soziale Entropie bislang nur sehr unbefriedigend – fast ein wenig verschämt – behandelt und in Einzelbereiche zerstückelt, was für das Verständnis entropischer Prozesse eher hinderlich war, weil der Blick für deren universelle Wirksamkeit verstellt wurde. Anomie, Dysfunktion, Sozialpathologie, abweichendes Verhalten, Werte- und Normenkonfusion, soziale Abwärtsmobilität, gesellschaftliche Desintegrationsprozesse und ähnliche Begriffe sind nicht mehr als einige Mosaiksteinchen, die mit vielen anderen zu einem großen Bild zusammengefügt werden müssen, um den entropischen Prozeß der gesellschaftlichen Makrodynamik angemessen zu verstehen. Auch die Systemtheorie war diesbezüglich wenig hilfreich, weil sie sich – wie erwähnt – mehr für Syntropie als für Entropie interessiert hat.

Die Tatsache, daß die zahlreichen intelligenten und kreativen Soziologen dieses Thema bislang eher gemieden haben, hängt wohl damit zusammen, daß die marxistischen Soziologen letztlich unbeugsame Optimisten sind und daran glauben, die soziale Entropie durch die Zerschlagung des Kapitalismus sowie die Schaffung des neuen sozialistischen Menschen zu überwinden, während jene Soziologen, die sich der sogenannten wertfreien Sozialwissenschaft verschrieben haben, größtenteils Vertreter einer mittelständischen Angestelltenkultur sind, die der sozialen Entropie geradezu instinktiv entgegenarbeiten, obwohl sie natürlich selber deren Opfer sind. Über die ideologischen Grundlagen der »wertfreien« sozialwissenschaftlichen Theorie will ich mich hier gar nicht mokieren, aber eine zurückhaltend formulierte These sei an dieser Stelle erlaubt: Die Soziologen sehen die soziale Wirklichkeit nicht so, wie diese tatsächlich ist, sondern so, wie sie selber sind. Dies gilt natürlich auch für mich. Mein kleiner komparativer Vorteil gegenüber zahlreichen Fachkollegen besteht darin, daß ich zwar auch ein intellektuelles Produkt der sozialwissenschaftlichen Angestelltenkultur bin, diese aber nicht erfolgreich »enkulturiert« habe, sondern sie – und mich, das heißt mein »Rollensegment« als Sozialwissenschaftler im öffentlichen Dienst – mit einer prekären Mischung von Realitätssinn, Humor und Verzweiflung auszubalancieren versuche.

Ähnlich wie andere junge Wissenschaften hat die Soziologie zahlreiche Identitäts- und Abgrenzungsprobleme, die zu sonderbaren Allergien führen. Diese richten sich nicht nur gegen benachbarte Disziplinen wie die Kulturanthropologie, die Sozialpsychologie oder die Politologie, sondern auch gegen bestimmte Berufsstände wie Journalisten oder Schriftsteller, soweit sich diese mit der Beschreibung und Erklärung der sozialen Wirklichkeit befassen.

Ich verdiene meinen Lebensunterhalt als Lateinamerikanist, und in dieser Funktion verdanke ich viele zutreffende Einsichten jenen zahlreichen und guten Journalisten, welche die soziale Wirklichkeit mit gründlicher Recherche, Intelligenz und professionellem Instinkt darstellen, ohne die illustren Werke der Sozialwissenschaft auch nur dem Namen nach zu kennen. Ebenso bin ich immer wieder erstaunt, daß ein guter Schriftsteller die gesellschaftlichen Strukturen und Prozesse besser und zutreffender erfassen kann als ein ganzes Heer von Sozialwissenschaftlern, die mehr damit beschäftigt zu sein scheinen, ihre Elfenbeintürme auszufeilen, als sich mit den wirklich interessanten und wichtigen gesellschaftlichen Themen zu befassen, und zwar auf eine solche Art und Weise, daß etwas Konstruktives dabei herauskommt.

Die Weltfremdheit der Soziologen wurde bereits 1958 von Ralf Dahrendorf in seinem bekannten Aufsatz über den ›Homo Sociologicus‹ kritisiert; dieser Homo Sociologicus ist ein soziales Phantom, das durch die Erwartungen seines sozialen Umfelds determiniert wird.[26] Dahrendorf generalisierte später seine Kritik an der Soziologie in ›Pfade aus Utopia‹.[27] Die Behauptung von Dahrendorf, der Homo Sociologicus sei eine Fiktion, trifft allerdings nicht ganz zu, denn viele Soziologen sind geradezu perfekte Verkörperungen dieses blutleeren Männchens. Als ich in den sechziger Jahren Soziologie studierte, empfand ich die Texte von Dahrendorf als ausgesprochen wohltuend. Aus jener Zeit ist mir auch noch ein Zitat des amerikanischen Soziologen George Caspar Homans in Erinnerung: »Wir sollten die Menschen wieder ins Spiel bringen, und wir sollten etwas Blut in sie hineinpumpen.«[28] Ein anderes Zitat, das ich mir notiert habe, ohne die Fundstelle zu vermerken, stammt von Émile Durkheim: »Wir sind der Meinung, daß unsere Forschungen nicht eine Stunde Arbeit wert wären, wenn sie nur spekulatives Interesse haben sollten. Wenn wir die theoretischen Probleme sorgsam von den praktischen trennen, so nicht, um die letzteren zu vernachlässigen, sondern umgekehrt, um uns in die Lage zu versetzen, sie besser zu lösen.«

Betrachtet man die Soziologie unter diesem Aspekt, dann ist es wohl nicht übertrieben zu behaupten, daß sie sich selber in einem Prozeß fortschreitender Entropie befindet.

Die Allergien der Soziologen richten sich allerdings nicht nur gegen die Nachbardisziplinen, die Journalisten und die Schriftsteller, sondern mit geradezu paranoiden Konvulsionen gegen den sogenannten gesunden Menschenverstand, der als eine hochtoxische, anästhesierende und über den Stammtischen schwebende Wolke erlebt wird. Die Abgrenzung gegenüber dem gesunden Menschenverstand hat der Soziologie nicht immer gut getan, denn häufig ist diese Abgrenzung tatsächlich

---

[26] Ralf Dahrendorf, Homo Sociologicus. In: Kölner Zeitschrift für Soziologie 10 (1958) 2/3.

[27] Ders., Pfade aus Utopia. München 1968.

[28] George Caspar Homans, Funktionalismus, Verhaltenstheorie und sozialer Wandel. In: W. Zapf (Hrsg.), Theorien des sozialen Wandels. Köln, Berlin 1969, S. 95 ff.

geglückt, was zu starken Entropieschüben im Rahmen der soziologischen Erkenntnis geführt hat.

Natürlich gibt es keinen Grund, den gesunden Menschenverstand zu überschätzen; man darf ihn aber auch nicht unterschätzen. Dasselbe gilt übrigens für die Soziologie. Beide begegnen uns auf unterschiedlichen Niveaus, beide sind offen für eine ideologische Penetration, beide befassen sich mit Themen unterschiedlicher Relevanz, das heißt, es gibt zwischen beiden einen gewissen Grad der Verwandtschaft, wenn die Methodik der Erkenntnis auch unterschiedlich sein mag.

Was die Soziologie zu einem besonderen Ärgernis macht, betrifft nicht nur ihre methodischen sowie theoretischen Kaprizen, ihre allergischen Reaktionen und ihre aseptische Sprache, sondern auch ihre geradezu somatisierende Humorlosigkeit. Zwar sind alle Wissenschaften sozusagen strukturell humorlos, aber von sämtlichen Personen, die sich mit Wissenschaft beschäftigen, sind die Soziologen wohl diejenigen, welche die Spannung zwischen den gespreizten Kapriolen des Geistes und der schlichten Inszenierung des wahren Lebens am schlechtesten durch Humor zu überbrücken verstehen. Erfreulicherweise läßt sich dies mit Hilfe der Soziologie selber gut erklären: So wie diese Disziplin nun einmal wissenschaftshistorisch aufgewachsen ist, fördert sie die Selbstselektion von Personen, die sich für diese besondere Art zu denken geeignet fühlen, und dann folgt die fatale »sekundäre Nachprägung«, die von meinen Fachkollegen zwar entdeckt wurde, aber natürlich auch für sie selber gilt.

In der gelebten Sprache und im Humor sind heuristische Möglichkeiten enthalten, mit denen relevante Aspekte der Wirklichkeit eingefangen werden können. Mich erinnert der Kontrast zwischen der soziologischen Literatur und der sozialen Wirklichkeit mit ihren tatsächlichen Menschen aus Fleisch und Blut immer ein wenig an das Spannungsverhältnis zwischen den handwerklichen Anleitungen zur mechanischen Empfängnisverhütung und jenen situationsspezifischen, intervenierenden Variablen, die in amourösen Situationen fast immer wirksam werden und mit einer umsichtigen technischen Intelligenz nur schwer in Einklang zu bringen sind.

Im Konflikt zwischen der Soziologie und dem gesunden Menschenverstand habe ich mich bei der Niederschrift dieses Textes für letzteren entschieden. Ich denke, daß man ihn so weit kultivieren und weiterentwickeln kann, bis er ein Niveau erreicht, das man als »ganzheitliche Soziologie« bezeichnen darf. Dabei geht es weniger darum, Unbekanntes bekannt zu machen, sondern Bekanntes richtig zu deuten.

Selbstverständlich ist der gesunde Menschenverstand gegen entropische Eintrübungen keineswegs gefeit. Bezüglich dieses Aspekts unterscheidet er sich allerdings nicht von der Soziologie.

Die ganzheitliche Soziologie, die ich vertrete, ist also nichts anderes als eine höhere Stufe des gesunden Menschenverstands. Dies hat auch mit Spezialistentum und Generalistentum zu tun. Soziologen sind in aller Regel Spezialisten, die viel über weniges wissen; als Opfer der entropischen Dynamik wissen sie im Laufe der Zeit immer mehr über immer weniger, bis sie schließlich alles über nichts wissen. Der gesunde Menschenverstand ist hingegen meistens eine intellektuelle Leistung von Generalisten, die wenig über vieles wissen; wenn sie zu Opfern der entropischen Dynamik werden, wissen sie immer weniger über immer mehr, bis sie schließlich nichts über alles wissen. Um beides zu vermeiden, ist ein hoher syntropischer Aufwand erforderlich, den die Generalisten erfahrungsgemäß häufiger und besser leisten als die Spezialisten. Insofern entspringt die Allergie der Soziologen gegenüber dem gesunden Menschenverstand mehr einer bestimmten psychischen Befindlichkeit als einer überzeugenden inhaltlichen Begründung.

Der Begriff der sozialen Entropie, so wie ich ihn verstehe, betrifft natürlich ganz zentral die Theorien des sozialen Wandels. Dies ist schon angeklungen, sollte aber noch einmal betont werden. Unter sozialem Wandel versteht man die Gesamtheit der Veränderungen in der Struktur, der Kultur und der Funktion einer Gesellschaft sowie aller ihrer Teilsysteme. Das Angebot an Theorien des sozialen Wandels ist reichhaltig.[29] Die Soziologen bemühen sich darum, die Theorien des sozialen Wandels »werturteilsfrei« zu formulieren und sie von Begriffen wie Evolution, Modernisierung oder Fortschritt abzugrenzen. Die ständige Betonung der Werturteilsfreiheit seitens der Soziologen ist jedoch ähnlich verdächtig wie die Betonung der sexuellen Enthaltsamkeit der Priester seitens der katholischen Kirche; beleuchtet man bei beiden etwas intensi-

---

[29] Eine Übersicht findet sich in Manfred Wöhlcke, Abhängige Industrialisierung und sozialer Wandel. München 1981, S. 28 ff.

ver die tabuisierten Zonen, dann versteht man besser, warum sie tabuisiert werden. Im Falle der Soziologie ist gerade ein Blick auf die Theorien des sozialen Wandels aufschlußreich, weil er zeigt, daß hierbei von Werturteilsfreiheit überhaupt keine Rede sein kann, denn fast allen Theorien des sozialen Wandels liegt implizit eine optimistische Vorstellung von gesellschaftlicher »Höherentwicklung« zugrunde. Ich bin der gegenteiligen Ansicht und gehe davon aus, daß die durch die dialektische Verschränkung von syntropischen und entropischen Kräften bedingte gesellschaftliche Dynamik letztlich von den entropischen Kräften dominiert wird und damit dem Zerfall entgegenstrebt.

Eine letzte Anmerkung dieses einleitenden Kapitels gilt der Gliederung. Da der entropische Prozeß alles erfaßt, aber im Rahmen einer beschränkten Monographie nicht alles behandelt werden kann, muß eine Auswahl an Teilthemen getroffen werden. Von mehreren sinnvollen Möglichkeiten habe ich mich für eine Analyse des globalen entropischen Prozesses sowie seiner konkreten Ausprägung in sogenannten rückständigen, halbentwickelten, unterentwickelten und hochentwickelten Gesellschaften entschieden. Dafür waren vor allem zwei Gesichtspunkte maßgeblich: Erstens läßt sich die Wirkung der Entropie auf diese Weise sowohl generell wie auf unterschiedlichen Entwicklungsniveaus recht einleuchtend darstellen, und zweitens fühle ich mich aufgrund einer 25jährigen Beschäftigung mit der Entwicklungsproblematik ausreichend kompetent, um eine entsprechende theoretische Innovation in diese Thematik einzuführen.

Mit der Gliederungslogik bin ich dabei pragmatisch verfahren. »Eigentlich« müßten die Kapitel II, III und IV nach denselben formalen Kriterien untergliedert werden, zum Beispiel: Umweltzerstörung global, Umweltzerstörung in rückständigen, halbentwickelten und unterentwickelten Gesellschaften, Umweltzerstörung in hochentwickelten Gesellschaften usw. Ich habe dies nicht getan, um zwangsläufige Wiederholungen und mühsame Verweise zu vermeiden, vor allem aber, um die jeweils interessanten Gesichtspunkte durch das zwanghafte Durchdeklinieren eines »logischen« Gliederungsschemas nicht unnötig zu verwässern. Ich habe mich statt dessen jeweils auf jene Bereiche konzentriert, in denen der entropische Prozeß besonders wirksam ist, das heißt, ich bin nicht nach einer in meinem Kopf vorfabrizierten Gliederung verfahren, sondern habe die Empirie mit jener immanenten Gliederung akzeptiert, die sie mir sozusagen selber angeboten hat, so daß ich nichts erfinden, sondern nur noch finden mußte.

II. Soziale Entropie global

Im folgenden Kapitel werden wir einige jener »global challenges« behandeln, in denen ein geradezu explosives entropisches Potential enthalten ist. In den späteren Abschnitten werden wir dann sehen, wie sich die Entropie auf unterschiedlichen Niveaus der gesellschaftlichen Entwicklung auswirkt. Dabei wird sich zeigen, daß sie im Grunde nichts anderes ist als die zentrale und zwangsläufige Dynamik aller Varianten zivilisatorischer Dekadenz. Diese Erkenntnis war bislang nur wenigen sensiblen Pessimisten in der archaischen Form eines dumpfen Gefühls zugänglich. Die folgenden Ausführungen werden Licht in diese psychisch vernebelte Zone bringen und den Pessimismus nicht nur rechtfertigen, sondern ihn mit einer ebenso quälenden wie überzeugenden Argumentation angemessen vertiefen.[1]

1. Bevölkerungswachstum

In 1. Mose 9,7 heißt es: »Seid fruchtbar und mehret Euch und reget Euch auf Erden, daß Euer viel darauf werden.« Obwohl nur wenige Menschen ausreichend bibelfest sein dürften, um dieses göttliche Gebot zu kennen, haben sie sich instinktiv nach besten Kräften und im Rahmen ihrer jeweiligen sexuellen Möglichkeiten daran gehalten. Von allen göttlichen Geboten ist dieses wohl der einzige »Selbstläufer«. Man muß seinen Sinn in erster Linie darin sehen, daß in die Schöpfung eine autodestruktive Tendenz eingebaut wurde, welche die prophezeite Apokalypse – also das Höchstmaß an physischer, biologischer, sozialer und individueller Entropie – herbeiführen wird.

Wer diese theologische Argumentation als zu ruppig empfindet, ist vielleicht für eine grundlegende Erkenntnis der Bio-

---

[1] Die folgenden Ausführungen sind angelehnt an ein Manuskript des Verf., das nur in der Form sogenannter grauer Literatur vorliegt: Risiken aus dem »Süden«. Neue Themen in den Nord-Süd-Beziehungen nach dem Ende des Ost-West-Konflikts. Ebenhausen 1991.

logie empfänglich: Die Paradoxie besonders erfolgreicher Arten besteht darin, daß sie das Milieu, dem sie ihre Existenz verdanken, so lange schädigen, bis sie nicht mehr existieren können. Dies geschieht zum Beispiel bei einigen tödlich verlaufenden bakteriologischen bzw. virologischen Infektionen, bei denen der Wirtskörper zerstört wird, und es geschieht auch bei der explosiven Ausbreitung des Homo sapiens auf unserem Planeten.

Die Tatsache, daß die Weltbevölkerung zunimmt, ist allgemein bekannt; weniger bekannt ist vielleicht die Tatsache, wie dramatisch diese Entwicklung in den vergangenen Jahrzehnten verlaufen ist. Werfen wir einen Blick in die Statistik: Die Weltbevölkerung belief sich im Jahre 7000 v. Chr. auf schätzungsweise 10 Millionen Menschen, im Jahre 4500 v. Chr. auf 20 Millionen, im Jahre 2500 v. Chr. auf 40 Millionen, im Jahre 1000 v. Chr. auf 80 Millionen und bei Christi Geburt auf 160 Millionen. Im Jahre 1700 n. Chr. waren es 600 Millionen, im Jahre 1900 1,63 Milliarden, und im Jahre 1950 waren es 2,52 Milliarden. Vom Beginn der menschlichen Geschichte bis zum Jahre 1950 hat es also gedauert, bis die Weltbevölkerung auf 2,52 Milliarden Menschen angewachsen ist; derselbe Zuwachs wurde danach bereits 1987 erreicht, das heißt innerhalb von lediglich 37 Jahren! Für das Jahr 2000 rechnet man mit über sechs Milliarden Menschen.

Rund drei Viertel der Weltbevölkerung leben in den Entwicklungsländern, und diese sind für rund 90 Prozent des weltweiten Bevölkerungszuwachses verantwortlich. Zwar nehmen die Zuwachsraten in allen Kontinenten mit Ausnahme von Afrika ab, aber diese abnehmenden (nach wie vor aber hohen) Zuwächse realisieren sich auf einer immer größeren absoluten Basis, so daß die Gesamtbevölkerung weiterhin explosiv zunehmen wird. Um dies zu verstehen, denke man an die wachsende Summe aus einem investierten Grundkapital und den Zins- und Zinseszinserträgen *trotz fallender Zinsen*. Wenn sich die derzeitige Tendenz (abnehmender Zuwachsraten) fortsetzt, wird in etwa 100 Jahren ein Scheitelpunkt der Weltbevölkerung erreicht werden, der schätzungsweise bei zehn Milliarden Menschen liegen wird – immer vorausgesetzt, daß die Modellannahmen stimmen; andernfalls könnte der Scheitelpunkt später und beträchtlich höher liegen.[2]

---

[2] Nach dem Bevölkerungsbericht der Vereinten Nationen von 1990 scheinen die

Häufig wird die Frage gestellt, wie viele Menschen theoretisch auf der Erde leben könnten. Abgesehen davon, daß diese Frage in wissenschaftlich seriöser Weise kaum beantwortet werden kann,[3] lenkt sie vom entscheidenden Problem ab, denn es geht ja in Wahrheit um die Frage, wie viele Menschen auf der Erde *tatsächlich* leben können, und zwar unter einigermaßen menschenwürdigen Bedingungen und einer realistischen Einschätzung der zukünftigen gesellschaftlichen Rahmenbedingungen, welche zumindest die Befriedigung der Grundbedürfnisse erlauben. Unter diesem Aspekt ist unser Planet bereits heute – und zwar bei weitem – überbevölkert, und die absehbare Bevölkerungsentwicklung wird vermutlich wesentlich schneller verlaufen als die Einführung aller etwaigen sozialen, wirtschaftlichen oder technologischen Neuerungen, die das menschenwürdige Überleben dieser Massen »theoretisch« sichern könnten.

Darüber hinaus wird bei dieser Diskussion häufig übersehen, daß sich die Weltbevölkerung nicht gleichmäßig über die Erde verteilt,[4] sondern daß man sich geradezu apokalyptische Agglomerationen vorstellen muß, falls sich die Bevölkerungsentwicklung in der angenommenen Art und Weise fortsetzt.

---

bisherigen Prognosen in der Tat zu optimistisch gewesen zu sein; für das Jahr 2100 wird jetzt eher mit 11 – möglicherweise sogar mit 14 – statt mit 10 Milliarden Menschen gerechnet; vgl. United Nations Fund for Population Activities (UNFPA) (Hrsg.), Weltbevölkerungsbericht 1990. Bonn (Deutsche Gesellschaft für die Vereinten Nationen) 1990, S. 4.

[3] Es fehlt an exakten Aussagen bezüglich der ökologischen Belastbarkeit der Erde sowie an halbwegs gesicherten Prognosen bezüglich neuer Organisationsformen und neuer Technologien (z. B. im Bereich des Umweltschutzes, der Ressourcenschonung, der Substitution, der Wiederverwertung, der Energieversorgung und der Nahrungsmittelproduktion).

[4] »Im Jahre 2000 werden (in Klammern die heutigen Zahlen) Nigeria 160 Millionen (98,5), die Türkei 66 Millionen (50,8), Bangladesh 146 Millionen (102,5), Indien 1 013 Millionen (766,1), Pakistan 145 Millionen (102,2), Indonesien 214 Millionen (170,5), Vietnam 86 Millionen (60,9), China 1212 Millionen (1072), Japan 130 Millionen (120), Mexiko 105 Millionen (81,1), Brasilien 179 Millionen (141,4) und Ägypten 71 Millionen (50,7) Einwohner aufweisen. Generell gilt, daß sich bei einem jährlichen Wachstum von zwei Prozent pro Jahr die Bevölkerung in 35 Jahren verdoppelt. Alle Staaten der Dritten Welt haben mehr als zwei Prozent Wachstum, viele über drei Prozent pro Jahr, und bei vier Prozent verdoppelte sich die Bevölkerung in 18 Jahren. Nigeria wird daher im Jahr 2025 mehr Einwohner haben als die USA. Kein europäisches Land wird im Jahr 2025 unter den 25 bevölkerungsreichsten Staaten der Welt mehr aufscheinen.« Friedrich Korkisch, Die demographische Explosion der dritten Welt – Konfliktpotential des 21. Jahrhunderts. In: Österreichische Militärische Zeitschrift, Nr. 5 (1989), S. 417–422 (419).

Hierzu einige Schätzungen für das Jahr 2000: Mexiko-City 24,4 Millionen Einwohner, São Paulo 23,6, Tokio 21,3, New York 16,1, Kalkutta 15,9, Bombay 15,4. Als Faustregel ist damit zu rechnen, daß von den rund sechs Milliarden Menschen, die im Jahr 2000 auf der Erde leben werden, drei Milliarden extrem arm, eine Milliarde arm, eine Milliarde gut versorgt und eine Milliarde wohlhabend sein werden.[5] Es bedarf keiner besonderen Phantasie, um sich vorzustellen, was vier Milliarden arme und extrem arme Menschen in sozialer, hygienischer, ökologischer und politischer Hinsicht bedeuten, insbesondere dann, wenn sie sich in den großen Ballungszentren konzentrieren. Man kann sich dasselbe auch für sechs oder acht Milliarden arme und extrem arme Menschen vorstellen.

Nehmen wir einmal an, daß in einhundert Jahren doppelt so viele Menschen leben werden wie gegenwärtig (möglicherweise werden es aber mehr sein). Diese Aussicht ist natürlich kein erstrebenswerter Traum, sondern ein regelrechter Alptraum, wobei nicht nur eine Umweltzerstörung und Ressourcenplünderung von kaum vorstellbarer Dimension stattfinden wird, sondern vieles von dem in Gefahr gerät, was unter außerordentlichen Mühen, Entbehrungen und Konflikten über die Jahrhunderte an Kultur, Zivilisation und Lebensqualität aufgebaut worden ist, und zwar auch in den Entwicklungsländern, die für die demographische Katastrophe in erster Linie verantwortlich sind und unter ihr auch am allermeisten leiden werden.

Für das explosive Wachstum der Weltbevölkerung, das – wie gesagt – zu rund 90 Prozent in den Entwicklungsländern stattfindet, gibt es verschiedene Ursachen:
- Fortschritte bei der Schwangerschafts- und Geburtsmedizin;
- Erfolge bei der Bekämpfung der Kindersterblichkeit und einiger der Haupttodesursachen (z. B. Infektionskrankheiten);
- die Bedeutung vieler Kinder als Sozial- und Altersversicherung unter prekären ökonomischen Bedingungen;
- ein »junges« Altersprofil und niedriges Heiratsalter;
- mangelnde Kenntnisse über konzeptionsverhütende Methoden bzw. schwieriger oder teurer Zugang zu entsprechenden Mitteln;

[5] Ebd., S. 419.

- dominante Ideologien, wie zum Beispiel der Machismo, demzufolge sich der Wert eines Mannes an seiner sexuellen Potenz und der Zahl seiner Kinder bemißt, oder die Überbetonung der Mutterschaft als wichtigste Funktion der Frau oder schließlich die sogenannte Sohnespräferenz nach dem Motto: »Der Wunsch nach einem Sohn ist der Vater vieler Töchter«;
- religiöse Gebote bezüglich der Konzeptionsverhütung;
- Fortwirken traditioneller Verhaltensweisen unter veränderten Bedingungen (in Zeiten hoher Kindersterblichkeit ist es z. B. vernünftig, möglichst viele Kinder zu haben, damit einige wenige überleben; die hohe Fertilität wird aber auch dann aufrechterhalten, wenn die Kindersterblichkeit rückläufig ist);
- Promiskuität im anomischen sozialen Milieu.

Es wurde bereits erwähnt, daß die demographischen Zuwachsraten langsam fallen. Dies beruht vor allem auf zwei Faktoren:
- Eingliederung größerer Teile der Bevölkerung in gesellschaftliche Bedingungen, in denen das Gebäralter durchschnittlich erhöht wird, in denen viele Kinder für die praktische Lebensbewältigung mehr wirtschaftliche Kosten als Nutzen produzieren und in denen sich neue Leitbilder im Sinne von kleineren Familien durchsetzen können;
- Erfolge einer geburtenkontrollierenden Politik in einigen bevölkerungsreichen Entwicklungsländern (insbesondere in China).

Die häufig in die Diskussion gebrachten Bevölkerungsverluste durch Aids sind im globalen Maßstab demgegenüber (noch) irrelevant, was bezüglich des entropischen Prozesses aber nicht ins Gewicht fällt, weil Entropie sowohl bei massiver Bevölkerungsvernichtung wie bei explosivem Bevölkerungswachstum wirksam wird.

Als einziges Land hat China eine anhaltende und leidlich erfolgreiche Politik der Geburtenkontrolle betrieben, die selbstverständlich ihre Kosten hat (z. B. Eingriffe des Staates in die Privatsphäre der Familie, Abtreibungen, Mädchenmord u.ä.). Diese Kosten gilt es, gegenüber der Schadensbegrenzung als Konsequenz der Geburtenkontrolle abzuwägen. Die Politik aller übrigen Staaten in diesem Bereich war und ist mehr oder weniger nonchalant und gründet auf der Hoffnung, daß sich die Bevölkerungsproblematik im Zuge der gesellschaftlichen Entwicklung sozusagen von selber lösen wird. In diesem Sinne wird gesagt, Entwicklung sei die beste Pille.

Diese These ist ebenso optimistisch wie naiv: Eine gesellschaftliche Entwicklung mit einem relevanten Beitrag zur Dämpfung des Bevölkerungswachstums wird es in den meisten Entwicklungsländern nicht geben, denn das Bevölkerungswachstum ist ja gerade einer jener Faktoren, die einer solchen Entwicklung ganz entschieden im Wege stehen, da letztere sehr langsam verläuft und nur dort stattfindet, wo die marginale Bevölkerung in ausreichender Zahl und mit ausreichender Entlohnung wirtschaftlich integriert werden kann. Wenn man jedoch gleichzeitig bedenkt, daß das durchschnittliche *jährliche* Pro-Kopf-Einkommen in den Entwicklungsländern nach Schätzungen des ›Global 2000 Reports‹ noch im Jahr 2000 weniger als 700 Dollar (in konstanten Preisen von 1975) betragen wird, dann ist diesbezüglich kein Optimismus angebracht.

Der Hinweis auf den demographischen Prozeß während der Industrialisierung der heutigen Industrienationen ist aus verschiedenen Gründen schief und unangebracht: Die europäischen Industrienationen hatten während ihrer Industrialisierung nicht nur eine vergleichsweise bescheidene Bevölkerungszahl und ein geringeres vegetatives Wachstum, sondern massive Bevölkerungsverluste durch Krankheiten, die heute (auch in den Entwicklungsländern) heilbar sind (z. B. Kindersterblichkeit, Syphilis und Tuberkulose), weiterhin durch ständige Kriege (wobei es unter demographischen Gesichtspunkten nicht nur um die Todesfälle selber geht, sondern vor allem um die nicht geborenen Nachkommen), durch die Besiedelung der Kolonien und durch die Massenauswanderungen im 19. Jahrhundert. Darüber hinaus haben die heutigen Industrienationen eine gesellschaftliche Entwicklung durchgemacht, zu der die meisten der heutigen Entwicklungsländer aus unterschiedlichen Gründen nicht in der Lage sind.

Der einzige sinnvolle, aber offensichtlich nicht realistische Weg zur Vermeidung der bevorstehenden demographischen Katastrophe besteht in einer geburtenkontrollierenden Politik, und zwar mit allen erforderlichen Elementen: staatliche Programme zur Verbreitung empfängnisverhütender Methoden und Mittel; Erleichterung der Sterilisierung; Erleichterung der Abtreibung; Förderung der privaten Initiative im Bereich der Geburtenkontrolle (Produktion und Verteilung empfängnisverhütender Mittel, Beratung usw.); Förderung von Information und Werbung im Hinblick auf die Geburtenkontrolle; finanzielle Anreize für kleine Kinderzahlen bzw. finanzielle Belastungen für große Kinderzahlen; Durchsetzung neuer Leitbilder im Sinne kleiner Familien (z. B. über die Medien); Heraufsetzung des legalen Heiratsalters; Veränderung der sozialen Rolle der Frau.[6]

Es erscheint höchst unwahrscheinlich, daß die demographisch relevanten Entwicklungsländer eine solche Politik entschlossen und dauerhaft durchsetzen werden. Hierfür ist eine Reihe von entwicklungstheoretischen Fehlannahmen, politischen Stimmungen, religiösen Vorbehalten und administrativen Unzulänglichkeiten verantwortlich. Darüber hinaus muß man wohl davon ausgehen, daß China im Zuge einer allmählichen demokratischen Öffnung seine rigide Politik der Geburtenkontrolle aufweichen wird. Dies würde eine Beschleunigung des demographischen Desasters bedeuten, nämlich die bereits erwähnte Paradoxie, daß besonders erfolgreiche Arten ihre eigenen Existenzbedingungen zerstören. Die längst für obsolet gehaltene These von Malthus, wonach die physischen Lebensgrundlagen die demographische Entwicklung bedingen und letztere notfalls durch Katastrophen an erstere angepaßt wird, erscheint insofern ziemlich realistisch. Die Tatsache, daß diese Entwicklung mit einer Zunahme von Entropie einhergeht, liegt auf der Hand, denn Zustände höherer sozialer Ordnung werden zerfallen, wenn es nur noch um das nackte Überleben geht, und falls die Menschheit völlig aussterben sollte – womit man realistischerweise rechnen muß –, würden sich die von ihr geschaffenen sozialen Ordnungen gänzlich auflösen, also: Entropie total.

2. Umwelt

Auch dieses Kapitel möchte ich für eine angemessene Einstimmung mit einem Zitat aus der Bibel beginnen. Daraus läßt sich alles Wesentliche entnehmen.

---

[6] Vgl. Bernard Berelson u. Robert Haveman, On the Efficient Allocation of Resources for Fertility Reduction. In: International Family Planning Perspectives 5 (1979), Nr. 4, S. 134. Vgl. UNFPA, Weltbevölkerungsbericht 1990, S. 18 ff.

»Und Gott segnete Noah und seine Söhne und sprach: Seid fruchtbar und mehret Euch und füllet die Erde. Furcht und Schrecken vor Euch sei über allen Tieren auf Erden und über allen Vögeln unter dem Himmel, über allem, was auf dem Erdboden wimmelt, und über allen Fischen im Meer; in Eure Hände seien sie gegeben. Alles, was sich regt und lebt, das sei Eure Speise; wie das grüne Kraut habe ich's Euch alles gegeben.« (1. Mose 9, 1–3)

Das in Kapitel II.1 zitierte Vermehrungsgebot habe ich irrtümlicherweise als jenen göttlichen Auftrag bezeichnet, der am besten befolgt wird. Der Auftrag zur Umweltzerstörung und Ressourcenplünderung wird nämlich mindestens ebenso freudig befolgt, und das hat im Rahmen der Erlösungsgeschichte auch einen Sinn, weil die Apokalypse polygenetisch angelegt ist, um das vorausgesagte Ende der Welt mehrfach abzusichern.

Eine der erfolgreichsten Methoden, um die Entropie im allgemeinen und die soziale Entropie im besonderen zu erhöhen, besteht in der Tat in der anhaltenden Milieuschädigung. Die Menschen sind selber ein Teil der gefährdeten Natur. Die Sensibilität für diese Problematik hat zwar vor allem in den Industrieländern in den letzten Jahren zugenommen, aber die konkreten umweltpolitischen Ergebnisse standen bisher in keinem auch nur einigermaßen angemessenen Verhältnis zur Dringlichkeit der betreffenden Probleme, und daran wird sich aller Voraussicht nach auch in Zukunft nichts Entscheidendes ändern.

In den Entwicklungsländern, in denen drei Viertel der Weltbevölkerung – mit steigender Tendenz – leben, ist die Situation schlechthin desolat. Die Industrieländer, die für das Gros der *globalen* Umweltprobleme verantwortlich sind, betreiben eine vergleichsweise (sic!) befriedigende Umweltpolitik im nationalen Rahmen, während die Entwicklungsländer noch relativ wenig zur globalen Umweltproblematik beitragen, aber eine katastrophale Umweltzerstörung und Ressourcenplünderung im eigenen Hoheitsgebiet verursachen.

Seit es menschliche Gesellschaften gibt, gibt es auch von ihnen verursachte Umweltschäden. Insofern ist die ökologische Problematik unserer Gegenwart nichts grundsätzlich Neues, neu sind aber ihre Großräumigkeit, ihre Komplexität und ihre Intensität. Obwohl es in den letzten Jahrzehnten in einzelnen Fällen sektorale und regionale Verbesserungen gegeben hat, weist die generelle Tendenz in Richtung auf eine weitere Verschlechterung der ökologischen Bedingungen. In den Industrieländern scheinen die Chancen für eine Selbstkorrektur aus verschiedenen Gründen besser zu sein als in den Entwicklungsländern. Auch ihre Rohstoffversorgung, die ja einen Teilaspekt der ökologischen Problematik darstellt, kann günstiger beurteilt werden, obwohl die Entwicklungsländer *zusammen* über eine gute Ausstattung mit mineralischen und fossilen Rohstoffen verfügen. Die Entwicklungsländer sind nicht nur ökonomisch unterentwickelt, sondern ökologisch fehlentwickelt, und es bestehen zumeist keine ausreichenden Voraussetzungen für eine großräumige und langfristige Selbstkorrektur.

Die ökologische Problematik umfaßt alle Aspekte des Umweltschutzes und der Ressourcenschonung. Es geht dabei um sehr verschiedenartige Ursachen und Erscheinungsformen sowie um zahlreiche Kombinationen von globalen und regionalen – bis hin zu mikroregionalen – Faktoren. Jedes konkrete ökologische Problem ist sozusagen einzigartig; in ihrer Summe produzieren sie aber eine generelle Tendenz: Sie werden komplexer und akuter, sie sind immer schwerer in den Griff zu bekommen, und es besteht die Gefahr, daß sie sich zu immer größeren Katastrophen aufschaukeln. Die verschiedenen Bereiche der ökologischen Problematik werden im folgenden kurz angesprochen:

Zunächst müssen jene ökologischen Probleme erwähnt werden, die sich bereits heute zu globalen Gefährdungen kumuliert haben. Als erstes ist hier der Treibhauseffekt[7] zu nennen, das heißt die Erhöhung der durchschnittlichen Lufttemperatur als Folge steigender Konzentrationen atmosphärischer Treibhausgase (Kohlendioxid, Methan, Fluorchlorkohlenwasserstoffe und Stickoxide).[8] Es wird geschätzt, daß die durchschnittli-

---

[7] Vgl. Paul J. Crutzen u. Michael Müller (Hrsg.), Das Ende des blauen Planeten? Der Klimakollaps: Gefahren und Auswege. München 1989; Neville Brown, Climate, Ecology and International Security. In: Survival 31, Nr. 6 (Nov./Dez. 1989), S. 519–532; The World Resources Institute u. The International Institute for Environment and Development (Hrsg.), World Resources 1988–89, New York 1988, S. 163 ff und 333 ff; Die Wahrheit kommt rasch. In: Süddeutsche Zeitung, 13. 9. 1990, Beilage S. I; Udo E. Simonis u. Ernst U. von Weizsäcker, Globale Umweltprobleme. Berlin 1990 (Wissenschaftszentrum für Sozialforschung, FS II 90–401), S. 7 ff.

[8] CO_2 entsteht vor allem bei der Verbrennung fossiler Brennstoffe sowie bei der Brandrodung; CH_4 (Methan) entweicht in großen Mengen bei der Kohle- bzw. Erdgasförderung und entsteht als Verdauungsprodukt von Tieren (z. B. der immer zahlreicheren Rinder) sowie als Emission von Reisfeldern; FCKWS (Fluorchlorkohlen-

che Temperatur bis zum Jahre 2030 zwischen einem und sieben Grad Celsius ansteigen wird, wobei die obere Hälfte dieser Marge im Bereich höherer Wahrscheinlichkeit liegt. Führende Klimaforscher sehen in dieser Erwärmung und den damit erfolgenden Klimaveränderungen das größte Umweltproblem, das wir kennen; die Folgen dieser Entwicklung seien für Milliarden von Menschen lebensbedrohend.

Die Konsequenzen der Klimaveränderung sind zwar noch nicht eindeutig erforscht, aber man befürchtet eine großräumige Veränderung der Vegetationszonen (z. B. eine Vernichtung der borealen Wälder), das Auftauen der Permafrost-Böden, klimatische Veränderungen aufgrund der regionalen Verteilung von Temperaturen und Niederschlagsmengen (einschließlich der Ausdehnung vorhandener und der Entstehung neuer Wüstengebiete) sowie die Erhöhung des Meeresspiegels (aufgrund der thermischen Ausdehnung der Ozeane und des Abschmelzens der kontinentalen Gletscher sowie der antarktischen Eismassen, wobei die flachen Küstenregionen weltweit gefährdet würden).

Auf die Industrieländer entfallen rund 80 Prozent der weltweiten CO_2-Emissionen und ebenfalls rund 80 Prozent des weltweiten Energieverbrauchs (allein auf die USA rund 25 Prozent).[9] Angesichts der fortschreitenden Industrialisierung sowie der anhaltenden Zerstörung großräumiger Vegetationsflächen[10] ist darüber hinaus zu erwarten, daß die Entwicklungsländer in zunehmendem Maße zur Verschärfung dieses Problems beitragen werden.

Zu den globalen Gefährdungen der Umwelt gehört auch die *Zerstörung der stratosphärischen Ozonschicht* durch Fluorchlorkohlenwasserstoffe, andere halogenartige Verbindungen sowie möglicherweise weitere Gase (Distickstoffoxid, Kohlendioxid, Methan). Als Folge davon kommt es zu einer verstärkten UV-Strahlung an der Erdoberfläche mit ernsten Gefahren

---

wasserstoffe) sind in Sprays, Kühlaggregaten sowie Reinigungsmitteln enthalten und werden auch bei der Aufschäumung von Kunststoffen freigesetzt; NO_x (Stickoxide unterschiedlicher Zusammensetzung, darunter auch N_2O) entstehen bei allen Verbrennungsvorgängen fossiler Brennstoffe, und zwar auch in Motoren und Kraftwerken; vgl. Simonis u. von Weizsäcker, Globale Umweltprobleme, S. 7 ff.

[9] Vgl. The World Resources Institute, World Resources 1988–89, S. 336; Welt- und Energieverbrauch 1985. In: Süddeutsche Zeitung, 10. 10. 1986, S. 27.

[10] Dabei geht nicht nur Biomasse als Klimaregulativ verloren, sondern es werden auch große Mengen an CO_2 durch Abbrennen freigesetzt.

für die menschliche Gesundheit (Haut- und Augenerkrankungen, Schwächung des Immunsystems) und noch nicht ausreichend erforschten Konsequenzen für die terrestrische und aquatische Vegetation. Selbst ein vollständiges Verbot der Emissionen von Fluorchlorkohlenwasserstoffen als den Hauptverursachern für die Zerstörung der stratosphärischen Ozonschicht würde bedeuten, daß es mehr als einhundert Jahre dauern würde, bis sich die Ozonschicht wieder regeneriert hätte. »Die industrialisierte Welt hat hier ein groteskes globales Umweltproblem erzeugt, vor dessen Folgen Wissenschaftler schon seit 15 Jahren gewarnt haben.«[11]

Zu den globalen Gefährdungen der Umwelt gehört ebenfalls die *grenzüberschreitende Verschmutzung*[12] der bodennahen Luft sowie der Binnengewässer, der Küstengewässer, des Grundwassers und des Regens mit zahlreichen toxischen Substanzen bzw. Schwebstoffen. Die schädigende Wirkung vieler dieser Stoffe auf Lebewesen ist bekannt;[13] ihre Summationseffekte sind dagegen noch wenig erforscht.

Der nächste Bereich der ökologischen Problematik betrifft die *Zerstörung großer Naturräume und die Schädigung bzw. Vernichtung natürlicher Lebensgemeinschaften* durch Einbringung toxischer Substanzen, Trockenlegung ausgedehnter Feuchtgebiete, Abholzung großräumiger Waldflächen, Überjagung, Überfischung, Überweidung sowie Erschließung und Verbauung (Siedlungen, Industriegebiete, militärische Anlagen, Staudämme, Flugplätze, Hafenanlagen sowie Verkehrs- und Leitungssysteme). Fauna und Flora werden dadurch massiv geschädigt und vielfach ausgerottet. Weiterhin kommt es zu schwerwiegenden Erosionsschäden, zu ausgedehnter Versteppung und Verwüstung, zur Senkung des Grundwasserspiegels und gleichzeitiger Häufung von Überschwemmungskatastrophen sowie zu Klimaveränderungen.

Zur Illustration sei lediglich ein Teilaspekt erwähnt, nämlich die Vernichtung der Artenvielfalt. Mostafa Tolba, der Direktor des United Nations Environment Program (UNEP), machte

---

[11] Crutzen u. Müller, Das Ende des blauen Planeten, S. 86.
[12] Vgl. Tapani Vaahtoranta, Atmospheric Pollution as a Global Policy Problem. In: Journal of Peace Research 27, Nr. 2 (1990), S. 169–176 (169); The World Resources Institute, World Resources 1988–89, S. 163 ff und 333 ff.
[13] Vgl. Katrin Gillwald, Psychische und soziale Auswirkungen mäßiger Umweltqualität. In: Aus Politik und Zeitgeschichte. Beilage zur Wochenzeitschrift Das Parlament, Nr. B42/83 (22. 10. 1983), S. 25–33 (27 f.)

bereits 1981 darauf aufmerksam, daß 25 000 Arten von Blütenpflanzen und über 1000 Arten von Wirbeltieren vom Aussterben bedroht und weit mehr bereits ausgestorben seien.[14] Diese Aussage liegt in der Größenordnung einer Schätzung des deutschen Sachverständigenrats für Umweltfragen (1978), der zufolge 10 Prozent der weltweit existierenden 200 000 Arten von Farn- und Blütenpflanzen akut vom Aussterben bedroht seien. Entsprechend wird in der bereits erwähnten »Global 2000«-Studie vorausgesagt, daß im Jahre 2000 – also in wenigen Jahren – etwa 15 bis 20 Prozent der 1980 vorhandenen Arten – das sind zusammen 500 000 Spezies – ausgerottet sein werden.[15]

Auch die Regenerationsfähigkeit der lebenden Meeresressourcen wird im allgemeinen überschätzt. Eine wesentliche Erhöhung des Fischfangs wird nicht für möglich gehalten; seit 1970 ist der Weltfischfang sogar rückläufig. Manche Meere sind überfischt und in gefährlicher Konzentration mit Schadstoffen belastet. In vielen küstennahen Gewässern – nicht nur der Dritten Welt, sondern zum Beispiel auch in der Nordsee und im Mittelmeer – droht ein ökologischer Kollaps.[16] Ähnliches gilt für die Binnengewässer (z. B. das Kaspische Meer, den Aral-See, den Erie-See, das Schwarze Meer, den Maracaibo-See und die schwedischen Seen).

Was die lebenden Ressourcen der Flüsse (Fische, Krebse, Muscheln, Pflanzen) anbelangt, darf man bereits heute von einer weltweiten Katastrophe sprechen, denn die Verschmutzung und Vergiftung der fließenden Gewässer hat aufgrund der Dauerbelastung sowie periodischer Unglücksfälle vielfach ein solches Ausmaß angenommen, daß immer mehr Arten akut vom Aussterben bedroht sind, sofern sie nicht bereits ausgestorben sind; die verbliebenen Arten sind häufig wirtschaftlich nicht mehr nutzbar, weil ihr Schadstoffgehalt zu hoch ist.

Ein weiteres ökologisches Problem besteht in der ungehemmten *Ausbeutung der mineralischen und fossilen Rohstoffe* (einschließlich der Energieträger, wie Erdöl), ungeachtet der

---

[14] Vgl. Mostafa Tolba, Excessive Demands on our Environment Cannot be Sustained by Very Long. In: The Courier, Nr. 87 (Sept./Okt. 1984) S. 60–62 (60).

[15] Vgl. Council on Environmental Quality/Department of State (Hrsg.), The Global 2000 Report to the President. Washington 1980, Band 1, S. 37 ff.

[16] Vgl. Herbert Gruhl, Ein Planet wird geplündert. Frankfurt a. M. 1975, S. 89; John Kettle, Interview with Gerald Barney, Director of the US President's Global 2000 Study. In: Futures 13 (1981) 6, S. 508–512 (509).

Tatsache, daß die Reserven schrumpfen und die Recycling- und Substitutionsaussichten bislang völlig unklar sind. Die Rohstoffe werden weltweit nicht unter dem Aspekt ihrer zunehmenden Verknappung, sondern nach der jeweils aktuellen Nachfrage ausgebeutet und zu einem beträchtlichen Teil für »überflüssige Produkte«[17] verwendet. Im ›Global 2000 Report‹ wird folgende zeitliche Verfügbarkeit (ab 1976) verschiedener Rohstoffe angegeben (erste Zahl: Jahre Verfügbarkeit bei gleichbleibendem Verbrauch wie im Jahre 1976; zweite Zahl: Jahre Verfügbarkeit bei exponentiellem Verbrauch):[18] Silber 20/17; Zink 26/19; Quecksilber 22/21; Schwefel 34/23; Blei 37/25; Wolfram 52/31; Zinn 41/31; Kupfer 63/36; Nickel 86/43; Platin 110/44; Mangan 164/56; Eisenerz 172/62; Bauxit 312/63; Chrom 377/80.

Selbstverständlich darf nicht unberücksichtigt bleiben, daß der Rohstoffverbrauch regional sehr verschieden ist. So verbrauchen zum Beispiel allein die USA (mit fünf Prozent der Weltbevölkerung) rund 40 Prozent aller weltweit geförderten Rohstoffe; für jeden Bürger der USA werden jährlich schätzungsweise 20 Tonnen Rohstoffe der Erde entnommen.[19] Sol-

---

[17] Was »überflüssige Produkte« genau sind, läßt sich natürlich nicht eindeutig bestimmen. Gemeint sind im weitesten Sinne Luxuskonsumgüter und deren vorgelagerte Produktionskette sowie der kurzlebige modische »Schnickschnack«. In einem Interview der ›Süddeutschen Zeitung‹ (26. 7. 1972) mit dem früheren Vorsitzenden des Deutschen Gewerkschaftsbundes, Heinz Oskar Vetter, wurde festgestellt, daß ein Drittel der modernen Industrieprodukte überflüssig und ein weiteres Drittel untauglich sei; vgl. Gruhl, Ein Planet, S. 297.

[18] Vgl. Council on Environmental Quality/Department of State, The Global 2000 Report to the President. Washington 1980, Bd. 1, S. 29. Meadows gibt folgende Zahlen auf anderer Berechnungsgrundlage an (erste Zahl – zeitliche Verfügbarkeit in Jahren [ab 1970] bei exponentiellem Verbrauch in bezug auf die bekannten Vorräte; zweite Zahl – das gleiche im Falle von fünffachen Vorräten): Kohle (111/150); Erdöl (20/50); Erdgas (22/49); Eisen (93/173); Aluminium (31/55); Blei (21/64); Kupfer (21/49); Zink (18/50); Zinn (15/61); Nickel (53/96); Quecksilber (13/41); Silber (13/42); Mangan (46/94); Wolfram (28/72); Chrom (95/154); Kobalt (60/148); Gold (9/29); Platin (47/85); Molybdän (34/65); Dennis Meadows u.a., Die Grenzen des Wachstums. Bericht des Club of Rome zur Lage der Menschheit. Stuttgart 1972, S. 46. Gruhl zitiert ebenfalls andere Zahlen der Metallgesellschaft AG (Frankfurt a. M. 1990), die aber an der Grundaussage ebenfalls nichts ändern. Siehe Gruhl, Himmelfahrt, S. 178 f.

[19] Vgl. Ernst F. Schumacher, Small is Beautiful. Die Rückkehr zum menschlichen Maß. Reinbek 1977, S. 108; Gordon Rattray Taylor, Das Selbstmordprogramm – Zukunft oder Untergang der Menschheit. Frankfurt a. M. 1973, S. 285. Gruhl hat in einer einprägsamen Umrechnung festgestellt, daß jeder US-Bürger täglich eine Energiemenge verbraucht, die der Arbeitskraft von einhundert Sklaven entspricht; vgl. Gruhl, Ein Planet, S. 52 und 161.

che Zahlen erinnern daran, daß das globale Wirtschaftswachstum an eine begrenzte Ressourcenbasis gebunden ist, wobei – wie erwähnt – erschwerend hinzukommt, daß die Weltbevölkerung weiterhin stark zunimmt. Es ist nicht möglich, die genauen Grenzen des Wachstums zu definieren; in vielen Zukunftsanalysen wird die These vertreten, daß diese Grenzen innerhalb der kommenden Jahrzehnte erreicht werden, in einigen Regionen vermutlich etwas früher und in anderen etwas später.[20]

Gruhl nennt die Ausbeutung der Rohstoffe »die Ernte der Jahrmillionen«, womit er daran erinnert, daß sich die wirtschaftliche Expansion viel schneller vollzieht als der Evolutionsrhythmus der natürlichen Ressourcen. Der Rhythmusunterschied wird auf rund eine Million zu eins geschätzt. Die Schlußfolgerung Gruhls lautet: »Diese Ernte der Zeiten ist eine einmalige Ernte, und dann kommt der Tag, wo es nichts mehr zu ernten gibt.«[21]

Die *Recycling*möglichkeiten werden häufig überschätzt. Erstens ist daran zu erinnern, daß im Rahmen der Recyclingverfahren meistens Kapital, Technologie und Energie eingesetzt werden müssen, und zweitens muß darauf aufmerksam gemacht werden, daß nur ein Teil des Materials zurückgewonnen werden kann, im Falle von Eisen rund 30 Prozent, Kupfer 61 Prozent, Aluminium 48 Prozent, Blei 42 Prozent, Nickel 40 Prozent, Stahl 26 Prozent und Zink 14 Prozent. Auch die *Substitutions*möglichkeiten werden häufig überschätzt, denn sie sind für viele Materialien noch gar nicht in Sicht und erfordern in anderen Fällen ihrerseits knapp werdende Rohstoffe (z. B. Erdöl und Zellulose für Kunststoffe).[22]

In den *Industrieländern* zeichnet sich allerdings noch kein erkennbarer Trend zu Rohstoffverknappung und Problemen der Versorgungssicherung ab. In der näheren Zukunft wäre damit nur im Zusammenhang mit Instabilitäten oder Boykottmaßnahmen einzelner Lieferländer bzw. einer Verknappungspolitik der internationalen Rohstoffkartelle zu rechnen, worauf zur Zeit noch nichts hindeutet. Insgesamt ist der Anteil des Rohstoffhandels am Welthandel in den vergangenen Jahren

---

[20] Vgl. Meadows, Die Grenzen des Wachstums. Detaillierte Angaben zum Weltrohstoffverbrauch finden sich in Council on Environmental Quality/Department of State, The Global 2000 Report, Band 2.
[21] Gruhl, Ein Planet, S. 92; ferner ebd., S. 91–93.
[22] Ebd., S. 116.

gesunken, ebenso sein Anteil am Außenhandel der Industrieländer. Die internationalen Rohstoffpreise schwankten mit einer Tendenz zum Preisverfall, was angesichts der absehbaren Erschöpfung vieler Rohstoffvorkommen widersinnig erscheint und nur dadurch verständlich wird, daß die Preise nicht unter dem Aspekt der Verknappung, sondern des aktuellen Verhältnisses von Angebot und Nachfrage gebildet werden.

Für viele *Entwicklungsländer* muß man allerdings davon ausgehen, daß ihre Rohstoffversorgung in zunehmendem Maße gefährdet wird; dies gilt zur Zeit ja bereits in bezug auf Erdöl. Zwar verfügen alle Entwicklungsländer zusammen über beträchtliche natürliche Ressourcen, aber sie sind im Einzelfall zumeist einseitig mit Vorkommen ausgestattet und bringen diese größtenteils in den Kreislauf der Rohstoffverwertung der Industrieländer ein, das heißt, die Rohstoffe werden laufend abgebaut und verwertet, statt angesichts einer voraussehbaren Verknappung nach Möglichkeit geschont zu werden.

Auch bei der langfristigen Sicherung der *Energieversorgung*[23] werden viele Länder mit Problemen konfrontiert werden, sofern sie nicht ausreichend mit den erforderlichen Energieträgern ausgestattet sind oder nicht über die finanziellen und technologischen Mittel verfügen, um alternative Verfahren im benötigten Umfang entwickeln bzw. kaufen zu können. Ob der Vorteil der Entwicklungsländer gegenüber den Industrieländern bei der Nutzung der Sonnenenergie tatsächlich die möglichen Energieprobleme lösen kann, ist bislang nicht geklärt; vieles spricht dagegen.

Die Zunahme des weltweiten Brennstoffverbrauchs zwischen 1966 und 2000 wurde von E. F. Schumacher, der mit seinem Buch ›Small is Beautiful‹ einem breiten Publikum bekannt geworden ist, auf das Vierfache geschätzt (von 5,5 Milliarden auf 23,2 Milliarden Steinkohleeinheiten), wovon je die Hälfte auf das Bevölkerungswachstum und auf den zusätzlichen Verbrauch pro Kopf entfallen werden.[24] Auch hier zeigen sich die bereits erwähnten regionalen Asymmetrien: Allein die USA beanspruchten 1985 rund ein Viertel des Weltenergieaufkommens.[25] Die bekannten Kohlevorräte werden schätzungs-

---

[23] Vgl. The World Resources Institute, World Resources 1988–89, S. 109 ff und 305 ff; Volkmar Köhler, Die Dritte Welt und wir. Probleme und Ansprüche einer zukunftsweisenden Entwicklungspolitik. Stuttgart, Bonn, 1990, S. 36.
[24] Vgl. Schumacher, Small is Beautiful, S. 23.
[25] Vgl. Welt-Energieverbrauch 1985. In: Süddeutsche Zeitung, 10. 10. 1986, S. 27.

weise noch 220 Jahre ausreichen, aber die Erdöl- und Erdgasvorräte werden voraussichtlich in ca. 30 bis 60 Jahren erschöpft sein (bei gleichem Förderungsvolumen wie 1986).[26] Die Nutzung der Wasserkraft, die ja ebenfalls nicht beliebig vermehrbar ist, wird in absehbarer Zeit an eine natürliche Grenze stoßen. Die Kernenergie auf der Basis von Uran kann die anderen Energieformen nicht vollständig ersetzen, abgesehen davon, daß auch die Uran-Reserven endlich sind und die Nutzung der Kernenergie mit bislang ungelösten Sicherheits- und Entsorgungsfragen verknüpft ist. Die sogenannten neuen oder alternativen Arten der Energieerzeugung (Sonne, Wind, Meereswellen und -strömungen, Gezeiten, Wasser- und Lufterwärmung, Erdwärme, Biomasse, d. h. Gas, Alkohol, Öle, Wasserstoff, Kernfusion) haben jeweils spezifische Probleme (physische und klimatische Voraussetzungen, Kosten, Wirkungsgrad, Technologie), die es bislang als fraglich erscheinen lassen, ob mit ihrer Hilfe der Weltenergiebedarf auf Dauer gedeckt werden kann.

Vieles spricht also dafür, daß die Industrieländer für die nächste überschaubare Zukunft noch keine Versorgungskrise in bezug auf Rohstoffe (einschließlich Energieträgern) zu befürchten haben. Für viele Entwicklungsländer sind die Perspektiven jedoch problematischer: Sie werden kaum in der Lage sein, die technisch möglichen Recycling- und Substitutionsverfahren mit hohem Wirkungsgrad zu nutzen, sie werden technische und finanzielle Probleme bei der Ausbeutung der zunehmend schwerer erschließbaren Rohstofflager bekommen und sich mit immer größeren Schwierigkeiten bezüglich der Finanzierung ihrer Rohstoffimporte konfrontiert sehen.

Im Zusammenhang mit der Rohstoffproblematik wird ein ganz zentraler Rohstoff häufig zu wenig beachtet oder völlig übersehen, nämlich das *Süßwasser*. Eine spürbare Verknappung des Süßwassers bis zum Jahr 2000 wird für Teile der USA, für Mexico, Argentinien, fast das gesamte Westeuropa einschließlich des westlichen Teils der Sowjetunion, die nördlichen und östlichen Regionen Afrikas, fast den gesamten süd- und ostasiatischen Raum sowie den südlichen Teil Australiens vorausgesagt. Die Ursachen dafür sind steigender Bedarf, fehlerhafte Nutzung, Senkung des Grundwasserspiegels und Klimaveränderungen als Folge von Abholzungen sowie Vergif-

---

[26] Vgl. The World Resources Institute, World Resources 1988–89, S. 109.

tung mit Schadstoffen aller Art. Es verbleiben folgende Regionen, in denen die Wasserversorgung für das Jahr 2000 günstig beurteilt wird: Kanada und Teile der USA, die nördliche und westliche Region Südamerikas, Skandinavien, Sibirien, die westliche und südwestliche Region Afrikas, Teile Indochinas sowie die nördliche und westliche Region Australiens.[27] Aber auch in diesen letztgenannten Regionen gibt es zum Teil bereits heute erhebliche Probleme bei der Wasserversorgung, und zwar deswegen, weil das Wasser nicht immer gerade dort verfügbar ist, wo es gebraucht wird (der Amazonas fließt z. B. nicht durch die Trockensteppe des brasilianischen Nordostens), und weil die schlechte *Qualität* des Wassers seine bekömmliche Nutzung (z. B. als Trinkwasser) häufig nicht erlaubt.[28]

Ein weiterer Bereich der ökologischen Problematik betrifft die *Verschmutzung* bzw. *Vergiftung* der Luft, des Regens, der Gewässer, des Grundwassers, der Böden sowie der Nahrungsmittel und die großräumige *Verbauung* einschließlich einer dramatischen *Verschlechterung der urbanen Ökologie*. Ursachen für die Verschmutzung und Vergiftung sind die unzureichende Entsorgung der städtischen und industriellen Zentren sowie der unangemessene Einsatz von Chemikalien. Alle einschlägigen Untersuchungen stimmen darin überein, daß dieses Problem besonders in den Entwicklungsländern einen dramatischen Umfang angenommen hat und daß in vielen Gegenden wahre toxische Zeitbomben angehäuft werden. Hinzu kommen immer häufiger industrielle Katastrophen, die von der Dauerbelastung kaum noch unterschieden werden können.[29] Eine relativ neue Entwicklung in diesem Bereich hat in den Entwicklungsländern glücklicherweise noch nicht zu Katastrophen geführt, nämlich die zivile und militärische Nutzung der Kernenergie. Vergegenwärtigt man sich die Schwierigkeiten, welche bereits die Industrieländer bezüglich der

---

[27] Vgl. Council on Environmental Quality/Department of State, The Global 2000 Report, S. 24 f; Malin Falkenmark, Global Water Issues Confronting Humanity. In: Journal of Peace Research 27, Nr. 2 (1990), S. 177–190 (177); The World Resources Institute, World Resources 1988–89, S. 127 ff.

[28] Nach Angaben des United Nations Environment Program (UNEP) ist verseuchtes Wasser die Hauptursache dafür, daß weltweit eine Milliarde Menschen an schweren Erkrankungen leiden; vgl. UNEP (Hrsg.), Zur Lage der Umwelt 1986. Zit. in Sauberes Wasser als Menschenrecht. In: Süddeutsche Zeitung, 25./26. 10. 1986, S. 12.

[29] Detaillierte Beispiele dazu finden sich in: Manfred Wöhlcke, Der Fall Lateinamerika. Die Kosten des Fortschritts. München 1989, S. 69 ff und 102 ff.

Sicherheit kerntechnischer Anlagen und Prozesse haben, so muß die Situation in den Entwicklungsländern mit größter Sorge betrachtet werden.

Die umweltbelastenden Stoffe lassen sich in die organischen und in die unorganischen Substanzen unterteilen. Zu ersteren gehören sämtliche pathogenen Keime, die sich im wesentlichen als Folge mangelhafter kollektiver Hygiene verbreiten; zu letzteren gehören chemische Substanzen wie Schwefeldioxid, Stickoxide, Kohlendioxid, Fluorchlorkohlenwasserstoffe, Ozon, weiterhin Schwermetalle (z. B. Blei, Quecksilber, Cadmium) und immer neue synthetische Schadstoffe einschließlich agrotoxischer Substanzen und radioaktiver Abfälle. Die unhygienischen und giftigen Substanzen sind nicht nur innerhalb und außerhalb der städtischen, industriellen und landwirtschaftlichen Zentren abgelagert, sondern sie durchdringen das gesamte soziale Milieu einschließlich vieler Produkte des täglichen Lebens, wie etwa die Nahrungsmittel und das Trinkwasser. Die sogenannte Entsorgung erfolgt meistens direkt in die Luft, die Flüsse, die Seen, die Küstengewässer sowie höchst prekär ausgestattete und mangelhaft kontrollierte Müllkippen.

Besonders kraß verläuft die ökologische Degradierung der Metropolen der Entwicklungsländer, in denen ja ein steigender Anteil der Bevölkerung lebt. Diese monströsen Metastasen wachsen weitgehend chaotisch, sie führen zu einer großräumigen Belastung der Umwelt und produzieren für ihre Einwohner ein Milieu von zunehmend schlechter Lebensqualität mit Luft- und Wasserverschmutzung, mangelhaften kommunalen Dienstleistungen, Lärm, Verkehrsproblemen, Reizüberflutung, Verbauung, Vermassung, Slums sowie einem Verlust an räumlicher Freizügigkeit und Ästhetik. Diese Städte sind nicht nur dichter, lauter, häßlicher und schmutziger[30] als jene der Industrieländer – und das sagt eigentlich schon alles –, sondern sie sind in ihren Außenbezirken zumeist auch großräumiger zersiedelt und verbaut, so daß das Umland als Erholungsgebiet für die städtische Bevölkerung weitgehend ausfällt.

Als letzter Bereich der ökologischen Problematik sei die

---

[30] »With the exception of Milan, all the worst-polluted cities that report data to the Global Environmental Monitoring System (GEMS) are in developing countries.« The World Resources Institute, World Resources 1988–89, S. 171.

Degradierung der Böden erwähnt. Die Wüsten und wüstenähnlichen Gebiete der Erde vergrößerten sich zwischen 1882 und 1952 um 140 Prozent; seither haben sie sich noch weiter ausgedehnt und machen rund ein Viertel der festen Erdoberfläche aus. Im selben Zeitraum verringerte sich die weltweite Nutzlandreserve von 18 auf 2,2 Millionen qkm, so daß ihre Ausschöpfung in Sicht ist. Es wird geschätzt, daß sich die Wüsten und wüstenähnlichen Gebiete im Jahre 2000 gegenüber 1965 um weitere 20 Prozent ausgedehnt haben werden.[31] Nach Angaben des United Nations Environment Program sind weltweit 60 Prozent des Ackerlandes, 80 Prozent des Weidelandes und 30 Prozent des künstlich bewässerten Nutzlandes von der Erosion betroffen.[32] Ein besonders ernstes Problem ergibt sich zusätzlich aus der Tatsache, daß sich die landwirtschaftliche Nutzfläche pro Kopf der Bevölkerung in den meisten Ländern rapide *verringert*. Der summierte Effekt aus dem Bevölkerungswachstum und der Zerstörung landwirtschaftlicher Nutzfläche wirkt sich stärker aus als der Neugewinn landwirtschaftlicher Nutzfläche (die – wie gesagt – ohnehin in absehbarer Zeit an eine natürliche Grenze stoßen wird).

Natürlich muß damit nicht notwendigerweise auch die landwirtschaftliche *Pro-Kopf-Produktion* sinken. Die – mit Ausnahme Afrikas – immer noch relativ günstige Entwicklung der landwirtschaftlichen Pro-Kopf-Produktion darf aber über dreierlei nicht hinwegtäuschen: Erstens ist eine stabile oder steigende Pro-Kopf-Produktion nicht identisch mit einer gleichbleibenden oder verbesserten Versorgung der Bevölke-

---

[31] Vgl. Gruhl, Ein Planet, S. 88; Council on Environmental Quality/Department of State, The Global 2000 Report, S. 33. Nach Angaben des UNEP (Regionalbüro Bangkok) sind 34 Prozent der Landmasse Asiens mehr oder weniger verwüstet; in Australien sind es 75 Prozent, in Afrika 55 Prozent, in Südamerika 20 Prozent, in Nord- und Mittelamerika 19 Prozent und in Europa 2 Prozent. Die Zahl der Menschen, deren Lebensunterhalt direkt von der Verwüstung bedroht wird, ist zwischen 1977 und 1986 – d. h. innerhalb von knapp zehn Jahren – von 57 auf rund 150 Millionen angestiegen; vgl. Die Wüsten Asiens werden größer. In: Süddeutsche Zeitung, 30. 10. 1986, S. 59.

[32] Vgl. Josef K. Heringer u. Reinhold Schumacher, Die Gefährdung land- und forstwirtschaftlicher Böden als Problem der internationalen Umweltpolitik. In: Peter Cornelius Mayer-Tasch (Hrsg.), Die Luft hat keine Grenzen. Internationale Umweltpolitik: Fakten und Trends. Frankfurt a. M. 1986, S. 121–133 (124); Food and Agricultural Organization (Hrsg.), The State of Food and Agriculture 1977. Rom 1978, S. 3–54; United Nations (Hrsg.), United Nations Conference on Desertification: An Overview. Nairobi 1977.

rung mit Nahrungsmitteln (in vielen Entwicklungsländern hat diese sich verschlechtert, wofür verschiedene Faktoren verantwortlich sind, z. B. Agrarexporte, Nahrungsmittelpreise, Produktionspalette u. ä.). Zweitens bieten die landwirtschaftlichen Methoden, mit denen höhere Flächenerträge möglich wurden, keine Aussicht, diese Entwicklung endlos fortzusetzen, denn irgendwann wird der höchstmögliche Flächenertrag erreicht und kann dann nicht weiter gesteigert werden. Und drittens sind die modernen landwirtschaftlichen Methoden keineswegs ausschließlich positiv zu bewerten: Viele Landwirte manövrieren sich in eine Importabhängigkeit in bezug auf Düngemittel, Pestizide und Saatgut; traditionelle Anbaumethoden werden verdrängt und geraten in Vergessenheit; die ländliche Selbstversorgungswirtschaft mit ihrer Vielfalt von Produkten wird zerstört, statt dessen wird mit Monokulturen vorzugsweise für überregionale Märkte produziert; große Flächen werden zu einseitig und zu intensiv genutzt (Überdüngung, übermäßiger Einsatz von agrotoxischen Substanzen, Bodenverdichtung durch schwere Landmaschinen, fehlende Bodenruhe, keine bzw. fehlerhafte Fruchtfolge, unzureichender Erosionsschutz u. ä.); dadurch treten vielfältige ökologische Schäden auf (Erosion, Zerstörung der natürlichen Bodenfruchtbarkeit, Störungen des Wasserhaushalts, Resistenzbildung von Schädlingen u. ä.).

In vielen Regionen ist das ökologische Gleichgewicht bereits so gestört, daß die landwirtschaftliche Produktion ohne einen hohen Einsatz an Chemikalien und Maschinen gar nicht mehr möglich ist, abgesehen davon, daß es die Bauern und Landarbeiter zum großen Teil bereits verlernt haben, das Land umweltverträglicher zu bewirtschaften.

Die weltweite ökologische Problematik besteht im wesentlichen darin,
- daß die Weltbevölkerung zunimmt,
- daß die wirtschaftliche Entwicklung weltweit auf Wachstum fixiert ist und
- daß ein Prozeß der technologischen Höherentwicklung erfolgt.

Auf diese Weise nimmt das Zerstörungs- und Vergiftungspotential im quantitativen wie im qualitativen Sinne ständig zu, und zwar innerhalb des begrenzten Raumes und der begrenzten Ressourcenausstattung unseres Planeten.

Die recht häufig verwendete Metapher des »gemeinsamen

Boots«,[33] das heißt der Appell an die gemeinsame Verantwortung für die Erhaltung der Lebensbedingungen auf diesem Planeten, ist selten mehr als ein rhetorisches Ritual, das Verhaltensänderungen des jeweils anderen Bootsinsassen einfordern soll, was zu einer wechselseitigen Geiselnahme nach dem Motto führt: Wenn du dich nicht konstruktiv verhältst, tue ich es auch nicht, aber selbst wenn du dich konstruktiv verhältst, halte ich mir alle Optionen offen. Zusätzlich besteht die Neigung, die umweltpolitischen Defizite aus dem Bereich der jeweiligen nationalen Verantwortung in den internationalen Bereich zu transferieren, was eine konstruktive Bewältigung dieser Probleme verhindert.

Die weltweiten Umweltprobleme betreffen zum Teil alle Regionen in ähnlicher Weise (z. B. die atmosphärischen Belastungen), zum Teil konzentrieren sie sich auf bestimmte Regionen und Mikroregionen, und zwar in jeweils spezifischen Mischungen. Insgesamt betrachtet zielt die Entwicklung in Richtung auf zunehmende Rohstoffverknappung und fortschreitende Milieuschädigung, und zwar tendenziell katastrophalen Charakters. Eine globale Politik des Ressourcen- und Umweltschutzes wird daher immer dringlicher. Die Chancen für eine solche Politik müssen allerdings pessimistisch eingeschätzt werden, weil eine weltweite ökologische Disziplinierung des vorherrschenden Zivilisationsmodells politisch kaum durchsetzbar erscheint. Da kollektives Lernen erfahrungsgemäß meistens nur über Katastrophen möglich ist, darf man realistischerweise nicht davon ausgehen, daß es ausgerechnet im ökologischen Bereich zu einer präventiven Selbstkorrektur kommen wird.

Auch das gängige Argument, wonach zukünftige Entscheidungen und Erfindungen eine Katastrophe abwenden würden, muß mit großer Skepsis beurteilt werden. Angesichts der Ratlosigkeit der Politik, der Wissenschaft und der Technik in bezug auf viele akute Probleme ist es eine ziemlich erstaunliche Annahme, daß immer dann eine Lösung gefunden wird, wenn ein Bedarf besonders dringlich ist. Wie die gegenwär-

---

[33] Den ehemaligen Bundeskanzler Helmut Schmidt erinnerte die internationale Interessenkonstellation anläßlich der United Nations Conference on Environment and Development (UNCED) »an einen lächerlichen Handel zwischen zwei Partnern, die im selben sinkenden Boot sitzen und einander drohen, das Leck an ihrer Seite noch zu vergrößern, wenn der andere nicht zuerst damit beginne, sein Leck abzudichten«. Vgl. Umweltgerichtshof gefordert. In: Süddeutsche Zeitung, 30./31. 5. 1992, S. 6.

tige Situation zeigt, trifft diese Annahme bereits heute nicht zu.

Aus der Perspektive der Vergangenheit ist unsere Gegenwart deren Zukunft. Die Zukunftshoffnungen der Vergangenheit haben sich nicht realisiert, und dasselbe wird bezüglich unserer Zukunft geschehen. Sie existiert zwar noch nicht, wird von uns aber schon vorbereitet und beginnt *jetzt*. Die meisten Menschen lassen sich mit vernünftigen Argumenten nicht überzeugen, und zwar auch dann nicht, wenn ihre Existenzgrundlagen bedroht sind. Realistischerweise geht es gar nicht mehr darum, die bestehenden Probleme konstruktiv zu bewältigen, sondern nur noch darum, kleinere Verschlechterungen als Erfolge zu werten und den bevorstehenden Untergang zeitlich zu strecken sowie qualitativ zu optimieren. Diese Aufgabe ist schwierig genug und wird die uns verbliebenen syntropischen Energien voll in Anspruch nehmen.

Im Umweltbereich steht für uns im übrigen noch eine Pandorabüchse bereit, die wir selber gefüllt haben, aber deren Plagen wir noch nicht ermessen können, und zwar insbesondere bezüglich der gentechnologischen Risiken und der zunehmenden elektromagnetischen Verseuchung.

Wir müssen einen Ausweg suchen und werden ihn nicht finden. Die Lage ist schlimm, aber es kommt noch viel schlimmer. Wie die buddhistische Philosophie lehrt, will und wird alles, was möglich ist, konkrete Gestalt annehmen. Dies gilt natürlich auch für die finale Katastrophe.

3. Massenelend

Das globale Bevölkerungswachstum sowie die weltweite Umweltzerstörung und Ressourcenplünderung reichen an sich schon aus, um die menschliche Zivilisation definitiv zu entropieren. Aber damit hat es noch nicht sein Bewenden, weil der entropische Prozeß hochgradig redundant angelegt ist. Im folgenden Abschnitt geht es um die Verelendung von rund zwei Dritteln der Menschheit. Diese Tatsache betrifft unser Thema der sozialen Entropie insofern zentral, als die große Mehrheit der Weltbevölkerung unter Bedingungen existentieller Gefährdung lebt und auch weiterhin leben wird.

Es wurde bereits erwähnt, daß rund drei Milliarden von den im Jahre 2000 zu erwartenden sechs Milliarden Menschen extrem arm sein werden, das heißt, nicht oder gerade eben den Bedarf an Grundnahrungsmitteln decken können; eine weitere Milliarde wird arm sein, das heißt, die elementaren Grundbedürfnisse nur sehr prekär befriedigen können.[34] Zwei Drittel der Weltbevölkerung werden demnach arm und extrem arm sein, und diese vielen Menschen werden sich zwar über die ganze Welt verteilen, aber nicht gleichmäßig gestreut, sondern minderheitlich in den Industrieländern und mehrheitlich in den Entwicklungsländern. Aus diesem Grunde wollen wir uns in diesem Kapitel auf die Entwicklungsländer konzentrieren. Die Unterentwicklung in den Industrieländern wird in Kapitel IV zur Sprache kommen.

Das Ergebnis der vergangenen »Entwicklungsdekaden« ist mit wenigen Ausnahmen ernüchternd, und es deutet wenig darauf hin, daß sich die Konzeption der nachholenden Entwicklung in einer größeren Zahl von Entwicklungsländern innerhalb eines überschaubaren Zeitraums realisieren ließe.

In synoptischer Perspektive erscheint der gesellschaftliche Prozeß in den meisten Entwicklungsländern nicht nur chronisch krisenanfällig, sondern akut krisenhaft, wobei es zu einer Verschränkung von ökonomischer Unterentwicklung mit sozialer und ökologischer Fehlentwicklung kommt, also von einer unzureichenden Entwicklungsdynamik mit einem unangemessenen Entwicklungsstil. Der vorherrschende Ansatz zur Überwindung der Unterentwicklung besteht im Versuch, die Entwicklungsdynamik zu verbessern; sofern dies überhaupt gelingt, folgt daraus jedoch nicht automatisch ein befriedigender Entwicklungsstil, das heißt: eine stetige Verbesserung der

---

[34] Unter Grundbedürfnissen versteht man den Mindestbedarf an Ernährung, Unterkunft, Bekleidung sowie den Zugang zu wichtigen öffentlichen Diensten wie Gesundheitsversorgung und Transportmitteln. Die folgenden Ausführungen sind angelehnt an eine frühere Publikation des Verf.: Der Fall Lateinamerika. Die Kosten des Fortschritts. München 1989. Eine quantitative Darstellung des in den Entwicklungsländern bestehenden und für die Zukunft erwarteten Massenelends würde den Rahmen dieses Kapitels sprengen. Ein guter Datenüberblick über die wichtigsten Aspekte der Massenarmut – wie Hunger, Krankheit, Arbeitslosigkeit und Analphabetismus – findet sich in: Volkmar Köhler, Die Dritte Welt und wir. Probleme und Ansprüche einer zukunftsweisenden Entwicklungspolitik. Stuttgart, Bonn 1990; vgl. auch Brigitte Jessen u. Manfred Störmer, Entwicklung ohne Staat. In: Deutsches Übersee-Institut (Hrsg.), Jahrbuch Dritte Welt 1990. München 1989, S. 51–64; United Nations (Hrsg.), Global Outlook 2000. New York 1990.

kollektiven Lebensqualität in allen relevanten Dimensionen. Der gesellschaftliche Prozeß zielt in den meisten Entwicklungsländern nicht in erster Linie auf eine Verbesserung der kollektiven Lebensqualität; diese ist vielmehr ein zufälliges Nebenprodukt der wirtschaftlichen Entwicklung, die nach anderen Prioritäten abläuft und die weder in sozialer noch in ökologischer Hinsicht ausreichend diszipliniert erfolgt. Etwas salopp und überspitzt könnte man sagen: Die Menschen stehen im Dienst der Wirtschaft und nicht umgekehrt.

Was verstehen wir unter Entwicklung und Unterentwicklung? Die Begriffe der Entwicklung und Unterentwicklung bezeichnen im Grunde keine Gegensätze, sondern die äußeren Pole eines Kontinuums, auf dem die einzelnen Nationen aufgereiht sind. Der politische und journalistische Sprachgebrauch hat zwischen entwickelten und unterentwickelten Ländern eine ziemlich willkürliche Grenze gezogen; zum Teil wird diese Grenze mit Hilfe einiger handlicher Indikatoren (z. B. Pro-Kopf-Einkommen) gezogen, zum Teil ist sie aber auch das Ergebnis bestimmter geographischer (»Die Länder des Südens«) oder politischer (»Die Dritte Welt«) Konvenienzen.

Derartige Unterscheidungen zwischen entwickelten und unterentwickelten Ländern sind jedoch wenig befriedigend: Die Auswahl der üblicherweise verwendeten Indikatoren ist willkürlich und führt häufig zu einem falschen Bild, weil es sich in der Regel um nationale Durchschnittsdaten handelt, bei denen Verteilungskriterien weitgehend unberücksichtigt bleiben. Die geographische Definition der unterentwickelten Länder ist unbrauchbar, weil niemand genau sagen kann, wo der Norden aufhört und der Süden anfängt, und weil es sowohl entwickelte Länder im Süden (z. B. Australien) wie auch unterentwickelte Länder im Norden (z. B. Mongolei) gibt. Der Begriff der »Dritten Welt« wiederum bezeichnet jene Länder, die weder zur »Ersten« (westliche Industrienationen) noch zur »Zweiten Welt« (sozialistische Staaten) gehören; da von der »Zweiten Welt« nicht mehr so recht die Rede sein kann, kann es eigentlich auch keine »Dritte Welt« mehr geben, abgesehen davon, daß die »Erste« und »Zweite« Welt nie sauber von der »Dritten Welt« abgegrenzt werden konnten.

Die Crux solcher Definitionen, die letztlich alle mühsam und unscharf sind, liegt darin, daß vor ihrer Formulierung bereits bekannt ist, welche Länder als unterentwickelt bezeichnet werden sollen und nur mehr ein gemeinsamer Nenner gesucht wird, der alle diese Länder umfaßt und sie gleichzeitig von den übrigen Ländern abgrenzt. Besser erscheint ein einfacher und sehr pragmatischer Ansatz: Entwicklung bezeichnet demnach einen umfassenden Prozeß gesellschaftlichen Wandels, der anhand einer Vielzahl von wirtschaftlichen, sozialen, kulturellen, politischen und ökologischen Indikatoren dargestellt und sozusagen als Momentaufnahme in einem spezifischen Entwicklungsprofil abgebildet werden kann. Der Begriff der Entwicklung hat nicht nur eine beschreibende, sondern im Sinne von »Fortschritt« auch eine wertende Dimension, das heißt, es ist nicht gleichgültig, in welchen Bereichen der Wandel stattfindet, zum Beispiel in der Diversifizierung der alkoholischen Getränke oder in der Verbesserung des Bildungssystems. Das entscheidende Kriterium für Entwicklung muß letztlich die Verbesserung der kollektiven Lebensqualität sein, und zwar jeweils vorrangig in jenen Bereichen, in denen sie besonders prekär ist.

Die kollektive Lebensqualität setzt sich aus vielen Elementen zusammen, die zum Teil nur schlecht oder gar nicht im objektiven Sinne gemessen werden können wie Glück oder Ästhetik. Andere Elemente sind aber gut zu erfassen, und zwar über eine Fülle von Indikatoren, die das konkrete Alltagsleben der Menschen sowie die ökologische Qualität ihrer Umgebung betreffen.[35]

Die sogenannten Entwicklungsländer können in bezug auf viele Aspekte kaum sehr überzeugend zum Beispiel gegenüber Portugal, Irland, Griechenland, Jugoslawien, Bulgarien oder Rußland abgegrenzt werden, und sie unterscheiden sich untereinander zum Teil erheblich; das einzige, das sie verbindet, ist

---

[35] Vgl. Peter Bartelmus, Environment and Development. Boston, London, Sydney 1986; »The central purpose of economic and social development is to meet human needs ... the satisfaction of human needs is indeed the whole purpose of growth, trade and investment, development assistance, the world food system, population, policy, energy planning, commodity stabilization, ocean management, monetary reform and of arms control ... When development is viewed as a more complex integration of social, cultural, economic, political, and environmental factors, satisfaction of the needs of the individual citizen for an adequate standard and quality of life becomes the key measure.« Houston Declaration on Human Needs, International Conference on Human Needs, co-sponsored by the University of Houston and the Aspen Institute for Humanistic Studies, Houston, Juni 1977, S. 1, zit. in: John McHale u. Magda McHale, Meeting Basic Human Needs. In: The Annuals of the American Academy of Political and Social Science 442 (1979), S. 13–27.

die Tatsache, daß ein großer Teil ihrer Bevölkerung am Rande des Existenzminimums lebt; dem widerspricht nicht, daß es in diesen Ländern zum Teil sehr entwickelte, »moderne« Sektoren und Regionen gibt. Dies scheint die einzige sinnvolle Definition von Entwicklungsländern bzw. unterentwickelten Ländern zu sein.

Worauf beruht nun die so verstandene Unterentwicklung? Betrachtet man die Ursachen, die herkömmlicherweise angeführt werden, gerät man in eine ziemliche Verwirrung. So gibt es Thesen über rassische Anlagen, Traditionen (z. B. festgefahrene traditionale Ordnungen), Kultur (z. B. die Wirtschaftsethik der Religionen), »Nationalcharakter«, Demographie, Einwanderung, Eliten, Klima, Böden, Wirtschaftsordnung (z. B. die exportorientierte Monokultur), materielle, finanzielle und menschliche Ressourcen, interne und externe Konflikte, Luxuskonsum, Rüstung, Herrschaftsformen, internationale Ausbeutung, Verschuldung und viele andere. Oft erscheinen solche Faktoren in einseitigen Argumentationen, manchmal werden auch mehrere miteinander verknüpft.

Alle monokausalen Thesen über Entwicklung und Unterentwicklung beleuchten nur einen kleinen Ausschnitt des gesamten Problems und führen letztlich in die Irre. Daher ist es wichtig zu erkennen, daß es eine Vielzahl von Faktoren gibt, die in jedem Land und in jeder historischen Situation in einer sehr spezifischen Mischung und Verknüpfung wirksam werden. Manche Faktoren spielen darüber hinaus in einzelnen Fällen eine herausragende Rolle, in anderen Fällen aber nicht; so bilden zum Beispiel im Tschad das trockene Klima und die magere Ressourcenausstattung besondere Entwicklungshemmnisse, nicht aber in Zaire; dort scheinen eher Probleme der politischen und wirtschaftlichen Organisation im Vordergrund zu stehen. Es gibt also eine spezifische Gewichtung der einzelnen Faktoren, wobei in einer überwiegend günstigen Faktorenkonstellation auch ungünstige Faktoren kompensiert werden können.

Ein besonderes Problem, das bei der Analyse von Entwicklung und Unterentwicklung auftritt, besteht darin, daß zwar viele bedeutsame Faktoren isoliert werden können, ihre Gewichtung und ihre gegenseitige Verknüpfung aber schwer zu bestimmen sind. Fällt im Falle Brasiliens zum Beispiel der Faktor Bevölkerungswachstum mehr ins Gewicht als die chronische Wirtschaftskrise? Hängt das Bevölkerungswachstum möglicherweise mit der chronischen Wirtschaftskrise zusammen, da letztere zu schwierigen Lebensbedingungen beiträgt, unter denen es aus mikro-sozialer Sicht bekanntlich naheliegen kann, viele Kinder zu haben? Fördert das Bevölkerungswachstum vielleicht auch umgekehrt die chronische Wirtschaftskrise, da die marginale Bevölkerung volkswirtschaftlich mehr Kosten als Nutzen produziert? Solche Fragen bezüglich der Gewichtung und Verknüpfung der für die Entwicklung bzw. Unterentwicklung verantwortlichen Faktoren treten in großer Zahl auf; die verschiedenen entwicklungstheoretischen Ansätze fügen sie zwar zu bestimmten Systemen zusammen, aber die bisherigen Ergebnisse sind ziemlich unbefriedigend, weil die spezifische Konstellation der Faktoren in jedem einzelnen Land und in seiner jeweils besonderen historischen Phase im Rahmen allgemeiner Theorien keine angemessene Berücksichtigung finden kann. Die Folgerung daraus ist simpel, nämlich die Erkenntnis, daß die Ursachen für Entwicklung und Unterentwicklung in jedem spezifischen Fall gesondert analysiert werden müssen, wenn man gehaltvolle Aussagen erwartet und sinnvolle Ansätze für die Überwindung der Unterentwicklung herausarbeiten will. Dabei geht es im wesentlichen um folgende Faktoren, deren Beitrag für die Behinderung bzw. Förderung des Entwicklungsprozesses im konkreten Fall zu beurteilen ist:

1. *Physische Faktoren:* Größe, geographische Lage, Klima, ökologische Qualität, Ausstattung mit Rohstoffen u. ä.
2. *Demographische, ethnische und kulturelle Faktoren:* Bevölkerungszahl, Bevölkerungswachstum, Bevölkerungsverteilung, ethnische Zusammensetzung, ethnisches Konfliktpotential, dominante Religion(en) und Werte (einschließlich Arbeits- und Wirtschaftsethik), Akkulturationsbereitschaft u. ä.
3. *Soziale Faktoren:* Soziales »Niveau« (gemessen anhand sozialer Indikatoren), sozio-ökonomisches Modell, Schichtung, Verteilung, Eliten, Mobilität, Berufsstruktur, soziales Konfliktpotential, Verstädterung, sozialer Wandel, Rolle der Frau u. ä.
4. *Wirtschaftliche Faktoren:* Wirtschaftliche »Masse«, Struktur und Leistungsfähigkeit, Art der Einbindung in die Weltwirtschaft (einschließlich terms-of-trade, Weltmarktnachfrage, Handelsrestriktionen, Preisbildung, Kreditangebot, Kreditbedingungen, Verschuldung, evtl. wirtschaftlicher Boykott),

binnen- und außenwirtschaftliche Konjunktur, Art der Wirtschaftspolitik u. ä.

5. *Politische Faktoren:* Politisches System, Rolle des Staates, Rolle einzelner interner Akteure (Einzelpersonen, Parteien, Streitkräfte usw.), Rolle externer Akteure, professionelle Kompetenz der politischen Führung und der Verwaltung, politische Kultur (einschließlich Korruption, Nepotismus, Autoritarismus, Militarismus usw.), dominante Ideologien (einschließlich dadurch bedingter Mißwirtschaft und Fehlallokation von Ressourcen) u. ä.

6. *Sonstige Faktoren:* Naturkatastrophen (z. B. Wirbelstürme, Vulkanausbrüche, Erdbeben), anthropogene Umweltschäden (z. B. Zerstörung von Acker- und Weideland, Veränderung des Wasserhaushalts, industrielle Katastrophen), Mißernten sowie Kriegskosten und -schäden.

Bei der Beschäftigung mit der Problematik von Entwicklung und Unterentwicklung stößt man fast automatisch auf die Frage, ob die Entwicklungsländer die historische Entwicklung der heutigen Industrienationen zeitverschoben und verkürzt nachholen. Letzteres wird ja vielfach angenommen. Bei genauerer Betrachtung zeigt sich jedoch, daß dies zwar einzelnen Entwicklungsländern zu gelingen scheint (z. B. den »vier kleinen Tigern« Südkorea, Taiwan, Hongkong und Singapur), den meisten offensichtlich aber nicht. Im folgenden werden einige Unterschiede zwischen der historischen Entwicklung der heutigen Industrienationen und der Entwicklungsländer aufgeführt; zwar sind nicht alle diese Unterschiede in jedem einzelnen historischen Fall gegeben, wohl aber die meisten:

Die ersten Industrienationen waren zugleich führende Weltmächte (bzw. profitierten von deren Nachbarschaft) und konnten die externen Entwicklungsfaktoren weitgehend zu ihren Gunsten kontrollieren. Kolonialismus und Imperialismus, deren Opfer die heutigen Entwicklungsländer waren, bewirkten zum Teil eine zusätzliche Akkumulation.

Die ersten Industrienationen waren eben »die ersten«, das heißt, sie hatten einen großen Innovationsvorsprung und einen beträchtlichen Wettbewerbsvorteil; sie verhielten sich protektionistisch, solange dies zweckmäßig war, und setzten den Freihandel durch, nachdem sie internationale Wettbewerbsfähigkeit erlangt hatten; den heutigen Entwicklungsländern wurde der Freihandel frühzeitig von außen aufgezwungen, was die Herausbildung monokultureller Strukturen förderte und eine ausgewogene Entwicklung auf der Basis eigener Ressourcen und eigener Kompetenz verhinderte.

Die Industrialisierung der heutigen Industrienationen erfolgte innengeleitet, kumulativ, polyzentrisch und mit vollständigen Zyklen im Rahmen einer vernetzten Produktionsstruktur, das heißt vom Roheisen bis zur kompletten Maschine und von der Zuckerrübe bis zum fertigen Zucker; die Landwirtschaft ernährte die eigenen Städte und nicht andere Länder. Zwar entstand während der Industrialisierung der heutigen Industrienationen eine »industrielle Reserve-Armee« mit allen sozialen Übeln, wie wir sie auch in den heutigen Entwicklungsländern erleben, trotzdem konnte die sogenannte soziale Frage letztlich einigermaßen befriedigend gelöst werden, erstens weil es von der »Masse« her um bescheidene Größenordnungen im Vergleich zu vielen der heutigen Entwicklungsländer ging, zweitens weil das Bevölkerungswachstum in den frühen Industrienationen geringer war (massive Bevölkerungsverluste durch Seuchen, Kriege und Auswanderung), drittens weil der Industrialisierungsprozeß langsamer und geordneter erfolgte, viertens weil sich die politischen Eliten und Gegeneliten entschlossener und kompetenter mit diesem Problem beschäftigt haben, fünftens weil die wirtschaftliche Potenz der betreffenden Länder eine Lösung dieses Problems erleichterte und sechstens weil die betreffenden Konflikte ungehinderter und letztlich konstruktiver ausgetragen werden konnten, da die Internationalisierung innerstaatlicher Krisen noch nicht die Regel war.

Betrachtet man die genannten Punkte, die man um weitere ergänzen könnte, dann wird verständlich, warum sich die Industrialisierung der heutigen Industrienationen trotz vielfältiger Spannungen und Konflikte im Vergleich zu den heutigen Entwicklungsländern organischer, auf breiterer Basis und im Rahmen eines stärker innengeleiteten Prozesses vollziehen konnte. Trotz der krampfhaften Formen des Wachstums und seiner bekannten gesellschaftlichen Konsequenzen war dieser Prozeß ein anderer als jener, der sich in den heutigen Entwicklungsländern vollzieht. Die These, wonach die Entwicklungsländer eine nachholende Entwicklung durchmachen, ist also ziemlich fragwürdig, sieht man von wenigen Ausnahmen ab. Regionale und sektorale Modernisierungsprozesse finden zwar in vielen Entwicklungsländern statt, gleichzeitig häufen sich aber auch alte und neue Probleme einer solchen Dimension, daß der Entwicklungsprozeß letztlich nicht viel anderes ist als eine komplexe und chronische Krise, die sich aus vielen unterschiedlichen und zum Teil widersprüchlichen Elementen zusammensetzt.

Wer ist nun »schuld« an der Misere der Entwicklungsländer? Ein Teil der »Schuld« an der anhaltenden Unterentwicklung liegt bei den Faktoren, die nicht durch menschliches Handeln zu beeinflussen und nur schwer zu kompensieren sind: zum Beispiel eine schlechte Ressourcenausstattung, ungünstige klimatische Verhältnisse oder Zerstörungen aufgrund von Naturkatastrophen.

In synoptischer Perspektive läßt sich aber feststellen, daß die meisten Ursachen der Unterentwicklung anthropogen sind, wobei die »Opfer« leichter zu identifizieren sind als die »Täter« (Verursacher, Profiteure). Gängigerweise wird die Schuldfrage auf zwei grundlegende Positionen reduziert: 1. »Die armen Länder werden von den reichen Ländern beherrscht und ausgebeutet«, und 2. »Die armen Länder sind unfähig, sich selber zu entwickeln und die Hilfe der reichen Länder sinnvoll einzusetzen«. Diese Thesen gibt es in vielen detailreichen und mehr oder weniger elegant formulierten Varianten, wobei auch stärker persönliche (»die Imperialisten«, »die Kommunisten«, »die Scheichs«, »die Diktatoren«) und stärker anonyme Aspekte (»der Weltmarkt«, »das kapitalistische bzw. sozialistische System«, »die strukturelle Gewalt«) in den Vordergrund gerückt werden. Wir wollen jetzt die Gewichtung der internen (sozusagen hausgemachten) und externen (sozusagen internationalen) Entwicklungshemmnisse etwas genauer betrachten, wobei es ausschließlich um die Entwicklungshemmnisse anthropogenen Ursprungs geht.

Die *externen Entwicklungshemmnisse* ergeben sich aus politischer Bevormundung und ungünstigen außenwirtschaftlichen Bedingungen. Am extremsten läßt sich beides anhand der sogenannten Bananenrepubliken zeigen: Diese formal souveränen Länder sind de facto halbkoloniale Gebilde und leben im wesentlichen davon, daß sie Bananen (oder andere landwirtschaftliche Produkte bzw. Rohstoffe) ausführen und die meisten Bedarfsgüter einführen. Sie sind nicht nur extrem abhängig von ausländischen Regierungen und ausländischen Unternehmen, sondern sie reagieren auch geradezu reflexartig auf die Entwicklung der betreffenden Weltmarktpreise, die sie selber nicht kontrollieren können; die gesellschaftliche Struktur und der Entwicklungsprozeß sind das unmittelbare Ergebnis der allgegenwärtigen Exportwirtschaft, die von externen Interessen gefördert und geschützt wird.

Gegen die These, die armen Länder seien unfähig, sich selber zu entwickeln und die Hilfe der reichen Länder sinnvoll einzusetzen, läßt sich also einwenden, daß externe Abhängigkeit sehr wohl zu einer deformierten Entwicklung beitragen kann, weil die im jeweiligen Land vorhandenen menschlichen, materiellen und finanziellen Ressourcen nicht im Sinne einer optimalen, innengeleiteten Entfaltung zugunsten entwicklungspolitischer Prioritäten eingesetzt werden können. Dabei dürfen drei Punkte jedoch nicht übersehen werden:

1. »Von außen«, also vom internationalen System (einschließlich Weltmarkt), kommen nicht nur Behinderungen im Sinne von Bevormundung und Benachteiligung, sondern auch wichtige Innovationsimpulse und wirtschaftliche Chancen; eine Abschottung der Entwicklungsländer würde ihre Entwicklung nicht beschleunigen, sondern im Gegenteil erheblich bremsen; letztlich muß es für sie darum gehen, eigene Anstrengungen zu unternehmen und solche Formen der internationalen Kooperation (darunter Nischen in der Weltwirtschaft) zu suchen, die sich »unter dem Strich« entwicklungsfördernd auswirken; zwischen Autarkie und Kolonialstatus gibt es diesbezüglich ein breites Spektrum.

2. Das internationale System (einschließlich Weltmarkt) kann nicht für alle Deformationen der Entwicklungsländer verantwortlich gemacht werden, weil es auch »hausgemachte« Entwicklungshemmnisse gibt.

3. Die meisten Entwicklungsländer sind keine Bananenrepubliken, das heißt, sie haben ein erhebliches Maß an staatlicher Souveränität und Autonomie für die Durchsetzung einer eigenständigen Politik. Die externe Entwicklungsdynamik setzt sich in diesen Ländern ja nicht erzwungenermaßen durch, sondern wesentlich nach Maßgabe dessen, was die betreffenden ökonomischen und politischen Eliten wollen, zulassen, unterlassen bzw. fördern.

Da den externen Entwicklungshemmnissen in den meisten entwicklungstheoretischen Ansätzen und in der öffentlichen Diskussion eine bedeutende Rolle zugewiesen wird und in vielen Entwicklungsländern nach wie vor zahlreiche imperialistische Mythen im Umlauf sind, die von der eigenen Verantwortung für die anhaltende Unterentwicklung ablenken sollen, will ich im folgenden versuchen, den Blick für jene Dimensionen der Entwicklungsproblematik zu schärfen, die bislang etwas unterbelichtet waren. Damit will ich zugleich nahelegen, von einer einseitigen Verteilung der politischen und moralischen Verantwortung für das Elend in den Entwicklungsländern abzukommen; Unterentwicklung ist nämlich nicht nur das Ergebnis von Behinderungen aufgrund externer Zwänge, sondern zu einem ganz erheblichen Teil auch das Produkt der Interessen, Organisationsformen, Verteilungsstrukturen und Kompetenzen in den Entwicklungsländern selber.[36] Die Adressaten einer entwicklungspolitischen Kritik können also nicht nur alleine die Industrienationen oder das von ihnen zwar beherrschte, aber dennoch weitgehend anonyme internationale System (einschließlich Weltmarkt) sein, sondern vor allem auch die Eliten der Entwicklungsländer selber. Diese mögen zwar historische Produkte internationaler Strukturen und Prozesse sein, aber sie sind nichtsdestoweniger politische Akteure mit erheblichen Handlungsspielräumen und Verantwortlichkeiten.

Die wichtigsten Entwicklungshemmnisse, die *in der Verantwortung der Entwicklungsländer selber* liegen, sind folgende:

– Ein ganz entscheidendes Entwicklungshemmnis ist das in Kapitel II.1 bereits erwähnte explosionsartige Wachstum der Bevölkerung, das bekanntlich mit elementarer Armut wesentlich zusammenhängt. Die Hoffnung, eine gedeihliche Bevölkerungsentwicklung im Zuge der Überwindung der elementaren Armut zu erreichen, ist für die meisten Länder ein Trugschluß, denn das starke Bevölkerungswachstum ist

---

[36] Die Mitverantwortung der Industrienationen für die Unterentwicklung der Entwicklungsländer soll jedoch keineswegs unterschlagen werden; sie betrifft ihre historische Rolle während der Kolonialzeit, ihre Kooperation mit den Eliten der Entwicklungsländer, ihre prominente Position im internationalen System (einschließlich der Weltwirtschaft), ihren Export von gesellschaftlichen Leitbildern, ihren strukturierenden Beitrag durch Handel, Investitionen, Kredite und sicherheitspolitische Einbindungen sowie vielerlei Ambivalenzen (z. B. Engagement für die Erhaltung der Regenwälder bei gleichzeitigem Import tropischer Hölzer; Grundbedürfnisstrategie in der Entwicklungshilfe bei gleichzeitigen wirtschaftspolitischen Auflagen des Internationalen Währungsfonds, die zur Verschlechterung der Lebensbedingungen beitragen; Beiträge zur Erhaltung der traditionellen Kulturen bei gleichzeitiger Gefährdung dieser Kulturen durch Massentourismus).

ja gerade einer jener Faktoren, welche die Überwindung der elementaren Armut verhindert. Die durchschnittlichen Zuwachsraten verringern sich zwar (mit der Ausnahme Afrikas) allmählich, doch dieser Prozeß erfolgt viel zu langsam, um die sich abzeichnenden demographischen Katastrophen verhindern zu können. Angesichts dieser Situation erscheint es dringlich, eine effiziente geburtenkontrollierende Politik zu betreiben, aber dies geschieht lediglich in ganz wenigen Entwicklungsländern, und von diesen sind lediglich drei von der »Masse« her relevant (China, Indonesien und Mexiko).

- Die Verteilung von Macht, Besitz, Einkommen und Chancen ist in fast allen Entwicklungsländern außerordentlich unausgewogen und ungerecht; dadurch werden große Teile der Bevölkerung nicht nur extrem benachteiligt, sondern ihre Arbeitsfähigkeit und ihre Intelligenz werden auch nicht sinnvoll entfaltet und eingesetzt. Entsprechend gibt es ständige Spannungen und Konflikte, die viele Kräfte binden und wie Sand im Getriebe wirken. Auch die vorhandenen Mittel (Rohstoffe, Land, Kapital, Arbeit, Kreativität) werden nicht dergestalt entfaltet und eingesetzt, daß eine vernünftige und gerechte Gesellschaft entsteht, sondern in einer solchen Weise, daß die Kapitaleigner möglichst viel Gewinn machen. Gegen letzteres ist zwar grundsätzlich nichts einzuwenden, aber das Gewinnstreben muß viel stärker als bisher im Sinne des Gemeinwohls nach sozialen wie ökologischen Kriterien diszipliniert werden.
- Die Oberschichten leben zu einem beträchtlichen Teil parasitär, das heißt, sie leisten wenig Sinnvolles und verbrauchen viel Unnötiges. Hinzu kommt, daß die gehobenen Berufe wenig auf die Probleme des Landes abgestimmt sind. Die Oberschichten identifizieren sich in der Regel auch wenig mit den zentralen Problemen der Nation. Man beobachtet zwar einen allgegenwärtigen, geradezu euphorischen Nationalismus, aber dieser bedeutet nicht, daß die Eliten von den Problemen des Massenelends, der Umweltzerstörung oder der Verschuldung in besonderer Weise betroffen sind. Das sind letztlich »Probleme der Regierung«. Die Regierung beruft sich auf die Erblast, die sie von der vorigen Regierung übernommen hat, und so wird dieses Sankt-Florians-Prinzip in allen Varianten durchgespielt, ohne daß wirkliche Verantwortung übernommen wird und die notwendigen Entscheidungen fallen.

- Weitere Entwicklungshemmnisse sind die verbreitete Mißwirtschaft, Fehlplanung und Korruption sowie politische Systeme, in denen der Personenkult, die Vetternwirtschaft und der Opportunismus nach wie vor eine große Rolle spielen. In vielen Fällen fehlt es auch in erheblichem Maße an öffentlicher Moral, an einem Verantwortungsgefühl für das Gemeinwohl und an einem Arbeitsethos der Verwaltung. Eine zusätzliche politische Belastung stellt das Militär dar, das nicht nur zahlreiche Ressourcen bindet, die viel besser verwendet werden könnten, sondern sich häufig auch wie ein Staat im Staate verhält und sich immer wieder zur »Rettung des Vaterlandes« berufen fühlt. Gestützt wird dieses politische System durch eine ineffiziente, komplizierte, schwerfällige und ebenfalls korrupte Bürokratie.
- Weitere Probleme sind mit der mangelnden Strukturpolitik und der unzureichenden Kontrolle der Stadtentwicklung verbunden. Die Politik versagt häufig bei einer sinnvollen Agrarpolitik (einschließlich Agrarreform und Eindämmung der Landflucht), während die Städte, in denen der größte Teil der Bevölkerung in den Entwicklungsländern lebt, in aller Regel völlig chaotisch wachsen; sie bringen ein Milieu hervor, das für die Bürger immer belastender wird.
- Als letzter Punkt sollte die Umweltzerstörung und Ressourcenplünderung erwähnt werden, die in den Entwicklungsländern zunehmend katastrophale Ausmaße angenommen hat und zu einem ganz erheblichen Ausmaß in eigener Regie erfolgt. Gegen Kritik an dieser Politik (bzw. an diesem Laisser-faire) verwahren sich viele Verantwortliche in den Entwicklungsländern mit der Aufforderung, sich nicht in ihre inneren Angelegenheiten zu mischen (»ökologischer Imperialismus«), oder sie vertreten die bekannte These, arme Länder könnten sich Umweltschutz nicht leisten; mit dieser These, die leicht zu falsifizieren ist, wird nicht nur eine durchsichtige apologetische Absicht verfolgt, sondern zugleich versucht, finanzielle Mittel für hausgemachte Defizite einzuwerben.

Die angeführten Punkte sind nicht mißzuverstehen: Ohne Frage gibt es in vielen Entwicklungsländern gesellschaftliche Prozesse, die auch im gewerteten Sinne als Fortschritt wahrgenommen werden. Solche Prozesse finden zwar statt, aber sie betreffen erstens die Bevölkerung in sehr unterschiedlicher Weise, und sie werden zweitens von einer Reihe negativer

Entwicklungen begleitet, wie sie oben skizziert wurden. Wir erkennen in vielen Entwicklungsländern also durchaus einen positiven Entwicklungsstrang, daneben aber auch eine Verschleppung vieler alter sowie eine Anhäufung neuer Probleme, und zwar in einem solchen Ausmaß, daß der positive Entwicklungsstrang zunehmend entwertet und gefährdet wird.

In vielen dieser Länder stellt sich zunehmend die Frage, ob die Steigerung des individuellen Lebensstandards noch einen Sinn hat – sofern sie überhaupt stattfindet –, wenn die kollektive Lebensqualität in entscheidenden Dimensionen gleichzeitig verschlechtert statt verbessert wird. Die negativen Begleiterscheinungen des sogenannten Fortschritts haben vielfach ein solches Ausmaß erreicht, daß der Nutzen demgegenüber durchaus bescheiden erscheint.

Das Kernproblem der Entwicklung ist gar nicht so sehr darin zu sehen, den wirtschaftlichen Prozeß mit mehr oder weniger Erfolg zu dynamisieren – und bereits dies gelingt bekanntlich nur ausnahmsweise –, sondern die Rahmenbedingungen für einen gesellschaftlichen Wandel zu schaffen, der selbsttragend und langfristig nach drei Prioritäten ausgerichtet sein sollte: Existenzsicherung (Grundbedürfnisbefriedigung); Sozialverträglichkeit (angemessene Verteilung der gesellschaftlichen Pflichten, Rechte und Erträge) und Umweltfreundlichkeit (Erhaltung der materiellen Verfügbarkeit, der natürlichen Regenerationsfähigkeit und eines Milieus, das der physischen wie psychischen Gesundheit der Menschen zuträglich ist).

Diese drei Prioritäten betreffen in ganz entscheidendem Maße die Politik der Entwicklungsländer selber. Das internationale System mag zwar in bestimmten Bereichen entwicklungshemmende Rahmenbedingungen setzen, aber innerhalb dieser gibt es beträchtliche entwicklungspolitische Spielräume. Wenn seitens der Entwicklungsländer etwa die externe Verschuldung gegenwärtig als das entscheidende Entwicklungshemmnis hervorgehoben wird, so werden dahinter gerne eigene Versäumnisse versteckt, die mit der Verschuldung überhaupt nichts zu tun haben, z. B. Defizite in bezug auf die Durchführung einer Agrarreform, die Nivellierung der Einkommensverteilung, die Moralisierung und Professionalisierung der Verwaltung, die Achtung der Menschenrechte, die Geburtenkontrolle usw.

Betrachtet man den gesellschaftlichen Prozeß der Entwicklungsländer unter dem Aspekt verschiedener sozialer Indikatoren, zum Beispiel der demographischen Expansion, der sozioökonomischen Strukturveränderungen, der Grundbedürfnisbefriedigung, des Einkommens und der Einkommensverteilung, der Beschäftigung und der Sozialpathologie, so ergibt sich ein Bild mit vielen Facetten und zahlreichen positiven Elementen, doch insgesamt das Bild einer tiefgreifenden und sich verschärfenden sozialen Krise.

Paradoxerweise ist die kollektive Lebensqualität in zahlreichen ressourcenarmen und wirtschaftlich schwachen Kleinstaaten (z. B. Costa Rica) erheblich besser als in den ressourcenreichen und wirtschaftlich potenten Schwellenländern (z. B. Brasilien).[37] Dieser Umstand stimmt nachdenklich hinsichtlich der sozialen Qualität der nachholenden Industrialisierung, wie sie in den vergleichsweise »modernen« Entwicklungsländern stattfindet.

Eine Reihe wichtiger Aspekte fehlt üblicherweise bei der Darstellung der gesellschaftlichen Entwicklung mittels sozialer Indikatoren: die vielfältigen sozialen Spannungen einschließlich ethnischer Konflikte, die allgegenwärtige Korruption, die Unfähigkeit und die Brutalität staatlicher Organe, der Verlust an regionaler und kultureller Identität, die Mißachtung lokaler Bedürfnisse durch überregionale Interessen (einschließlich der Ausrottung der Stammesvölker), die Wertekonfusion und der Verfall der guten Sitten, die üblichen Arbeitsbedingungen, die massenhafte Prostitution (einschließlich der Kinderprostitution), der Anstieg und die Brutalisierung der Kriminalität, der verbreitete Alkoholismus und der zunehmende Vandalismus.

In der jüngeren Entwicklungstheorie ist nicht nur die hausgemachte Unterentwicklung aus dem Blick geraten, sondern es ist teilweise gar nicht mehr klar, welcher Zweck mit dem Entwicklungsprozeß eigentlich verfolgt wird. Es besteht immer wieder Anlaß hervorzuheben, daß der zentrale Kern der Entwicklungsproblematik in der sogenannten Dritten Welt vor allem darin zu sehen ist, daß eine große Zahl von Menschen unter miserablen Bedingungen lebt. In der einschlägigen Literatur geht es häufig um ziemlich abgehobene Strukturen und Funktionen, deren Zusammenhang mit dem wirklichen Leben konkreter Menschen schwer herzustellen ist. Der eigentliche

---

[37] Vgl. hierzu Hartmut Sangmeister, Wirtschaftswachstum und Grundbedürfnisbefriedigung in Lateinamerika. In: Aus Politik und Zeitgeschichte. Beilage zur Wochenzeitung Das Parlament, Nr. B13/84 (31. 3. 1984).

Sinn des Entwicklungsprozesses ist ganz schlicht darin zu sehen, die Lebensbedingungen der Menschen zu verbessern.

Dies führt zur notwendigen Unterscheidung zwischen quantitativer und qualitativer Entwicklung. Beide schließen sich nicht aus, sind aber nicht miteinander identisch. Quantitative Entwicklung bedeutet sozusagen, wie schnell ein Zug fährt; qualitative Entwicklung bedeutet, wohin er fährt (z. B. in Richtung auf eine bevorzugte Befriedigung der elementaren Massenbedürfnisse oder der Weltmarktnachfrage bzw. der gehobenen Konsumwünsche im Inland). Wenn man bei diesem Bild bleibt, so lautet die erste und wichtigste Frage, ob der Zug überhaupt fahren kann (sind die Mindestvoraussetzungen für Entwicklung gegeben?). Falls er fahren kann, so lautet die nächstwichtige Frage, wohin er fahren soll; erst dann kann eigentlich die Frage nach der Geschwindigkeit interessieren.

In den meisten Entwicklungsländern ist es aber gerade umgekehrt: Die Geschwindigkeit scheint mehr zu interessieren als das Ziel, und es besteht die Illusion, daß der Zug um so früher an dem gewünschten Ziel eintreffen wird, je schneller er fährt, obwohl die Schienen in eine ganz andere Richtung weisen. Nicht selten führen die Schienen sogar in Gegenden, die noch viel unerfreulicher sind als jene, die man verlassen will. Es ist nicht ohne Ironie, daß die Lebensqualität »wild« lebender Steinzeitvölker – etwa einiger Indianerstämme im Amazonasgebiet – in bezug auf viele Aspekte besser ist als die Lebensqualität jener marginalen Massen – etwa in den Slums von Lima –, die erst im Zuge der sogenannten Entwicklung entstanden sind.

Die bereits in den entwickelten Industrienationen schwer durchsetzbare Forderung, daß der gesellschaftliche Prozeß sozialverträglich und umweltfreundlich ablaufen müsse, klingt in den meisten Entwicklungsländern geradezu utopisch, und es scheint weniger *für* die These einer progressiven Entwicklung zu sprechen als *gegen* sie, nämlich daß diese Länder mit allen ihren Ambivalenzen auf immer größere und komplexere Probleme zusteuern. Um die laufende Fehlentwicklung zu korrigieren, sind einige Weichenstellungen überfällig, denn die befürchteten Katastrophen sind bereits eingetreten. Die Art, wie mit den Symptomen dieser multiplen Erkrankung bislang umgegangen wurde, ist allerdings wenig ermutigend und begründet keinen Optimismus für die Zukunft.

Auch wenn es keinen Automatismus zwischen politischer

Stabilität und einer schlechten bzw. sich verschlechternden Lebensqualität gibt, so darf man annehmen, daß sich die negativen Tendenzen auf Dauer auch auf andere Bereiche auswirken. Was den politischen Bereich anbelangt, so ist bereits heute festzustellen, daß das Regieren immer mehr auf Katastrophenmanagement reduziert wird, und für die Zukunft ist zu befürchten, daß es immer schwieriger wird, einigermaßen gesittete Umgangsformen in der Politik durchzusetzen bzw. zu verteidigen, wenn das physische Überleben großer Bevölkerungsmassen ständig gefährdet ist.

Sollte sich die kollektive Lebensqualität in einigen Entwicklungsländern jedoch wider Erwarten allmählich verbessern, so würde dies keineswegs automatisch auch mehr politische Stabilität bedeuten, da die gesellschaftlichen Auseinandersetzungen nicht unbedingt rationaler, humaner und demokratischer ablaufen würden als bisher; es läßt sich ja vielfach beobachten, daß die Unzufriedenheit mit schlechten Lebensbedingungen im Laufe der Zeit eher zu- als abnimmt, selbst wenn sie sich langsam verbessern, und daß die politischen Konflikte ebenfalls an Schärfe eher zu- als abnehmen.

Die Verwirklichung der notwendigen Reformen in der jeweils angezeigten Mischung erscheint nicht sehr aussichtsreich, da hinter potenten Einzelinteressen häufig mehr Macht steht als hinter den Bemühungen um eine vernünftige und humane gesellschaftliche Synthese, so daß sich der gesellschaftliche Prozeß mehr als Resultat einer permanent ausgetragenen Interessenkonkurrenz als einer akzeptablen Interessenintegration darstellt. Selbstverständlich kann nicht der Staat der alleinige Adressat entwicklungspolitischer Forderungen sein, da er zumeist selber als Agent partikulärer Interessen auftritt und sich die Politiker von jenen Gruppen, die sie tragen und legitimieren, nicht sehr grundsätzlich unterscheiden. Insofern ist Skepsis angebracht, ob in den Entwicklungsländern eine konstruktive Weichenstellung erfolgen kann, solange eine andere Art der gesellschaftlichen Entwicklung seitens der politisch relevanten Gruppen nicht wirklich »gewollt« wird, und dafür sind noch kaum Ansätze zu erkennen. Falls auch in Zukunft keine grundsätzliche Neuorientierung erfolgt, drohen immer mehr Entwicklungsländer in chronische Krisen zu geraten, die kaum noch einen Spielraum für konstruktive Optionen lassen.

Betrachtet man die bisherigen Ausführungen unter dem Aspekt der globalen Entropie, so stellt sich zunächst die Frage, ob und gegebenenfalls inwieweit die strukturelle Krise der Entwicklungsländer das weltwirtschaftliche System gefährden könnte. Es geht dabei in erster Linie um drei Punkte:

1. Engpässe im internationalen Rohstoffhandel,
2. Störungen der weltwirtschaftlichen Regelungsmechanismen aufgrund der »Chaos-Macht« einzelner (großer) oder mehrerer Entwicklungsländer,
3. Wachstumsverluste der Weltwirtschaft aufgrund der schwachen Nachfrage aus den Entwicklungsländern.

Risiken im Zusammenhang mit dem *internationalen Rohstoffhandel* zeichnen sich zur Zeit nicht ab, auch nicht auf dem Energiesektor, und es besteht wenig Anlaß, die Wirksamkeit der Rohstoffkartelle der Entwicklungsländer im Sinne eines gefährlichen Erpressungsinstruments zu dramatisieren; wo sich derartige Risiken bereits abzeichnen, sind hiervon bislang vorrangig die jeweils importabhängigen Entwicklungsländer und nicht die Industrienationen betroffen. *Längerfristig* ist jedoch durchaus damit zu rechnen, daß sich die internationalen Verteilungskämpfe um die knapper werdenden strategischen Rohstoffe verschärfen werden, wobei die Industrienationen vergleichsweise begünstigt wären, weil sie ihre Nachfrage flexibler decken sowie höhere Preise bezahlen können und einen großen technologischen Vorsprung im Hinblick auf mögliche Substitutions- und Recycling-Verfahren haben und aller Voraussicht nach auch behalten werden.

Die befürchteten Störungen der weltwirtschaftlichen Regelungsmechanismen aufgrund der *»Chaos-Macht«* der Entwicklungsländer beziehen sich vor allem auf eine mögliche Zahlungseinschränkung einzelner Großschuldner bzw. organisierter Schuldenkartelle. Die Gefahren für die Stabilität des internationalen Finanzsystems, die zu Beginn der achtziger Jahre bestanden,[38] sind mittlerweile weitgehend eingedämmt; die Verschuldungskrise ist zwar keineswegs überwunden, aber sie birgt weniger internationale Risiken als negative Konsequenzen für die wirtschaftliche Entwicklung in den Schuldnerländern selbst.[39]

---

[38] Vgl. William R. Cline, International Debt: Systemic Risk and Policy Response. Washington 1984.
[39] Vgl. Köhler, Die Dritte Welt und wir, S. 78 ff.

Auch die Tatsache, daß die chronische Wirtschaftskrise der Entwicklungsländer aufgrund der schwachen Nachfrage auf ihren Absatzmärkten zu relevanten *Wachstumsverlusten* der Weltwirtschaft führt, kann aufgrund der relativ geringen ökonomischen »Masse« der Entwicklungsländer nicht als weltweites Risiko gesehen werden. Zwar mögen einzelne Branchen davon berührt sein, insgesamt zeichnen sich jedoch eine stärkere Verflechtung der Industrienationen untereinander sowie eine relative Marginalisierung der Entwicklungsländer ab.

Globale wirtschaftliche Risiken sind aufgrund der Entwicklungskrise der armen Länder zur Zeit also nicht zu erwarten, wohl aber andere:
– Die demographische Expansion gerät in vielen Ländern zunehmend in Konflikt mit der ökonomischen Leistungsfähigkeit und der ökologischen Belastbarkeit, das heißt, es entsteht eine wachsende relative Überbevölkerung, die nicht angemessen beschäftigt, entlohnt, ernährt, ausgebildet, untergebracht, medizinisch versorgt und sozialversichert werden kann. Auch wenn der Anteil der Armen an der Gesamtbevölkerung in einzelnen Entwicklungsländern rückläufig sein mag, nimmt ihre absolute Zahl ständig zu, so daß immer häufiger akute Krisen eintreten, die sich allmählich zu chronischen Krisen ausweiten können.
– Die fortschreitende Konzentration der Bevölkerung in riesigen, dichtbesiedelten Ballungsgebieten mit zahlreichen Problemen, die der politischen Kontrolle zunehmend entgleiten, führt nicht nur zu einer fehlerhaften Allokation vieler menschlicher, materieller und finanzieller Ressourcen, die entwicklungspolitisch besser genutzt werden könnten, sondern auch zu einem latent gespannten sozialen Klima, das krisenhafte politische Vorgänge entsprechend »aufheizt«.
– Die Verteilungskämpfe verschärfen sich nicht nur aufgrund der Tatsache, daß die Verteilung von knappen Gütern und Dienstleistungen unter immer mehr Menschen, Gruppen und Institutionen stattfindet, sondern auch vor dem Hintergrund steigender Erwartungen, höherer Mobilität und besserer Organisationsfähigkeit der unterprivilegierten Schichten der Bevölkerung. Dies vollzieht sich im Rahmen ungeeigneter politischer Strukturen, die eher ein Instrument der Selbstprivilegierung der Eliten und der Durchsetzung entwicklungshemmender Ideologien als einer angemessenen und zukunftsorientierten Entwicklungsstrategie sind. In-

nerstaatliche und regionale Konflikte werden dadurch begünstigt, und damit ist immer eine Vergeudung, Zerstörung und Blockierung zahlreicher Entwicklungsreserven verbunden.
- Die hohe soziale und regionale Mobilität produziert ein Klima der Entwurzelung, der Wertekonfusion und der sozialen Regellosigkeit. Vor diesem Hintergrund ist es äußerst schwierig, effiziente politische Institutionen aufzubauen und kompetente Politiker hervorzubringen, da dies in Konkurrenz zu allen demagogischen, ideologischen, inkompetenten, korrupten und rücksichtslosen Protagonisten des politischen Lebens erfolgen müßte.
- Was die drohende Dauerkrise in den Entwicklungsländern letztlich für das internationale System bedeutet, ist schwer zu bestimmen, da gesellschaftliche Krisen ja ganz generell keine eindeutigen Konsequenzen für das Verhalten betroffener Staaten im internationalen System haben. Man kann jedoch erwarten, daß das permanente Katastrophenmanagement und die ständigen Verteilungs- und Machtkonflikte die Basis für eine stabile, berechenbare und kooperative Außenpolitik aushöhlen können. In diesem Zusammenhang dürfte auch die Versuchung zunehmen, die internen Probleme durch externe Konfliktbereitschaft zu überspielen, ein Verhalten, das gerne als Kampf für die nationale Emanzipation ausgegeben wird.

Manche Einzelindikatoren haben sich in der Vergangenheit verbessert und werden sich in Zukunft möglicherweise noch weiter verbessern, obwohl dies mit steigendem Entwicklungsniveau erfahrungsgemäß immer schwieriger wird, so daß einfache Trendverlängerungen sehr fragwürdig sind. Die auf vielen Gebieten erzielten Entwicklungsfortschritte können zwar nicht negiert werden, aber es kann ebensowenig übersehen werden, daß sich über die Jahre und Jahrzehnte Probleme kumuliert haben, die immer komplexer werden, immer schwerer zu lösen sind und auf Dauer zu brisanten sozialen und politischen Konflikten führen können.

Wenn man bezüglich der Zukunftsperspektiven einmal davon absieht, welche *wünschenswert* sind, und sich darauf konzentriert, welche als *wahrscheinlich* betrachtet werden müssen, so ist im Hinblick auf die meisten Entwicklungsländer, in denen die Mehrheit der Weltbevölkerung lebt, kein Optimismus angebracht. Die Entropie wird dort nicht ab-, sondern zunehmen, und dieser Prozeß wird die Entropie im globalen Maßstab entsprechend beschleunigen.

4. Migrationen

Der Liberalismus, der den zivilisatorischen Prozeß erheblich beschleunigt hat, enthält eine Reihe von entropischen Elementen, unter anderem die Vorstellung, die multikulturelle Gesellschaft sei nicht nur erstrebenswert, sondern weltweit praktikabel. Ersterem möchte man emotional zustimmen, letzteres ist jedoch aller Erfahrung nach eine gewagte These. Wenn es mir persönlich gut geht, neige ich dazu, viele Dinge für möglich zu halten, so auch das harmonische Zusammenleben von sehr unterschiedlichen Gruppen von Menschen. Wenn es mir schlecht geht, nehme ich fatalistisch das hin, was ich in der Zeitung lese, und das ist in der Regel das Gegenteil. Private Stimmungen sind an dieser Stelle aber nicht das Thema; vielmehr geht es um die Frage, was die multikulturelle Gesellschaft mit sozialer Entropie zu tun hat. Die Antwort ist so einfach, daß ich mich fast scheue, sie dem Leser anzubieten: Sofern die multikulturelle Gesellschaft tatsächlich gelingt, führt sie zu einem Verlust an kulturellen Eigenheiten, und falls sie nicht gelingt, führt sie – wie schon jetzt im Falle der New Yorker Bronx und demnächst wohl in Frankfurt – zu anomischen Zuständen. In beiden Fällen beobachten wir einen Verfall von gesellschaftlichen Ordnungsstrukturen, der mit dem Begriff der sozialen Entropie angemessen erfaßt wird.

Multikulturelle Gesellschaften oder deren mißglückte Varianten entstehen durch transkulturelle Migrationen. Die neuzeitlichen Migrationsströme größeren Umfangs verliefen bis in das gegenwärtige Jahrhundert hinein hauptsächlich von den jeweiligen metropolitanen Staaten in die von ihnen abhängigen bzw. beherrschten Regionen sowie innerhalb und zwischen letzteren. Diese wurden zum Teil systematisch besiedelt, zum Teil nahmen sie politisch wie religiös Verfolgte, Verbannte, Geschäftsleute, Abenteurer und einen Teil der »relativen Überbevölkerung«[40] der metropolitanen Staaten auf. Zudem setzten

---

[40] Der Begriff der Überbevölkerung hat zwei Bedeutungen: Absolute Überbevölke-

die kolonialen und imperialen Metropolen in den von ihnen beherrschten Gebieten riesige Bevölkerungsbewegungen in Gang, und zwar durch bewußte Zwangsumsiedlungen (einschließlich Sklavenhandel) wie auch durch die Sogwirkung der neuen wirtschaftlichen Zentren.

Auch nachdem die heutigen Entwicklungsländer unabhängig geworden waren, kamen diese Migrationsströme nicht zum Erliegen. In vielen dieser Länder entstand nach der internationalen Ächtung der Sklaverei und sonstiger Formen der Zwangsarbeit ein akuter Arbeitskräftemangel; gleichzeitig gab es einen anhaltenden Bevölkerungsüberschuß in den ehemaligen Metropolen. Politisch und rassisch Verfolgte wanderten weiterhin in die heutigen Entwicklungsländer ab.[41]

Auch die großen Migrationsströme innerhalb und zwischen den heutigen Entwicklungsländern hörten nicht auf. Massenhafte Zwangsverschleppungen im Stil des kolonialzeitlichen Sklavenhandels gab es zwar nicht mehr, aber es gab Auslöser für neuerliche Bevölkerungsbewegungen: Flucht und Vertreibung im Zuge kriegerischer Auseinandersetzungen sowie politischer, religiöser oder ethnischer Verfolgung; Bevölkerungsbewegungen als Folge der nachkolonialen Grenzziehungen; Armutswanderungen[42] im Zusammenhang mit regionaler Überbevölkerung, chronischer Wirtschaftskrise, Massenarbeitslosigkeit und/oder fortschreitenden Umweltschäden; »Gastarbeiter«-Wanderungen[43] und ähnliches. Die Süd-Süd-Migrationen halten bis heute an und nehmen an Umfang weiter zu.[44]

Seit einigen Jahrzehnten hat sich die Richtung *eines* dieser Migrationsströme insofern geändert, als ein zunehmender Migrationsdruck der Entwicklungsländer in Richtung auf die Industrieländer spürbar wird, während die Wanderungsbewe-

---

rung bedeutet, daß die Bevölkerung zu groß ist im Verhältnis zum geographischen Raum und zu den natürlichen Ressourcen; relative Überbevölkerung bedeutet, daß die Bevölkerung zu groß ist im Verhältnis zur sozio-ökonomischen Leistungsfähigkeit der betreffenden Gesellschaft.

[41] Allein aus Europa wanderten zwischen 1850 und 1930 ungefähr 60 Millionen Menschen aus.

[42] Armutswanderungen vollziehen sich *innerhalb* fast aller Entwicklungsländer, was sich unmittelbar an der chaotischen Verstädterung ablesen läßt. Vielfach erfolgen Armutswanderungen auch grenzüberschreitend, z. B. von Mexiko in die USA.

[43] Zum Beispiel in die arabischen Ölstaaten.

[44] Vgl. Peter J. Opitz (Hrsg.), Das Weltflüchtlingsproblem. Ursachen und Folgen. München 1988, S. 42 f.

gung von den Industrieländern in Richtung auf die Entwicklungsländer stark zurückgegangen ist. Die Ursachen hierfür liegen auf der Hand: In den Industrieländern ist es in den letzten Jahrzehnten gelungen, eine Reihe grundlegender politischer, sozialer und wirtschaftlicher Probleme zu lösen oder doch zumindest erheblich zu entschärfen, was in den meisten Entwicklungsländern nicht geschehen ist. Auf diese Weise wurden die Entwicklungsländer als Migrationsziele aus der Perspektive der Industrieländer immer weniger attraktiv, während die Attraktivität der Industrieländer aus der Perspektive der Entwicklungsländer zunahm. In Deutschland kommt das Gros der Zuwanderer zwar immer noch aus Ost- und Südosteuropa – einer Region, die von den »klassischen« Entwicklungsländern allerdings kaum noch zu unterscheiden ist –, aber es ist nur eine Frage der Zeit, bis die Migrationen aus den »klassischen« Entwicklungsländern zu einer Überforderung der Asyl- und Einwanderungspolitik führen werden, gleichgültig wie hoch die Mauern der »Festung Europa« gebaut werden.

Begünstigt wird diese Entwicklung – gewissermaßen als Initialzündung – durch die Abwanderung aus den ehemaligen Kolonien in die Mutterländer; dies schuf Auffangpositionen und erzwang rechtliche Regelungen für spätere Zuwanderer, die aus politischen und/oder wirtschaftlichen Motiven in die Industrieländer strebten. Aber auch jene Industriestaaten, die keine Zuwanderung aus ehemaligen Kolonien zu verzeichnen haben (z. B. die USA, Deutschland, Skandinavien), bekommen einen zunehmenden Migrationsdruck zu spüren, da ihre liberale, mobile und wohlhabende Gesellschaft eine verständliche Sogwirkung auf Menschen aus den armen Ländern ausübt, die freier und besser leben wollen.

Dabei besteht nur ein kleiner Teil der Migranten aus politischen Flüchtlingen im Sinne der Genfer Flüchtlingskonvention. Angesichts der Tatsache, daß die Bevölkerung der armen Länder weiter wachsen wird und die Probleme sowie Konflikte in dieser Region vermutlich eher zu- als abnehmen, ist mit einem weiter steigenden Migrationsdruck zu rechnen, der auch in den Industrienationen immer spürbarer werden dürfte.[45]

---

[45] »Orientiert man sich in seinen Erwartungen an der bislang von vielen Dritte-Welt-Eliten praktizierten Verweigerung partizipatorischer und pluralistischer Strukturen in den von ihnen regierten Gesellschaften, so drängt sich allerdings auch hier

Die grenzüberschreitende Freizügigkeit von Kapital, Gütern und Dienstleistungen ist im allgemeinen weniger eingeschränkt als grenzüberschreitende Bevölkerungsbewegungen. Der grenzüberschreitende Migrationsdruck wird sich jedoch aufgrund mehrerer Faktoren verstärken: Zunahme der Bevölkerung und Verschlechterung der Lebensbedingungen in vielen armen Ländern; bessere und leichter zugängliche Transportmöglichkeiten; professionellere Organisation der Migration (z. B. durch Menschenrechtsgruppen, aber auch Schlepperorganisationen); verbesserte Informationsmöglichkeiten über das Zielland (auch im Hinblick auf rechtliche und sozialpolitische Modalitäten); Beistandsfunktion der bereits zugewanderten Minderheit; weniger repressive Maßnahmen der Zielländer aufgrund unerwünschter Reaktionen im In- und Ausland; zunehmende internationale Anerkennung des Rechts auf Auswanderung und anderes mehr.[46]

Die verstärkte Zuwanderung aus den Entwicklungsländern wird in den Zielländern bekanntlich ambivalent bewertet. Einerseits wird die Solidarität mit den Armen und Verfolgten als humaner Grundwert betont, und es werden auch praktische »Vorteile« gesehen, wie die Finanzierung der Rentenversicherung, die Erweiterung der kulturellen Vielfalt und die Besetzung von Arbeitsplätzen, für die Personalmangel herrscht (im allgemeinen auf dem unteren Niveau der Lohnskala); andererseits werden auch verschiedene Probleme gesehen, und zwar vor allem:

– Besorgnisse hinsichtlich eines letztlich unkontrollierbaren Zuzugs und Nachzugs aus den Entwicklungsländern mit der Gefahr einer Überfremdung der einheimischen Bevölkerung und erheblichen Akkulturationsschwierigkeiten der Zugewanderten (bis hin zur Ghettobildung); dazu die Furcht vor einer schleichenden Marginalisierung aufgrund der höheren Geburtenrate der zugewanderten Bevölkerung;

---

kein Optimismus auf. Auf das Weltflüchtlingsproblem bezogen sprechen somit viele Anzeichen dafür, daß das 20. Jahrhundert auch in seinen letzten Jahren nicht viel anders verlaufen wird als in seinen ersten Jahrzehnten. So verständlich somit Resignation auch wäre, so wenig ist sie im Interesse der leidenden Menschen erlaubt. Statt zu resignieren, sind vielmehr Realismus und Phantasie angebracht, um mit ihrer Hilfe nach Wegen zu suchen, auf denen neue Flüchtlingsbewegungen eingedämmt oder zumindest in ihren Auswirkungen auf die betroffenen Menschen gemildert werden können.« Opitz, Das Weltflüchtlingsproblem, S. 58.

[46] Vgl. Myron Weiner, Immigration: Perspectives from Receiving Countries. In: Third World Quarterly 12, Nr. 1 (Januar 1990), S. 140–165.

- Störungen des sozialen Friedens aufgrund von Konkurrenzen auf dem Arbeits- und Wohnungsmarkt;
- ungebührliche Inanspruchnahme der öffentlichen Sozialleistungen;
- Furcht vor einem Import von Kriminalität, Seuchen und Drogen.[47]

Diese Befürchtungen sind zum Teil unberechtigt und erinnern an die mehrdeutige Tradition der deutschen Reinheitsgebote. Zum Teil haben sie jedoch einen objektiven Kern. Der springende Punkt liegt aber ganz woanders: Erstens werden die Probleme der Auswanderungsländer durch Migrationen in keiner Weise gelöst, sondern im Gegenteil verschärft (»brain drain«); und zweitens ist die allseits gelobte, aber selten befriedigend realisierte multikulturelle Gesellschaft geradezu ein Treibsatz für soziale Entropie: Falls ein »melting pot« gelingt, entsteht ein multikultureller Eintopf, der bestenfalls mit ein bißchen Curry, Samba oder Islam garniert ist, oder es entstehen ethnisch abgrenzbare Minderheiten, die sich für Vorurteile und Diskriminierungen anbieten und letztlich zu Ghettobildung führen. Ersteres bedeutet hohe Entropie im Sinne ihrer Definition, weil die vormalige kulturelle Differenzierung verschwindet, und letzteres produziert zwar durch Abgrenzung zunächst einen Zustand hoher Syntropie, führt aber schließlich zum kulturellen Verfall der Ghettokulturen und fördert die Konflikte innerhalb der Gesamtgesellschaft – und damit deren Entropie.

Henry Miller, dessen Bedeutung meines Erachtens weniger im pornographischen als im sozial- und kulturkritischen Bereich liegt und der sich für rassistische Unterstellungen in keiner Weise eignet, hat über sein Heimatland, das bekanntlich die Wiege der modernen Demokratie und das erste moderne Experiment eines »melting pot« ist, deutliche Worte gefunden:

»Wir sind gewohnt, uns als befreites Volk zu verstehen. Wir sagen, wir seien demokratisch, freiheitsliebend, ohne Vorurteile und Haß. Dies ist der Schmelztiegel, der Schauplatz eines großen menschlichen Experiments. Wunderschöne Worte, voll edlen, idealistischen Gefühls. In Wirklichkeit sind wir ein ordinärer, drängelnder Haufen, der in seinen

---

[47] Vgl. Sam C. Sarkesian, The Demographic Component of Strategy. In: Survival 31 (Nov./Dez. 1989) 6, S. 549–564 (558).

Leidenschaften von Demagogen, Presseleuten, religiösen Scharlatanen, Agitatoren und dergleichen leicht zu mobilisieren ist. Dies eine Gesellschaft freier Völker zu nennen ist Blasphemie ... Wir beginnen nun hier, inmitten des Alptraums, in dem Schmelztiegel, in dem alle Werte zu Schlacke reduziert werden.«[48]

Da kommt man ins Grübeln. Hierzulande gibt es viele wohlmeinende Bürger, die versuchen, ein gedeihliches Zusammenleben mit zugewanderten Minderheiten über moralisierende Kampagnen zu fördern. Dieser Versuch ist aller Ehren wert, aber sein Erfolg bleibt angesichts des Aufwands sehr bescheiden. Möglicherweise wirkt er sogar kontraproduktiv, weil mit der guten Absicht manches überzogen wird: Der Drang, alle ethnischen Unterschiede mit der Beschwörung einer gemeinsamen Conditio humana zu verdrängen, die kritiklose Solidarisierung mit allem Fremden, die Abwertung der eigenen nationalen Identität, die wohlwollende Nachsicht gegenüber der Mißachtung des Gastrechts, die Stilisierung von Terroristen zu Freiheitskämpfern und ähnliches, dies alles ist ein nahrhaftes Futter für jene Mitbürger, die ihre persönlichen Frustrationen mit Xenophobie kompensieren wollen. Die multikulturelle Weltgesellschaft wird vermutlich nur ausnahmsweise so aussehen, wie sie sich deren Theoretiker vorstellen. Wahrscheinlicher ist das Gegenteil, nämlich ethnische Konflikte, wo Ethnien miteinander um Ressourcen konkurrieren, und darüber ergießt sich dann jene kulturelle Einheitssoße, die wir bereits aus allen modernen Zentren der Welt kennen und die alle Elemente einer authentischen, gewachsenen Kultur vernichtet, soweit sich diese nicht für irgendeinen touristischen Schwachsinn banalisieren und vermarkten lassen.

Das Fazit dieses Abschnitts ist also ganz simpel. Migrationen fördern die weltweite Entropie in zweierlei Hinsicht: Erstens wird die gesellschaftliche Anomie durch ethnische Konflikte beschleunigt, und zweitens bildet sich gleichzeitig eine internationale Kultur heraus, die im wertenden Sinne allerdings nur mit größtem Wohlwollen als »Kultur« bezeichnet werden kann und die vormalige kulturelle Vielfalt unserer Welt vernichtet.

[48] Henry Miller, Der klimatisierte Alptraum. Reinbek 1977, S. 18 u. 24.

5. Rüstung

Es gibt nirgendwo mehr einen Kriegsminister, sondern überall nur noch Verteidigungsminister. Daraus könnte man schließen, daß eine erfolgreiche ideologische Abrüstung stattgefunden hat und daß kein Staat mehr daran interessiert ist, Krieg zu führen, sondern sich legitimerweise nur noch verteidigen will. Wenn das so wäre, würde es in der Tat keinen Krieg mehr geben, und die Soldaten wären nur noch dazu da, genau das zu verhindern, wofür sie ausgebildet worden sind. Unter dem Vorwand, Schlimmeres zu verhüten, würde das Schlimmste vorbereitet.

Ein Krieg zwischen den militärischen Supermächten ist erfreulicherweise unwahrscheinlicher geworden, als er schon einmal war, aber die Hoffnung auf die Vernunft und den Selbsterhaltungstrieb aller Beteiligten basiert auf einem Optimismus, der in einer sympathischen Art naiv ist. Bertrand Russell hat einmal gesagt: »Was die nukleare Konfrontation angeht, kann man unter Umständen annehmen, daß zwei Seiltänzer zehn Minuten balancieren können ohne abzustürzen. Aber nicht zweihundert Jahre.«[49]

Auch die Tatsache, daß wir im Zuge der Abrüstungsverhandlungen so weit gekommen sind, daß wir das Leben auf diesem Planeten mit unseren Waffen, in denen die gesammelte Gewalt ganzer Zeitalter bereit steht, nur zehnmal statt früher zwanzigmal vernichten können, ist ein Erfolg, der nicht ganz zufriedenstellen kann. Sollte der zur Zeit unwahrscheinliche, aber keineswegs unmögliche Fall eintreten, daß das bereitstehende Potential tatsächlich eingesetzt wird, so hätte die Menschheit den allerschnellsten Weg gewählt, um das Höchstmaß an sozialer Entropie zu erreichen.

Dies ist zwar gegenwärtig recht unwahrscheinlich, aber ein hohes Maß an sozialer Entropie über den Rüstungssektor läßt sich auch auf dem wahrscheinlichen Weg erreichen, und dieser besteht in der Rüstungsproliferation in den Entwicklungsländern, deren gewachsenes militärisches Potential in Verbindung mit politischen Instabilitäten sowie internen und externen Konflikten – einschließlich terroristischer Aktionen – zu einer brisanten Mischung führt. In diesem Sinne können einige

---

[49] Dieses Zitat hat mir ein Kollege zukommen lassen, leider ohne sich die Fundstelle zu notieren.

Bruchstücke des ehemaligen Sowjetimperiums getrost den Entwicklungsländern zugerechnet werden.

Das militärische Potential einiger dieser Länder ist erheblich und kann nach dem Ende des Ost-West-Konflikts wesentlich autonomer – das heißt ohne Rückendeckung durch eine Supermacht – sowohl symbolisch wie auch tatsächlich eingesetzt werden. Eine Diskreditierung militärischer Macht zur Durchsetzung politischer Ziele, wie sie sich in den westlichen Industrienationen in zunehmendem Maße durchzusetzen scheint, ist in den meisten dieser Länder nicht zu erkennen.

Dort ist das Militär vielfach zu einem bedeutenden Machtfaktor geworden. Obwohl eine starke Armee die sicherheitspolitische Funktion erfüllen kann, militärische Auseinandersetzungen zu *verhindern*, trifft dies für die meisten armen Länder nicht zu, im Gegenteil: Dort tragen starke Armeen aufgrund ihrer bloßen Existenz oft dazu bei, bestehende Konflikte zu verschärfen und neue Konflikte zu produzieren, die mit einem schwächeren militärischen Potential gar nicht möglich gewesen wären (z. B. die Landung argentinischer Truppen auf den Falkland-Inseln, die Intervention Kubas in Angola oder die irakische Invasion in Kuwait).

Wenn sich das Militär als Machtfaktor erst einmal etabliert hat, bedarf es in der Regel keiner überzeugenden Legitimierung mehr, sondern es funktioniert dann allein aufgrund der institutionellen Eigendynamik und im Sinne der politischen Selbstprivilegierung. Aber auch ohne glaubwürdige sicherheitspolitische Legitimierung können sich militärische Potentiale entwickeln, die erst jene Konflikte verursachen, im Rahmen derer sie eingesetzt werden können.

Die gelegentlich geäußerte These, die militärische Austragung von Konflikten sei eine Konsequenz gesellschaftlicher und kultureller Rückständigkeit und werde im Zuge der weiteren Entwicklung der armen Länder verschwinden, ist ebenso unhaltbar wie naiv: Hierzu genügt ein Blick auf die Militärgeschichte der Industrienationen und die militärischen Engagements einer Reihe von relativ entwickelten Entwicklungsländern (z. B. Argentinien, Kuba, Georgien, Iran, Irak, Indien, Pakistan und Serbien). Abgesehen davon ist es im höchsten Maße zweifelhaft, ob in den Entwicklungsländern auf breiter Front ein gesellschaftlicher und kultureller Fortschritt erfolgen wird, wie er in besagter These unterstellt wird.

Seit dem Ende des Ost-West-Konflikts besteht kaum noch

die Gefahr, daß regionale Konflikte über Stellvertreterkriege zu brisanten internationalen Spannungen mit dem Risiko eines Weltkriegs eskalieren (»Sarajewo-Effekt«). Dadurch wird es aber auch leichter, solche Konflikte regional auszutragen. Die durch die Ost-West-Konfrontation in den armen Ländern provozierten bzw. verschärften Konflikte sind zwar weitgehend verschwunden, dafür verschwand aber auch der disziplinierende Druck der ehemaligen Blockvormächte in ihren jeweiligen Einflußzonen. Das läßt eine Abnahme der »großen« und eine Zunahme der »kleinen« Konflikte erwarten, die durch den Sieg der einen Seite oder die Erschöpfung beider Seiten (vorläufig) »gelöst« werden.

Das militärische Potential einzelner, hochgerüsteter Entwicklungsländer bedeutet zur Zeit zwar keine direkte militärische Bedrohung für die Industrienationen, kann aber die Stabilität der betreffenden Regionen gefährden, erlaubt es, sich internationalen Konfliktregelungen erfolgreich zu widersetzen, und bildet allemal die Grundlage für eine mögliche Veto- oder Chaosmacht. Falls der Prozeß der atomaren Abrüstung und der relativen Aufwertung konventioneller Militäroptionen im Ost-West-Verhältnis fortgesetzt wird und einige der militärisch potenteren Entwicklungsländer zugleich weiter aufrüsten sollten – wobei sie immer besseres Gerät sowie einen immer leichteren Zugang zu Massenvernichtungsmitteln bekommen –, dann muß allerdings die Frage aufgeworfen werden, ob diese Länder im globalen Sinne nicht zu einem ernsthaften sicherheitspolitischen Risikofaktor werden könnten.[50] Hierbei ist nicht nur an jene Entwicklungsländer zu denken, die aufgrund finanzieller Möglichkeiten relativ moderne Armeen aufbauen können, sondern auch an jene, die aufgrund ihrer demographischen Masse über ein beträchtliches *quantitatives* Potential verfügen.

Nach dem Ende des Ost-West-Konflikts ist der internationale Handel mit sensitiven Waffen und Technologien noch unübersichtlicher geworden als vorher, und es wird mehr Probleme als früher bereiten, die weitere Ausbreitung von Massenvernichtungsmitteln (atomarer, biologischer und chemischer Waffen) zu verhindern, um so mehr, als einige Ent-

---

[50] Vgl. Korkisch, Die demographische Explosion, S. 421; Marc S. Palevitz, Beyond Deterrence: What the U. S. Should Do about Ballistic Missiles in the Third World. In: Strategic Review, Sommer 1990, S. 49–58.

wicklungsländer bereits über eigene technologische Kapazitäten verfügen und mit anderen Entwicklungsländern auf diesem Sektor kooperieren.

Weder der Nichtverbreitungsvertrag für *Nuklearwaffen* noch sonstige regionale Abkommen oder internationale Resolutionen konnten verhindern, daß neben China, das seit 1964 über Nuklearwaffen verfügt, weitere Entwicklungsländer die Fähigkeit erworben haben, derartige Waffen herzustellen, und sie möglicherweise bereits hergestellt haben; die betreffenden »Kandidaten« sind Argentinien, Brasilien, Indien, Israel, Nordkorea, Pakistan, Südafrika, Südkorea und Taiwan.

Über die Verbreitung *biologischer Waffen,* deren Einsatz (Genfer Protokoll von 1925) Erwerb, Herstellung und Lagerung (Konvention über Biologische Waffen von 1972) international geächtet sind, liegen nur wenige Informationen vor.[51] Die Herstellung von biologischen Kampfmitteln (Viren, Bakterien usw.) stellt weniger Anforderungen als die Produktion effizienter biologischer Waffen. Es ist nicht sicher, ob und gegebenenfalls welche Staaten über derartige Waffen verfügen; in entsprechendem Verdacht stehen Ägypten, Kuba, Irak, Iran, Israel, Nordkorea, Südafrika, Südkorea, Syrien und Vietnam. An die Nachfolgerepubliken der ehemaligen Sowjetunion sollte in diesem und im folgenden Kontext immer mitgedacht werden.

Die *chemischen Waffen,* deren Einsatz (Genfer Protokoll von 1925) international geächtet ist, können ebenfalls relativ einfach, schnell und billig hergestellt werden.[52] Unter den Entwicklungsländern verfügte bis vor kurzem lediglich der Irak mit Sicherheit über chemische Waffen; gegenüber anderen besteht ein entsprechender Verdacht: Afghanistan, Ägypten, Äthiopien, China, Indien, Iran, Israel, Libyen, Nordkorea, Somalia, Sudan, Südkorea, Syrien, Taiwan und Vietnam.

Zahlreiche Entwicklungsländer verfügen über weitreichende *Trägersysteme* (ballistische Raketen), die zum Teil importiert (in einigen Fällen nachträglich modifiziert) wurden, zum Teil aber auch aus eigener Entwicklung stammen. Es handelt sich um Afghanistan, Ägypten, Algerien, Brasilien, China, Kuba,

---

[51] Vgl. Brzoska, ABC-Waffen, S. 136 f; Stockholm International Peace Research Institute/SPRI (Hrsg.), SIPRI Yearbook 1990. World Armaments and Disarmament. New York 1990, S. 129 ff.

[52] Vgl. Brzoska, ABC-Waffen, S. 137–141; Stockholm International Peace Research Institute, SIPRI Yearbook 1990, S. 108 ff; Palevitz, Beyond Deterrence, S. 50 ff.

Indien, Irak, Iran, Israel, Libyen, Kuwait, Nordkorea, Pakistan, Saudi-Arabien, Südkorea, Syrien, Taiwan und Jemen.[53]

In den Entwicklungsländern wächst also ein beträchtliches Potential an Massenvernichtungsmitteln und Trägersystemen heran. Während die weitere Proliferation von A-Waffen und Trägersystemen relativ langsam erfolgen dürfte, weil viele Entwicklungsländer nicht über die notwendigen industriellen und technologischen Voraussetzungen verfügen, besteht eine akute Gefahr wohl bezüglich der B- und insbesondere der C-Waffen, die gelegentlich als »Atombomben des kleinen Mannes« bezeichnet werden, da für ihre Herstellung kein hohes technologisches Entwicklungsniveau erforderlich ist. Angesichts des Autonomiezuwachses der Entwicklungsländer nach dem Ende des Ost-West-Konflikts dürfte es sehr viel schwieriger werden, die Verbreitung der betreffenden Kenntnisse und Systemelemente zu verhindern, um so mehr als diese auch *zwischen* den Entwicklungsländern erfolgen kann.

Eine entsprechende Tendenz ist bei den konventionellen Rüstungsgütern bereits seit langem sichtbar. Immer mehr Entwicklungsländer verfügen über eine eigene Rüstungsindustrie. Ein beträchtlicher Anteil der produzierten Rüstungsgüter ist für den Export bestimmt, und zwar vor allem in andere Entwicklungsländer. Angesichts der seit Mitte der achtziger Jahre rückläufigen Rüstungsausgaben in den Entwicklungsländern befinden sich die meisten Rüstungsindustrien zur Zeit zwar in einer Krise, aber unter dem Aspekt möglicher Gefährdungen sollte betont werden, daß die betreffenden Länder trotz dieser Krise nach wie vor über das betreffende Know-how und entsprechende Produktionskapazitäten verfügen. Die sinkenden Rüstungsausgaben sind weniger das Ergebnis einer veränderten sicherheitspolitischen Situation oder einer politischen Disziplinierung der Streitkräfte als die Konsequenz einer akuten Wirtschafts- und Finanzkrise (einschließlich des Verschuldungsproblems). Sollte sich diese Situation ändern, wäre sicherlich mit einer erneuten Expansion des Rüstungssektors zu rechnen.

Quantitativ konzentriert sich die Rüstungsproduktion der Entwicklungsländer auf einige wenige Erzeuger, was besonders für die Großwaffensysteme gilt: Im Zeitraum 1980 bis 1984 produzierten acht Staaten über 90 Prozent aller in den Ent-

---

[53] Vgl. Ballistic Missiles in Service. In: Stockholm International Peace Research Institute, SIPRI Yearbook 1990, S. 380 ff.

wicklungsländern hergestellten Großwaffen (Indien, Israel, Südafrika, Brasilien, Taiwan, Argentinien, Nordkorea, Südkorea). Obwohl viele Systeme bzw. Systemkomponenten mit Lizenzen und Zulieferungen aus den Industrienationen produziert werden, ist nicht zu übersehen, daß in aller Regel eine Importsubstitutionspolitik verfolgt wird, um die eigene technologische Kompetenz zu erweitern und die Rüstungsindustrie so unabhängig wie möglich zu machen. Die häufig angesprochene technologische Abhängigkeit der Rüstungsindustrie der Entwicklungsländer von den Industrienationen mindert keineswegs die sicherheitspolitischen Risiken, die von ersteren ausgehen, denn sie verfügen letztlich über die produzierten Rüstungsgüter – gleichgültig, ob sie mit oder ohne fremdes Know-how hergestellt wurden. Auch wenn die in den Entwicklungsländern produzierten Rüstungsgüter nicht das internationale Spitzenniveau erreichen, sind sie von ihrer zerstörerischen Wirkung her von ernstzunehmender Qualität.

Unter den Entwicklungsländern sind die zehn wichtigsten Exporteure von Großwaffensystemen Brasilien, Israel, Südkorea, Südafrika, Indonesien, Singapur, Ägypten, Argentinien, Indien und Nordkorea. Deren Exportanteile im Verhältnis zur Rüstungsproduktion liegen mit der Ausnahme von Singapur durchgehend bei über 50 Prozent, in einigen Fällen sogar bei über 90 Prozent (Südafrika, Indonesien und Argentinien).

Natürlich importieren die Entwicklungsländer jene Rüstungsgüter bzw. Komponenten, die sie nicht selber produzieren, nicht nur aus anderen Entwicklungsländern, sondern auch aus den Industrienationen, und zwar bisweilen mit der Unterstützung und Duldung der betreffenden Regierungen oder illegal von einzelnen Firmen unter Mißachtung geltender Verbote bzw. unter Umgehung bestehender Kontrollen. Auf diese Weise gelangen die Entwicklungsländer in den Besitz auch moderner Waffensysteme, über deren Einsatzmöglichkeiten die Lieferländer sich zum Zeitpunkt der Lieferung häufig nicht klar sind. Die in den Lieferländern vorherrschende Mischung aus kurzfristigem politischem Kalkül und Geschäftssinn verführt zu einem leichtfertigen Zweckoptimismus. So hat die »internationale« Aufrüstung Argentiniens den Überfall auf die Falkland-Inseln überhaupt erst möglich gemacht, und in ähnlicher Weise lief die internationale Aufrüstung Irans und Iraks auch den Interessen der Lieferländer letztlich zuwider.

Einer gesonderten Erwähnung bedarf der *internationale Ter-*

rorismus. Eine grundsätzliche Schwierigkeit dieses Themas besteht darin, daß es keine allgemein akzeptierte Definition von Terrorismus gibt, außer vielleicht in dem Sinne, daß Terrorismus der bewußte Einsatz von Terror ist, um gewisse Ziele zu erreichen. Alle darüber hinausgehenden Definitionen sind unklar, widersprüchlich, parteiisch und in gewisser Weise willkürlich.[54] Eine akzeptable Definition müßte es erlauben, mit Sicherheit Terroristen von Nicht-Terroristen zu unterscheiden, und dies betrifft zwei Dimensionen, nämlich die Zulässigkeit der Methoden und die Legitimität der Ziele.

Bezüglich der *Methoden* gibt es einige, die von Terroristen besonders bevorzugt werden (Flugzeugentführungen, Geiselnahme, Autobomben, Massaker an Nichtkombattanten u.ä.), aber in diesem Bereich gibt es fließende Übergänge zu den Methoden von Gruppen bzw. Staaten, die gängigerweise nicht als terroristisch eingeschätzt werden (z. B. die Sprengung des Greenpeace-Schiffs »Rainbow Warrior« durch französische Agenten in Neuseeland; die Verbringung des im Zuge einer militärischen Intervention gestürzten Machthabers von Panama, General Noriega, in die USA; die Bombardierung des Hauptquartiers von Gaddhafi durch die amerikanische Luftwaffe; die Verminung nicaraguanischer Häfen durch die amerikanische Marine; die Ermordung oppositioneller Priester durch Mitarbeiter des polnischen Sicherheitsdienstes; die Unterstützung der Roten Armee Fraktion durch die Regierung der DDR; das Massaker der chinesischen Armee auf dem Platz des Himmlischen Friedens in Peking; die »Säuberungsaktionen« der Armee Guatemalas; die systematische Folter von Häftlingen in zahlreichen Staaten usw.).

Noch schwieriger ist eine Definition von Terroristen nach der *Legitimität der Ziele*. Yassir Arafat antwortete auf den Vorwurf, die Palestine Liberation Organization (PLO) sei eine terroristische Organisation: »Niemand ist ein Terrorist, der sich für eine gerechte Sache einsetzt.« Was eine »gerechte Sache« ist, wird je nach Interessenlage unterschiedlich interpre-

---

[54] Zum Beispiel diejenige des Department of State (1977), des Federal Bureau of Investigation (FBI) (1984), des Präsidenten der USA (1986), des Public Report of the Vice-President's Task Force on Combating Terrorism (1986), des Department of Defense (Directive 2000.12.), der Central Intelligence Agency (CIA) (1986) sowie des Foreign Intelligence Surveillance Act (1986). Eine ausführliche Diskussion der Terrorismus-Definitionen findet sich in: James Prince, Is There a Role for Intelligence in Combating Terrorism? In: Conflict 9 (1989) 3, S. 301–318.

tiert, so daß diejenigen, die sich mit Gewalt im Sinne der einen Seite für Freiheit, Selbstbestimmung und/oder Gerechtigkeit einsetzen, zugleich die Terroristen der anderen Seite sind – und umgekehrt.

Unabhängig von der Frage, wer wen berechtigterweise als Terroristen bezeichnen kann, sind folgende Punkte hervorzuheben:

– In zahlreichen Ländern gibt es nicht-staatliche Bewegungen bzw. Organisationen, die für die Durchsetzung ihrer Ziele Gewalt einsetzen, und zwar auch jene Formen von Gewalt, die gängigerweise mit dem Terrorismus assoziiert werden.
– Viele dieser Bewegungen bzw. Organisationen verfügen zum Teil über erhebliche Rüstungsgüter und werden von »befreundeten« Staaten offen oder heimlich unterstützt.
– Die Aktivitäten einiger Staaten bzw. staatlicher Institutionen sind von den Aktivitäten solcher Gruppen kaum abzugrenzen.
– Die modernen Wirtschaftssektoren sind aufgrund ihrer technologischen Komplexität und überregionalen Vernetzung besonders verwundbar durch viele Varianten der Gewalt bzw. Chaos-Macht (Anschläge auf den Flug- und Schiffsverkehr, Stromleitungen, Brücken, industrielle Einrichtungen u. ä.). Solche Aktivitäten werden durch das hohe Maß an Freizügigkeit, Zugänglichkeit und Öffentlichkeit gerade in diesen Bereichen erheblich erleichtert.

Vor dem Hintergrund der Fakten und Argumente, die in diesem Abschnitt vorgestellt worden sind, ist es sehr viel wahrscheinlicher, daß uns aus dem weltweiten Rüstungsbereich eine erhebliche Zunahme sozialer Entropie ins Haus steht, als daß die syntropischen Kräfte auf Dauer erfolgreich sein werden. Die Tatsache, daß der zentrale Begriff im militärischen Bereich aller Staaten »Sicherheit« heißt, darf nicht darüber hinwegtäuschen, daß gerade dieser Bereich die Sicherheit am allermeisten gefährdet.

Da die Welt so ist, wie sie nun einmal ist, gibt es natürlich legitime Sicherheitsinteressen, die nur militärisch gewährleistet werden können. Um den Frieden auf Dauer zu bewahren, ist aber ein hoher Aufwand an kultureller Syntropie erforderlich, den man nicht von allen Akteuren der internationalen Politik erwarten kann. Ein einziges Streichholz kann einen ganzen Wald entzünden, und es mangelt weder an Streichhölzern noch an Brandstiftern.

6. Krankheiten

Lebensbedrohliche Krankheiten epidemischer Art bilden insofern einen Teilaspekt der sozialen Entropie, als sie die biologischen Voraussetzungen der menschlichen Zivilisation betreffen. In den vergangenen Jahrzehnten haben sich viele Gesundheitsindikatoren nicht nur in den Industrieländern (durchschnittlich) verbessert, sondern auch in den meisten Entwicklungsländern. Dies bedeutet allerdings nicht, daß sich auch die allgemeinen Lebensbedingungen entsprechend verbessert haben, denn ein beträchtlicher Teil der genannten Erfolge beruht darauf, daß Fortschritte in der Medizin (etwa der massenhafte Einsatz neuer Medikamente – z. B. Antibiotika – und Impfstoffe) es ermöglichten, einige der quantitativ relevanten Krankheiten und Todesursachen zu bekämpfen, was durch verbesserte Transportbedingungen, zunehmende Verstädterung und ein höheres Informationsniveau (insbesondere über die modernen Massenmedien) begünstigt wurde.

Obwohl die Menschen in den Industrieländern durchschnittlich keineswegs sehr gesund leben, ist ihr Gesundheitszustand wesentlich besser als der in den Entwicklungsländern, weil dort die unzureichende Ernährung, die schlechte medizinische Versorgung und die Verbreitung zahlreicher regionalspezifischer Krankheitserreger die Probleme erheblich verschärfen. Immerhin beobachten wir auch in den Industrieländern eine Zunahme der Krebsfälle, der psychischen und psychosomatischen Erkrankungen, der Allergien und der Fertilitätsstörungen. Darüber hinaus ist ein eugenischer Gesichtspunkt erwähnenswert: Moralische und historisch bedingte Werthaltungen sowie Fortschritte in der Medizin ermöglichen die Weitervererbung krankhafter Erbanlagen in einem höheren Maße als in früheren Zeiten. Inwieweit dies ein relevanter Gesichtspunkt für die Zunahme von sozialer Entropie ist, läßt sich allerdings noch nicht abschätzen.

Betrachtet man die Ausbreitung von Krankheiten als Teil des globalen entropischen Prozesses, so interessieren vor allem die infektiösen und parasitären Erkrankungen, die für rund 40 Prozent aller Todesfälle in den Entwicklungsländern verantwortlich sind (aber nur für acht Prozent in den Industrieländern). In diesem Zusammenhang stellt sich auch die Frage, ob tropische Krankheiten wie Malaria als Folge der erwarteten klimatischen Erwärmung ein Problem gemäßigter Breiten (z. B. Europas) werden könnten. Neulich war in der Presse zu lesen, daß die Anopheles-Mücke ein akzeptables Biotop in den Kanälen von Amsterdam finden könnte.

Bezüglich der infektiösen und parasitären Erreger ist es interessant zu erwähnen, daß rund 80 Prozent aller Krankheiten in den Entwicklungsländern in einem direkten oder indirekten Zusammenhang mit *Wasser* stehen. Nach Angaben der World Health Organization (WHO) leiden mehr als eine Milliarde Menschen unter einer unzureichenden Trinkwasserversorgung und mehr als 1,5 Milliarden Menschen unter einer unzureichenden Abwasserversorgung.[55] Hinzu kommt die Tatsache, daß Wasser der Lebensraum zahlreicher pathogener Insekten(larven) und Parasiten ist.

In vielen (aber nicht allen) Entwicklungsregionen wurden in den vergangenen Jahrzehnten erhebliche Fortschritte bei der Vorbeugung und der Behandlung der infektiösen und parasitären Erkrankungen erzielt. Trotzdem sind sie nach wie vor weit verbreitet, und ihre Bekämpfung erfordert ständige Anstrengungen. Vor dem Hintergrund der anhaltenden Bevölkerungsexplosion, die in den meisten Entwicklungsländern vermutlich auch weiterhin von einer chronischen Entwicklungskrise begleitet wird, ist es allerdings sehr fraglich, ob die bisherige (insgesamt positive) Tendenz in die Zukunft extrapoliert werden kann. Plausibler erscheint die These, daß die dynamische Verzahnung aller Entwicklungsprobleme zu Situationen führt, in deren Rahmen die nationale wie die internationale Gesundheitspolitik im Verhältnis zum bestehenden Bedarf völlig überfordert wird. In erster Linie geht es um folgende infektiöse und parasitäre Erkrankungen:[56]

– Bilharziose oder Schistosomiasis: Durch Saugwürmer hervorgerufene entzündliche Erkrankung des Darmes oder auch der Leber, Milz (Vorkommen in Ostasien) und der Blase (Vorkommen in Afrika, Vorderem Orient, Portugal). Die Infektion erfolgt durch die Haut oder Schleimhaut, insbe-

---

[55] Vgl. Wöhlcke, Risiken aus dem »Süden«, S. 103. Detaillierte Länderdaten finden sich in UNFPA (Hrsg.), Weltbevölkerungsbericht 1990. Bonn (Deutsche Gesellschaft für die Vereinten Nationen) 1990, S. 44 f.
[56] Angaben zu den Krankheiten nach Willibald Pschyrembel, Klinisches Wörterbuch. Berlin, New York 1977. Zahlenangaben nach The World Resources Institute, World Resources 1988–89, S. 25 ff und 245.

sondere durch verseuchtes Wasser. Weltweit insgesamt ca. 200 Millionen Fälle.
- Cholera: Schwere, oft tödlich verlaufende Infektionskrankheit des Darmes mit Durchfällen, Erbrechen, Krämpfen, hervorgerufen durch Cholerabakterien. Die Ansteckung erfolgt durch Kontakt von Mensch zu Mensch oder durch verseuchte Nahrung oder infiziertes Wasser. Vorkommen hauptsächlich in Indien, Pakistan, Burma, Thailand und Vietnam. Impfschutz drei Wochen nach der Impfung für etwa sechs Monate.
- Diarrhoe: Durchfallerkrankung, in schweren Fällen mit Austrocknung und Infektionen. Fünf Millionen Todesfälle von Kindern pro Jahr.
- Diphterie: Durch Tröpfcheninfektion übertragene Erkrankung der Nase und des Rachens, die in schweren Fällen (maligne Diphterie) tödlich verlaufen kann. Prophylaxe durch Isolierung, Schutzimpfung. Etwa 5000 Todesfälle von Kindern pro Jahr.
- Drakunulose: Wurmerkrankung mit der Gefahr tödlicher Folgeinfektionen durch Streptokokken, Tetanus- und Gasbrandbazillen. Die Ansteckung erfolgt durch verseuchtes Trinkwasser. Entwicklung der Keime zu geschlechtsreifen Würmern nach neun bis zwölf Monaten. Zehn Millionen Erkrankungen im Jahr.
- Geschlechtskrankheiten: Ansteckende Krankheiten, die meist durch Geschlechtsverkehr übertragen werden wie Syphilis, Gonorrhoe (Tripper), Ulcus molle, Lymphopathia venerea.[57]
Infektiöse Atemwegserkrankungen: Lungenentzündung, Bronchitis, Keuchhusten und andere; über vier Millionen Todesfälle von Kindern pro Jahr.
- Malaria: Wechselfieber, Sumpffieber, verursacht durch Malaria-Parasiten. Die Ansteckung erfolgt durch den Stich der Anopheles-Mücke, durch Blutübertragung und durch Infektion im Mutterleib. Es gibt verschiedene Verlaufsformen. 200 bis 400 Millionen Menschen sind angesteckt, jährlich sterben etwa fünf Millionen.
- Masern: Durch Tröpfcheninfektion übertragene Viruser-

---

[57] Einige Zahlen zur Illustration: Fälle von Gonorrhoe auf 100 000 Einwohner – Kampala 10 000; Nairobi 7000; zum Vergleich London 310. Vgl. The Panos Institute (Hrsg.), Aids and the Third World (Published in Association with the Norwegian Red Cross). London 1986 (Panos Dossier 1), S. 18.

krankung mit Fieber, Atemwegskatarrh und Hautausschlag. Nach überstandener Krankheit lebenslange Immunität. Prophylaxe durch Impfung. Etwa zwei Millionen Todesfälle von Kindern pro Jahr.
- Onchozerkose: Wurmkrankheit in Bindegewebsknoten. Die Ansteckung erfolgt durch den Stich der Kriebelmücke, die Wurmknäuelbildung oft erst nach Jahren. Häufig gleichzeitig Bindehautentzündung, Entzündung der Hornhaut des Auges und schließlich Erblindung. Etwa 18 Millionen Menschen sind angesteckt.
- Poliomyelitis: Kinderlähmung; infektiöse Viruserkrankung des zentralen Nervensystems. Jährlich etwa 27 000 Todesfälle von Kindern.
- Ruhr: Entzündliche Darmerkrankung, hervorgerufen durch Amöben oder Bakterien. Die Übertragung erfolgt durch direkten Kontakt, Kotinfektion und Fliegen.
- Tetanus: Wundstarrkrampf; schwere Infektionskrankheit mit Muskelkrämpfen, die durch Tetanus-Bazillen hervorgerufen wird. Die Infektion erfolgt durch Verunreinigung von Wunden. Schutz bieten Impfung und Serumtherapie. Annähernd zwei Millionen Todesfälle von Kindern pro Jahr.
- Tuberkulose: Durch Tuberkelbakterien hervorgerufene Knötchenkrankheit in verschiedenen Erscheinungsformen. Etwa acht bis zehn Millionen Erkrankungen und drei Millionen Todesfälle pro Jahr.
- Typhus, Paratyphus: Der Unterleibstyphus ist eine schwere Darmerkrankung, hervorgerufen durch Salmonella typhi. Übertragen wird die Krankheit durch direkten Kontakt oder durch verseuchte Nahrung und Trinkwasser. Die Impfung bietet Schutz für ein Jahr. Der Flecktyphus oder Hungertyphus ist eine fieberhafte, oft tödlich verlaufende Erkrankung mit charakteristischem Hautausschlag, hervorgerufen durch von Läusen und Flöhen übertragene Bakterien. Vorbeugung durch Verbesserung der Kleider-, Körper- und Wohnungshygiene sowie die Bekämpfung des Ungeziefers. Schutzimpfung ist möglich. Paratyphus: durch Salmonella-Keime hervorgerufene typhusähnliche Infektionskrankheit mit leichterem Verlauf. Schutzimpfung ist möglich.
- AIDS: Die Verbreitung dieser Immunschwächekrankheit (Acquired Immune Deficiency Syndrome) verdient einen ausführlicheren Kommentar, weil von ihr zur Zeit die größte potentielle Gefahr ausgeht. Auch wenn sich die Zahl jener

Personen, die an Aids erkrankt sind, noch bescheiden ausnimmt im Vergleich zu anderen Krankheiten,[58] stehen wir am Beginn einer Entwicklung, die in Zukunft katastrophale Ausmaße annehmen könnte.

Im medizinischen Sinne bezeichnet Aids lediglich die letzte, tödlich verlaufende Phase der Infektion durch den (bzw. die) HIV-Erreger mit der entsprechenden Symptomatik. Die Inkubationsphase kann Jahre bis möglicherweise Jahrzehnte dauern, ohne daß der Infizierte irgendwelche Beschwerden hat. In dieser Phase kann er weitere Personen infizieren. Im gängigen Sprachgebrauch wird auch die bloße Infektion ohne Ausbruch der Symptomatik als Aids bezeichnet. Nach dem bisherigen Wissen verläuft die Krankheit immer tödlich. Die bisherigen therapeutischen Maßnahmen können die Symptome bekämpfen und das Leben verlängern, die Krankheit aber nicht heilen. Ebensowenig gibt es bislang einen wirksamen Impfstoff. Aids ist eine beginnende sogenannte Pandemie, das heißt eine Epidemie (infektiöse Massenerkrankung) großen Stils.

Die frühesten, bislang bekannten Fälle reichen in die fünfziger Jahre zurück, aber erst zu Beginn der achtziger Jahre wurden die Art und die Gefährlichkeit dieser neuen Krankheit bekannt. Der regionale Ursprung von Aids ist nach wie vor umstritten (Zentralafrika, Haiti, USA), ebenso die virologische Genese dieser Krankheit (Mutation eines älteren »harmlosen« Virus, Übertragung eines Virus von Affen auf Menschen, Produkt virologischer Forschung).[59] Die Diskussion über die Entstehung von Aids wird nicht nur wissenschaftlich geführt, sondern ist zum Teil auch mit Emotionen und Unterstellungen aufgeladen, für die insbesondere in Afrika große Empfindlichkeiten bestehen (»Lustseuche der Industrienationen« vs. »afrikanische Affenkrankheit«).[60]

Die Ansteckung erfolgt über: Sexualkontakte (homo- wie heterosexuell); Blutkontakte (Transfusionen, Injektionsnadeln, Wunden); Übertragung der Mutter auf den Fötus oder das

---

[58] Etwa acht bis zehn Millionen Menschen waren 1990 infiziert, bei ca. 800 000 war die Krankheit ausgebrochen. Zum Vergleich: Jährlich sterben rund fünf Millionen Kinder an Diarrhoe; 200 bis 400 Millionen Menschen sind mit Malaria angesteckt, von denen ca. fünf Millionen jährlich sterben.

[59] Vgl. The Panos Institute, Aids and the Third World, S. 15 f; Kommt Aids aus Afrika? In: Neue Zürcher Zeitung, 26. 9. 1986, S. 4.

[60] Vgl. Roland Richter, Aids in Afrika. Materialien. Zwei Bände. Unveröffentl. Manuskript, Stiftung Wissenschaft und Politik, Ebenhausen, Juni/August 1990.

Kind (bei der Geburt oder über die Muttermilch).[61] Die Hauptansteckungswege und damit auch die jeweiligen »Risikogruppen« sind regional unterschiedlich verteilt. Die World Health Organization unterscheidet drei Übertragungsmuster:

Muster I: Ansteckung hauptsächlich durch homo- oder bisexuell veranlagte Männer sowie durch intravenösen Drogenkonsum (industrialisierte Länder in Nordamerika, Westeuropa, Australien, Neuseeland und Teilen Lateinamerikas); die Ansteckung über Transfusionen ist in den Industrieländern seit 1985 weitestgehend ausgeschlossen; die Zahl der angesteckten Frauen ist (noch) relativ gering und damit auch die Zahl der Übertragungen auf Kinder.

Muster II: Übertragung hauptsächlich über heterosexuelle Kontakte, wobei ebenso viele Männer wie Frauen infiziert sind, womit auch viele Kinder angesteckt werden. Hinzu kommen Infektionen über Bluttransfusionen (fünf bis zehn Prozent) sowie über unsterile Injektionsnadeln und sonstige medizinische Geräte (Afrika südlich der Sahara, Lateinamerika und Karibik).

Muster III: Ansteckung über homo- und heterosexuelle Kontakte, Bluttransfusionen und intravenösen Drogenkonsum durch Touristen (Osteuropa, Nordafrika, Asien – besonders Thailand –, pazifische Region außer Australien und Neuseeland).[62]

Die genannten Übertragungsmuster sind allerdings nicht unveränderlich, sondern sie haben die Tendenz, sich in die eine oder andere Richtung zu verändern (bei Muster I ist z. B. ein zunehmender »Ausbruch« von Aids in das heterosexuelle Milieu zu beobachten; bei Muster II dürfte der Anteil der Ansteckungen über Transfusionen allmählich abnehmen, und Muster III wird in dem Maße weniger relevant werden, indem nicht mehr die Touristen die Hauptrisikogruppe darstellen, sondern die gleichen Gruppen wie bei Muster I und II).

Es ist zu befürchten, daß Aids in Zukunft viel stärker auch im Zusammenhang mit den internationalen Flüchtlingsströmen verbreitet wird. Eine weitere Risikogruppe, auf die neuerdings aufmerksam gemacht wird, betrifft Kinder und Ju-

---

[61] 20 bis 30 Prozent der Kinder HIV-positiver Mütter werden infiziert; vgl. Foreign and Commonwealth Office (Hrsg.), Aids: The Situation World-wide. Background Brief. London, August 1990, S. 1. Eine Ansteckung über Insekten ist bislang nicht nachgewiesen und gilt als unwahrscheinlich.

[62] Vgl. Henning Grossmann, Aids und Entwicklung. In: E+Z, Nr. 11 (1989), S. 11–13 (11 f); Foreign and Commonwealth Office, Aids: The Situation World-wide, S. 2.

gendliche, die als Straßengangs in den großen Städten der Entwicklungsländer organisiert sind und die Krankheit über Prostitution, Promiskuität sowie Injektionsnadeln bekommen bzw. weitergeben.[63]

Am 1. 10. 1990 waren bei der WHO weltweit 288 337 Fälle von *Aids-Erkrankungen* (d. h. mit Ausbruch der vollen Symptomatik) aus 157 Ländern gemeldet; ihre tatsächliche Zahl wurde aber auf rund 800 000 geschätzt.[64] Diese beträchtliche Differenz kommt im wesentlichen durch die mangelhafte Erfassung in den Entwicklungsländern zustande: Die Krankheit wird häufig nicht zutreffend diagnostiziert (teils aus Unkenntnis, teils aufgrund von Mehrfacherkrankungen), vielerorts ist die Gesundheitsstatistik unterentwickelt, und manche Entwicklungsländer vermeiden eine realistische Bestandsaufnahme aus Sorge um das nationale Ansehen sowie mögliche wirtschaftliche Einbußen im Tourismus. So wurden aus Thailand am 15. 3. 1990 lediglich 37 und aus Indien am 28. 2. 1990 44 Aids-Fälle gemeldet, was in einem eklatanten Widerspruch zur geschätzten Zahl der HIV-Infizierten steht (in Thailand insgesamt 50 000 und allein in Bombay ca. 40 000 der insgesamt 100 000 Prostituierten).[65] Auch die von vielen Entwicklungsländern erhobenen Daten zur Abschätzung der Zahl der Infizierten sind häufig mangelhaft. Die verwendeten Stichproben erlauben selten verläßliche Hochrechnungen, und die Tests werden häufig nicht korrekt durchgeführt.

Nach einer Schätzung der WHO vom Juli 1990 gab es weltweit etwa acht bis zehn Millionen *Infizierte*, davon rund 700 000 Kinder (unter fünf Jahren). Im Jahre 2000 werden ca. 25 bis 30 Millionen Menschen infiziert sein, davon rund 10 Millionen Kinder (und von diesen wiederum 90 Prozent in Afrika).[66] Rund ein Drittel aller Infizierten besteht zur Zeit aus

---

[63] Vgl. Elizabeth Reid, The Future Face of Aids. In: World Development (Oxford) 18 (Juni 1990), S. 7–9 (8).

[64] Vgl. 5000 neue Aids-Kranke in einem Monat. In: Neue Zürcher Zeitung, 4. 10. 1990, S. 7; Sida – L'Afrique noire de plus en plus touchée. In: Jeune Afrique, Nr. 1547 (22./28. 8. 1990), S. 23 f; Die Zahl der Aids-Kranken. In: Frankfurter Allgemeine Zeitung, 6. 9. 1990, S. 9; Aids-Drama verschärft: Die Kinder kommen. In: UNO-Woche, 3. 10. 1990, S. 6 f (6); The Panos Institute, Aids and the Third World.

[65] Vgl. Foreign and Commonwealth Office, Aids: The Situation World-wide, S. 6.

[66] Siehe Aids-Drama verschärft: Die Kinder kommen. In: UNO-Woche, 3. 10. 1990, S. 6f. (6); Neue Angaben der WHO zur Zahl Aids-infizierter Kinder. In: Neue Zürcher Zeitung, 27. 9. 1990, S. 7; Mehr Kinder als vermutet haben Aids. In: Süddeutsche Zeitung, 26. 9. 1990, S. 2.

Frauen, wobei es erhebliche Unterschiede gibt: In jenen Regionen, in denen das Übertragungsmuster I (s. oben) vorherrscht, ist das Verhältnis der Frauen zu den Männern 1 zu 10 bis 15; im Falle des Übertragungsmusters II ist dieses Verhältnis jedoch ungefähr 1 zu 1, und in manchen Gegenden – zum Beispiel in Afrika südlich der Sahara – sind sogar mehr Frauen als Männer infiziert.[67]

Die am 1.10.1990 bei der WHO gemeldeten Fälle von Aids-Erkrankungen verteilten sich regional wie folgt: Nord- und Südamerika 174 897; Afrika 71 572; Europa 38 883; Ozeanien 2180 und Asien 805. Die Länder mit den meisten Fällen waren: USA 144 221; Uganda 12 444; Zaire 11 732; Brasilien 11 070; Frankreich 9718; Kenia 9139; Malawi 7160; Italien 6701; Spanien 6210.[68] Bezieht man diese (für die genannten Entwicklungsländer *vermutlich viel zu niedrigen*) Zahlen auf die jeweilige Bevölkerung, so ergibt sich folgende Reihung (Personen je gemeldeter Aids-Fall): Malawi 1117, Uganda 1285, USA 1690, Kenia 2407, Zaire 2812, Frankreich 5762, Spanien 6280, Italien 8506 und Brasilien 12 740.[69]

Diese Zahlen vermitteln jedoch noch kein realistisches Bild, denn sie müssen zum Teil nachgebessert und mit der viel größeren Zahl der *Infizierten* im Zusammenhang gesehen werden. Vollständige Daten über die Entwicklungsländer liegen diesbezüglich nicht vor, aber die bisherigen Stichprobenergebnisse weisen auf einen zum Teil dramatischen Grad der Durchseuchung hin: In einigen Städten Zentral- und Ostafrikas sind 80 bis 90 Prozent der Prostituierten infiziert;[70] im Sommer 1990 waren zwei Drittel der Blutspenden, welche die größte Blutbank Ugandas erhalten hat, HIV-positiv;[71] bereits Mitte der achtziger Jahre waren 18 Prozent der Blutspender in Kigali (Ruanda) und 33 Prozent der 30- bis 35jährigen Männer in

---

[67] Vgl. Grossmann, Aids und Entwicklung, S. 11 f; Reid, The Future Face of Aids, S. 7.

[68] Vgl. 5000 neue Aids-Kranke in einem Monat. In: Neue Zürcher Zeitung, 4.10.1990, S. 7.

[69] Auf der Basis von Bevölkerungsangaben des Fischer Weltalmanachs 1990.

[70] Zum Beispiel in Nairobi 88 Prozent. 27 Prozent der Prostituierten sind in Kinshasa infiziert, und für Thailand werden Größenordnungen zwischen 40 und 72 Prozent angegeben. Vgl. Reid, The Future Face of Aids, S. 9; The Panos Institute, Aids and the Third World, S. 27 ff; Elefanten gegen die Immunschwäche. In: Süddeutsche Zeitung, 9.8.1990, S. 44.

[71] Zwei Drittel der Blutspenden in Uganda Aids-verseucht. In: Süddeutsche Zeitung, 11.9.1990, S. 4.

Lusaka (Zambia) infiziert,[72] und von den insgesamt 18,5 Millionen Einwohnern Ugandas gilt rund eine Million als HIV-positiv.[73]

Für die weitere Ausbreitung von Aids ist von drei Szenarien auszugehen: Das *optimistische Szenario* geht davon aus, daß es der Aids-Forschung gelingt, die Krankheit mit therapeutischen und immunologischen Mitteln und Verfahren in den Griff zu bekommen, und daß bis dahin alle Maßnahmen zur Eindämmung der Seuche einen optimalen Erfolg haben. Auf diese Weise würde Aids als tödliche Krankheit und Seuche in absehbarer Zeit eliminiert. Das *pessimistische Szenario* impliziert, daß alle genannten Bemühungen letztlich erfolglos bleiben und der Virus sogar zu aggressiveren Varianten mutiert. Das liefe darauf hinaus, daß durch Aids auf lange Sicht große Teile der Menschheit – womöglich die gesamte Menschheit – ausgerottet würden. Das zur Zeit *realistisch erscheinende Szenario* besagt, daß alle genannten Bemühungen Teilerfolge erbringen, die zwar nicht verhindern können, daß sich die Seuche weiter ausbreitet, aber dazu führen, daß sie sich langsamer ausbreitet, als wenn nichts unternommen würde. In diesem Fall bliebe Aids auf absehbare Zeit eine globale Gefährdung erster Ordnung und bedürfte großer Anstrengungen, um nicht außer Kontrolle zu geraten. Folgende Konsequenzen zeichnen sich bei diesem Szenario ab:

– *Demographische Konsequenzen*: In den hauptsächlich betroffenen Gebieten wird sich der *Bevölkerungszuwachs verringern*, und zwar nicht nur aufgrund der durch Aids verursachten höheren Sterblichkeit, sondern vor allem aufgrund der Tatsache, daß diese Krankheit besonders die jungen und mittleren Generationen betrifft, das heißt Personen vor und in der Geschlechtsreife. In Regionen mit einem hohen Bevölkerungszuwachs – zum Beispiel in Afrika südlich der Sahara – wird es nach der Durchseuchung mit dem HIV–Virus ungefähr noch weitere 20 bis 30 Jahre dauern, bis ein effektiver *Bevölkerungsrückgang* erfolgt.[74]

– *Soziale und psychische Konsequenzen*: In den hauptsächlich

---

[72] The Panos Institute, Aids and the Third World, S. 27 und 34.

[73] Zwei Drittel der Blutspenden in Uganda Aids-verseucht. In: Süddeutsche Zeitung, 11. 9. 1990, S. 4. Zahlreiche Zahlen zu Aids in Afrika finden sich in der Materialsammlung Richter, Aids in Afrika. Vgl. auch Fortin, Aids in the Third World, S. 200.

[74] Nach mathematischen Modellen von Roy Anderson, Imperial College, London; vgl. Foreign and Commonwealth Office, Aids: The Situation World-wide, S. 6.

betroffenen Gebieten wird die Seuche zu einer unkontrollierbaren Gefährdung des Lebens und zu einer schweren Belastung des sozialen Klimas führen. Es ist mit massenhafter Verwitwung, Verwaisung und dem Tod ganzer Familien zu rechnen, vielleicht sogar mit dem Aussterben ganzer Dörfer und Städte, ähnlich wie zu Zeiten der Pest im mittelalterlichen Europa. Viele soziale Strukturen, Sitten und Gebräuche, die vor allem die jüngeren und mittleren Generationen tragen und pflegen, werden geschwächt oder brechen ganz zusammen. Da in den unteren Schichten der Entwicklungsländer von der Arbeitskraft eines Erwachsenen viele abhängige Personen ernährt werden, hinterläßt jeder Jugendliche oder Erwachsene, der durch Aids arbeitsunfähig wird oder stirbt, seinen Angehörigen ein großes materielles Problem.

– *Wirtschaftliche Konsequenzen*: Akute Probleme sind nicht nur für die Familien vorauszusehen, sondern auch für all jene Wirtschaftsbetriebe, die ihre Arbeitskräfte nicht ohne weiteres aus der marginalen Bevölkerung rekrutieren können. In Sektoren, in denen qualifizierte Arbeitskräfte knapp sind, wird es zu ernsten Engpässen kommen.[75] Wirtschaftliche Ausfälle drohen jedoch nicht nur von der Seite der Arbeitskräfte, sondern auch von der Seite der Nachfrage, wobei ganz besonders der Tourismus betroffen ist.

– *Gesundheitspolitische Konsequenzen*: Es wird geschätzt, daß in den USA zwischen 1981 und 1991 22 Milliarden Dollar für die Behandlung von Aids-Kranken ausgegeben wurden (für jeden Aids-Kranken 80 000 Dollar).[76] Auch wenn die Behandlungskosten in den Entwicklungsländern erheblich niedriger sein dürften, ist es evident, daß es unmöglich sein wird, eine auch nur einigermaßen zufriedenstellende Behandlung aller Aids-Kranken zu finanzieren. Die durchschnittlichen Pro-Kopf-Ausgaben des staatlichen Gesundheitsdienstes schwanken zum Beispiel in Afrika zwischen einem und zehn Dollar pro Jahr.[77] Es muß damit gerechnet

---

[75] Ebd., S. 3 f; Grossmann, Aids und Entwicklung, S. 12.

[76] Vgl. Foreign and Commonwealth Office, Aids: The Situation World-wide, S. 3.

[77] Ebd. Vgl. Grossmann, Aids und Entwicklung, S. 12; The World Resources Institute, World Resources 1988–89, S. 28. Als eines von beliebig vielen Beispielen für die katastrophalen Bedingungen im Gesundheitssystem der Entwicklungsländer vgl. Aids im Spenderblut und Schmutz in der Infusionslösung. In: Frankfurter Allgemeine Zeitung, 22. 10. 1990, S. 9f.

werden, daß die ohnehin überforderten gesundheitspolitischen Institutionen in den Entwicklungsländern die meisten – vor allem die armen – Aids-Kranken unbehandelt lassen. Schon heute wird von öffentlichen Krankenhäusern berichtet, die Aids-Kranke nicht aufnehmen, und zwar mit dem Argument, man müsse die geringen medizinischen Kapazitäten jenen zugute kommen lassen, die eine Chance auf Heilung haben, und sie nicht für jene binden, die eine solche Chance nicht haben. Abgesehen von der Überforderung der gesundheitspolitischen Institutionen ist darauf aufmerksam zu machen, daß sich mit Aids auch weitere »Parallelepidemien« ausbreiten, da die HIV–Infektion andere latente Erkrankungen (z. B. Tuberkulose) aktivieren und therapeutische Maßnahmen bei manifesten Erkrankungen (z. B. Malaria) erschweren kann.[78]

Die Gesundheitspolitik muß in bezug auf Aids darauf ausgerichtet sein, die Kranken optimal zu behandeln und die nicht infizierte Bevölkerung vor Ansteckung zu schützen. Beides ist äußerst schwierig. Bezüglich der Behandlung wurde bereits erwähnt, daß es bislang keine aussichtsreiche Therapie, sondern lediglich Symptombehandlungen und lebensverlängernde Maßnahmen gibt, die im übrigen so kostenintensiv sind, daß sie für die Entwicklungsländer in nennenswertem Umfang nicht finanzierbar sind. Solange kein wirksamer und allgemein verfügbarer Impfstoff vorhanden ist, kann ein Schutz der nicht infizierten Bevölkerung vor Ansteckung nicht einmal in den Industrieländern erreicht werden. Um so weniger ist dies in den Entwicklungsländern zu erwarten, weil: die Bevölkerung durchschnittlich weniger gebildet und daher schwieriger aufzuklären ist; die chronische Entwicklungskrise eine erhebliche Armutsprostitution hervorgebracht hat; die Gesundheitssysteme generell überfordert sind und die speziellen Aids-Programme unter einer unzureichenden finanziellen, personellen und materiellen Ausstattung leiden.

Die bisherige Aids-Politik krankt am eklatanten Mißverhältnis zwischen der Dimension dieser Seuche und den relativ bescheidenen personellen, materiellen sowie finanziellen Mitteln, die für ihre Bekämpfung aufgewendet werden. Dies

---

[78] Vgl. The Panos Institute, Aids and the Third World, S. 9; Mit Aids breitet sich die Tuberkulose aus. In: Süddeutsche Zeitung, 17. 10. 1990, S. 48.

dürfte sich auch in absehbarer Zukunft nicht grundlegend ändern. Solange durchschlagende Erfolge der Aids-Forschung im Hinblick auf die Behandlung und die Immunisierung nicht erzielt werden, könnte allerdings auch eine bessere Aids-Politik die Ausbreitung der Seuche nur verlangsamen, aber nicht stoppen.

Die gängige Empfehlung, die bezüglich der Aids-Gefahr gegeben wird, lautet, man solle »safer sex« betreiben, also Kondome benutzen. Dies hat allerdings einen Haken: Wenn alle Menschen »safer sex« betreiben, sterben sie innerhalb einer Generation aus; wenn sie aber nicht »safer sex« betreiben, dauert es nur etwas länger, sofern die Aids-Forschung nicht bald mit bahnbrechenden Erfolgen aufwartet. Für letzteres gibt es noch keine Hinweise. Entropie also, wo immer Blut und Sperma fließen.

7. Drogen

Eine weitere, besonders wirksame Variante der Erhöhung von sozialer Entropie besteht in der Verbreitung des Drogenkonsums. In diesem Zusammenhang ist es natürlich ziemlich irrelevant, ob es sich um legale oder illegale Drogen handelt. Beginnen wir mit ersteren:

Es wird in zunehmendem Maße diskutiert, ob man die bislang illegalen Drogen legalisieren sollte. Eines von mehreren Argumenten lautet dabei: Es sei schwer einzusehen, daß manche Drogen erlaubt (z. B. Alkohol), andere aber verboten sind, obwohl die verbotenen kaum gefährlicher sind als die erlaubten; dadurch entstünden in bezug auf die Drogen-Konsumenten massive Rechtsungleichheiten. Jährlich sterben ca. 200 000 US-Bürger an den Folgen des Alkoholmißbrauchs und ca. 320 000 an den Folgen des Rauchens. Die Zahl der gemeldeten Drogentoten wird mit 3600 bis 4100 angegeben (die tatsächliche Zahl dürfte jedoch darüber liegen).[79] In der Schweiz werden die gesellschaftlichen Kosten des Konsums illegaler Drogen auf jährlich rund 500 Millionen Franken geschätzt (160

---

[79] Vgl. Morton M. Kondracke, Por qué no funcionará su legalización. In: Contribuciones 7 (April/Juni 1990) 2, S. 97–100 (98).

Millionen für Repression, 100 Millionen für Behandlung und Rehabilitation, 16 Millionen für Prävention und Forschung, 225 Millionen für indirekte soziale Kosten der durch Drogen verursachten Sterblichkeit). Die gesellschaftlichen Kosten des Rauchens werden demgegenüber auf eine Milliarde Franken und die des Alkoholkonsums auf 2,5 Milliarden Franken geschätzt.[80]

Gegen diese Argumentation wenden die Gegner einer Legalisierung der »harten« Drogen ein, daß es zwischen den verbotenen Drogen und zum Beispiel Alkohol (oder Nikotin) einen wesentlichen Unterschied gebe, nämlich die Dosierungsfähigkeit, das heißt die Möglichkeit zu einem maßvollen Umgang, der die Teilnahme am »normalen« Leben erlaube; aber auch die Legalisierung der sogenannten »leichten« Drogen (wie Marihuana) sei abzulehnen, weil sie den Wechsel zu den harten Drogen erleichtere (»Einstiegsdrogen«). Die Tatsache, daß viel weniger Menschen an harten Drogen als etwa am Alkohol sterben, könne als Argument gegen den Alkoholkonsum herhalten, aber nicht für den Konsum harter Drogen; im übrigen dürften die Todesfälle als Folge des Konsums harter Drogen im Falle ihrer Legalisierung dramatisch ansteigen.

Betrachten wir nunmehr die *illegalen* Drogen, bei denen es in erster Linie um Marihuana, Koka-Derivate und Opium-Derivate geht. Jährlich werden in diesem Geschäft Beträge in einer Größenordnung von rund 500 Milliarden Dollar umgesetzt, was rund 10 Prozent des Welthandels entspricht.[81] Nach Rüstungsgütern rangieren Drogen als *zweitwichtigstes Produkt im Welthandel* – vor Erdöl.

Die weltweite Jahresproduktion der illegalen Drogen kann nur ungefähr abgeschätzt werden. Besonders schwierig ist dies im Falle von *Marihuana*, das in vielen Ländern angebaut und in den Produzentenländern zu einem erheblichen Teil auch konsumiert wird. Um eine Vorstellung von der Größenordnung zu bekommen, um die es geht, sei erwähnt, daß 1986 schätzungsweise 11 000 t Marihuana in die USA geschmuggelt

---

[80] Siehe Die Ökonomie der Drogen. In: Neue Zürcher Zeitung, 15. 11. 1990, S. 17.
[81] Vgl. Michael J. Dziedzic, The Transnational Drug Trade in Regional Security. In: Survival 31 (Nov./Dez. 1989) 6, S. 533–548 (533); Deutscher Bundestag (Hrsg.), Das internationale Drogenproblem. In: Wissenschaftliche Dienste, WF II–211/89, 28. 11. 1989, S. 3; Naciones Unidas, El tráfico de drogas y la economía mundial. In: Contribuciones 7 (April–Juni 1990) 2, S. 74–81 (74 f).

wurden, während weitere 4700 t in den USA selber angebaut worden sind.[82]

Die weltweite Jahresproduktion von Opium-Derivaten (vor allem Heroin) lag 1987 bei einer Größenordnung von 2000 bis 3000 t; davon stammten 1095 bis 1575 t aus Südostasien, 735 bis 1350 t aus Südwestasien und 45 bis 55 t aus Mexiko. Die weltweite Jahresproduktion von Koka-Derivaten (vor allem Kokain) lag 1987 zwischen 322 und 418 t; sie stammte fast ausschließlich aus den lateinamerikanischen Andenstaaten Peru, Bolivien, Kolumbien und Ecuador (»Andenschnee«).[83]

Abgesehen von Marihuana,[84] das im allgemeinen nicht zu den »harten Drogen« gerechnet wird, spielen also nur relativ wenige Regionen als Produzenten eine Rolle: Im Falle von Heroin sind es vor allem das »Goldene Dreieck« (Burma, Thailand und Laos) sowie der »Goldene Halbmond« (Pakistan, Afghanistan und Iran) und in viel geringerem Maße Mexiko;[85] im Falle von Kokain sind es vor allem die Andenstaaten Peru (über 50 Prozent der Koka-Welternte) sowie Bolivien (25–30 Prozent) und in viel geringerem Maße andere lateinamerikanische Länder;[86] Kolumbien spielt eine herausragende Rolle in bezug auf die Weiterverarbeitung und die internationale Vermarktung, wobei weitere Staaten (Mexiko, Panama, Bahamas) als »Koka-Korridor« fungieren.

Eine klare Unterscheidung zwischen »Produzenten«- und »Konsumentenländern« wird allerdings immer schwieriger, weil es einen zunehmenden Drogenkonsum auch in den klassischen Produzentenländern gibt und weil die klassischen Kon-

---

[82] Vgl. Donald Mabry, The US Military and the War on Drugs in Latin America. In: Journal of Interamerican Studies 30 (1988) 2/3, S. 53–76 (54).

[83] Ebd. Ein neues Kokain-Derivat ist »Crack«; es wird vor allem in den USA hergestellt; es hat eine schnellere, aber kürzere Wirkung als Kokain, ist leicht (mit Hilfe von Backpulver) herzustellen und relativ billig, so daß es sich rasch auch in den Unterschichten der USA verbreiten konnte; vgl. Naciones Unidas, El tráfico de drogas, S. 79; Karl-Dieter Hoffmann, Koka, Kokain und Unterentwicklung in Südamerika. In: Der Überblick 26 (1990) 1, 59–64 (59). Eine weitere neue Billigdroge ist »Ice«; sie ist weder ein Koka- noch ein Opium-Derivat, sondern wird chemisch synthetisiert.

[84] Vgl. Dziedzic, The Transnational Drug Trade, S. 554.

[85] Vgl. Deutscher Bundestag, Das internationale Drogenproblem, S. 5; Wolfgang S. Heinz, Colombia y el tráfico de cocaína. Aspectos nacionales e internacionales. In: Contribuciones 7 (April–Juni 1990) 2, S. 56–64 (56).

[86] Ebd.; Dziedzic, The Transnational Drug Trade, S. 535 ff; Hoffmann, Koka, Kokain und Unterentwicklung, S. 60 ff.

sumentenländer zum Teil selber in die Produktion,[87] vor allem aber in die Vermarktung und in die Geldwäsche verwickelt sind; im übrigen verbleibt der größte Teil der Reingewinne aus dem internationalen Drogengeschäft in den klassischen Konsumentenländern.

Nach einer Schätzung der World Health Organization (WHO) gibt es weltweit rund 50 Millionen Drogenabhängige.[88] Mit großem Abstand rangieren die USA mit rund 25 Millionen an erster Stelle; die nächstplazierten, über die entsprechende Daten zur Verfügung stehen, sind Kolumbien (600 000), Thailand (500 000), Indien (500 000), Pakistan (500 000), Peru (300 000), die »alte« Bundesrepublik Deutschland (100 000 bis 200 000), Malaysia (110 000), Großbritannien (60 000) und die ehemalige UdSSR (50 000).[89]

Rund 50 Prozent aller Drogenabhängigen leben also in den USA und konsumieren zwei Drittel aller weltweit produzierten illegalen Drogen. Der Jahresumsatz des US-amerikanischen Drogengeschäfts wird auf 100 Milliarden Dollar geschätzt,[90] 16 Millionen US-Bürger konsumieren Marihuana, 6 Millionen Kokain, 0,5 Millionen Heroin und 0,5 Millionen andere Drogen.[91] Während der Marihuana-Konsum rückläufig ist und der Heroinkonsum ein relativ stabiles Niveau von einer halben Million Abhängigen erreicht hat, erlebte der Kokainkonsum in den letzten Jahren einen Boom.[92] Bis Ende der siebziger Jahre wurde in den USA hauptsächlich asiatisches

---

[87] Zum Beispiel Anbau von Marihuana; Lieferung von Basischemikalien für die Weiterverarbeitung an das Produzentenland; Weiterverarbeitung auch im Konsumentenland.

[88] Vgl. Deutscher Bundestag, Das internationale Drogenproblem, S. 3.

[89] Ebd., S. 10.

[90] Vgl. Heike Gramckow, Die Drogenpolitik der Bush-Administration und die Entwicklung des Drogenproblems in den USA. In: Aus Politik und Zeitgeschichte. Beilage zur Wochenzeitung Das Parlament, B42/90, 12. 10. 1990, S. 28–39 (30); Heinz, Colombia y el tráfico de cocaína, S. 62; James M. van Wert, The US State Department's Narcotic Control Policy in the Americas. In: Journal of Interamerican Studies 30 (1988) 2/3, S. 1–18 (4); Naciones Unidas, El tráfico de drogas, S. 74 f; Dziedzic, The Transnational Drug Trade, S. 534.

[91] Zum Vergleich: Die Zahl der Alkoholiker in den USA wird auf 10 bis 17 Millionen geschätzt; vgl. Morton M. Kondracke, Por qué no funcionará su legalización. In: Contribuciones 7 (April–Juni 1990) 2, S. 97–100 (98); Deutscher Bundestag, Das internationale Drogenproblem, S. 10.

[92] Zwischen 1977 und 1987 hat sich der Kokain-Import in die USA verfünf- bis verzehnfacht; vgl. Rensselaer Lee, Dimensions of the South American Cocaine Industry. In: Journal of Interamerican Studies 30 (1988) 2/3, S. 87–103 (87).

Heroin konsumiert; mittlerweile kommt aber bereits über ein Drittel des in den USA konsumierten Heroins aus Lateinamerika (hauptsächlich Mexiko), daneben 80 Prozent des Marihuanas und 100 Prozent des Kokains; von allen in den USA konsumierten illegalen Drogen stammen zur Zeit rund drei Viertel aus Lateinamerika.[93]

Der Anbau von Drogenpflanzen ist um ein Vielfaches rentabler als der Anbau anderer landwirtschaftlicher Kulturen. In Pakistan kann man zum Beispiel je Flächeneinheit mit dem Anbau von Mohn etwa dreißigmal soviel verdienen wie mit dem Anbau von Weizen.[94] Die lateinamerikanischen Koka-Bauern erzielen jährliche Hektar-Erträge in der Größenordnung zwischen 4000 und 20 000 Dollar; mit dem nächstrentablen Produkt (Zitrusfrüchten) lassen sich jährlich rund 500 Dollar erwirtschaften, und die Prämien zum Ausstieg aus dem Koka-Anbau liegen zwischen 300 und 600 Dollar pro Hektar.[95] Hier liegt ein wesentlicher Grund für die Erfolglosigkeit der bisherigen Substitutionspolitik (weitere Gründe sind in der Anspruchslosigkeit der Drogenpflanzen und im Druck der betreffenden Drogenkartelle zu sehen). Auch die einfachen Arbeitskräfte verdienen bei der Drogenherstellung sechs- bis achtmal mehr als im ortsüblichen Schnitt. Dadurch sind vielfach auch die örtlichen Preise gestiegen, worunter besonders jener Teil der Bevölkerung zu leiden hat, der nicht im Drogengeschäft arbeitet.[96] Entsprechendes gilt für die Drogenhändler, die auf allen Ebenen beträchtlich mehr verdienen als in den ihnen jeweils zugänglichen legalen Berufen.

Die Zahlen der im Drogengeschäft tätigen Personen sind in den genannten Ländern beträchtlich. Allein für Burma werden sie auf 1,4 Millionen und für die lateinamerikanischen Koka-Produzenten Peru, Bolivien und Kolumbien auf 0,6 bis 1,5 Millionen geschätzt.[97] Die Verarbeitung bis zum Endprodukt

---

[93] Vgl. Dziedzic, The Transnational Drug Trade, S. 535 ff; Wert, The US State Department's Narcotic Control Policy, S. 4 und 14.

[94] Vgl. Deutscher Bundestag, Das internationale Drogenproblem, S. 8.

[95] Vgl. Cynthia McClintock, The War on Drugs: The Peruvian Case. In: Journal of Interamerican Studies, 30 (1988) 2/3, S. 127–142 (133); Naciones Unidas, El tráfico de drogas, S. 77. Es sei in diesem Zusammenhang ebenfalls erwähnt, daß die Weltmarktpreise vieler Agrarprodukte fallen, wodurch der Anbau von Drogenpflanzen zusätzlich gefördert wird.

[96] Vgl. Naciones Unidas, El tráfico de drogas, S. 77.

[97] Ebd., S. 76; Kenneth E. Sharpe, The Drug War: Going after Supply. In: Journal of Interamerican Studies 30 (1988) 2/3, S. 77–85 (79); McClintock, The War on Drugs,

erfolgt entweder bereits an Ort und Stelle (wie größtenteils im Falle des Heroins) oder erst am Ausgangspunkt der internationalen Vermarktung (wie im Falle des Kokains; der größte Teil der Koka-Ernte stammt aus Peru und Bolivien; dort werden die Koka-Blätter zu Koka-Paste verarbeitet, und erst in Kolumbien wird das Endprodukt Kokain erzeugt). In diesem Zusammenhang erscheint es erwähnenswert, daß ein Teil der zur Drogenherstellung erforderlichen Chemikalien aus den Industrieländern stammt, die ja in erheblichem Maße vom Drogenkonsum betroffen sind und sich in der internationalen Antidrogenpolitik tatkräftig engagiert haben.[98]

Das Drogengeschäft ist eine »stabile« Branche, die auch unter allgemein schwierigen wirtschaftlichen Rahmenbedingungen prosperiert. Die Gewinnspannen sind außerordentlich hoch: Aus 500 kg Koka-Blättern werden 2,5 kg Kokapaste im Wert von 500 Dollar und daraus 1 kg Kokabase im Wert von 1500 Dollar hergestellt; der Großhandel erlöst 18 000 Dollar, und der Endverbraucher bezahlt in der Summe kleiner Verbrauchsmengen zwischen 100 000 und 200 000 Dollar je kg Kokain.[99] Entsprechend werden in Pakistan für eine bestimmte Menge Heroin vier britische Pfund bezahlt; der Großhändler in Großbritannien bezahlt dafür 40 Pfund, der Straßenverkäufer 80 und der Konsument letztlich 100 Pfund.[100] Im Produktions- und Vermarktungszyklus der Drogen steigen die Gewinne also mit zunehmender Nähe zum Konsumenten, das heißt, der größte Gewinn wird in den Konsumentenländern erzielt.

Ironischerweise fließt aber auch ein beträchtlicher Teil der Einnahmen der Produktions- und Handelskartelle (z. B. Kolumbiens) in die »Zielländer« (z. B. in die USA): Von den fünf bis sechs Milliarden Dollar, welche die lateinamerikanische Drogenmafia jährlich einnimmt, verbleiben lediglich eineinhalb bis zwei Milliarden in den betreffenden lateinamerikanischen Ländern.[101] Damit werden die erforderlichen Reinvesti-

---

S. 129; Heinz, Colombia y el tráfico de cocaína, S. 56; Lee, Dimensions of the South American Cocaine Industry, S. 89.

[98] Vgl. Mehr Chemie-Exporte für Kolumbien. In: Süddeutsche Zeitung, 9.7.1990, S. 9.
[99] Vgl. Heinz, Colombia y el tráfico de cocaína, S. 57.
[100] Vgl. Deutscher Bundestag, Das internationale Drogenproblem, S. 6.
[101] Vgl. Lee, Dimensions of the South American Cocaine Industry, S. 89. Dort spielen die Drogengelder volkswirtschaftlich eine erhebliche Rolle; sie machen z. B. im Falle Kolumbiens 10 bis 20 Prozent der legalen Exporterlöse aus, im Falle Perus 25 bis 30 Prozent und Boliviens über 50 Prozent; vgl. Lee, Dimensions of the South American Cocaine Industry, S. 89.

tionen im Drogengeschäft sowie Investitionen im legalen Wirtschaftssektor (Gebäude, Ländereien, Vieh, Banken u. ä.) finanziert.[102] Der größere Teil aber wird international verschoben und »gewaschen«. Bei der Geldwäsche geht es darum, die im Drogengeschäft erwirtschafteten Gewinne in den legalen wirtschaftlichen Prozeß einfließen zu lassen und dabei ihre Herkunft zu verschleiern. Die internationale Geldwäsche erfolgt im großen Stil; finanzielle Zentren vor allem in der Schweiz, in Luxemburg und in der Karibik scheinen im Falle des Kokain-Marktes die entscheidende Rolle zu spielen, während im Falle des Heroin-Marktes vor allem Hongkong genannt wird.[103]

Es gibt eine breitgefächerte Diskussion über den angemessenen Umgang mit dem Drogenproblem, bei der sich Vertreter einer völligen Legalisierung wie auch Vertreter einer völligen Prohibition zu Wort melden. Daneben gibt es Befürworter einer selektiven Legalisierung, denen es entweder um bestimmte Drogen (z. B. Marihuana und Substitutionsstoffe anderer Drogen) geht oder um rechtliche Einschränkungen für den Drogenerwerb (z. B. Straßenverkauf) bzw. -konsum (z. B. Schutz von Kindern und Jugendlichen, Vorschriften für den Konsum in der Öffentlichkeit u. ä.). Im folgenden sollen einige ihrer Argumente vorgestellt werden.[104]

Die Befürworter einer Legalisierung sind der Auffassung, daß der Drogenkrieg letztlich nicht zu gewinnen sei und umfangreiche personelle, finanzielle sowie materielle Ressourcen binde, die in anderen gesellschaftlichen Sektoren besser eingesetzt werden könnten. Im Falle einer Legalisierung könnte der Staat sogar steuerliche Einnahmen aus dem Drogengeschäft erzielen. Dagegen wird argumentiert, daß der Drogenkrieg zwar möglicherweise nicht zu gewinnen sei, der ständige polizeiliche Druck aber verhindere, daß sich das Drogenproblem zu einer völlig unkontrollierbaren Katastrophe entwickle; der dafür erforderliche Aufwand müßte im Sinne einer Güterabwägung hingenommen werden.

---

[102] Ebd.
[103] Vgl. Deutscher Bundestag, Das internationale Drogenproblem, S. 6; Naciones Unidas, El tráfico de drogas, S. 78; Anthony P. Maingot, Laundering the Gains of the Drug Trade: Miami and Caribbean Tax Havens. In: Journal of Interamerican Studies 30 (1988) 2/3, S. 167–187.
[104] Vgl. Ökonomie der Drogen. In: Neue Zürcher Zeitung, 15. 11. 1990, S. 17; Nadelmann, Evidencias para su legalización, S. 90 ff; Kondracke, Por qué no funcionará su legalización, S. 97 ff.

Weiterhin weisen die Befürworter einer Legalisierung darauf hin, daß viele Probleme der Drogenszene überhaupt erst aufgrund ihrer Kriminalisierung entstanden seien, vergleichbar etwa mit der Alkoholprohibition während der dreißiger Jahre in den USA. Die Legalisierung der Drogen werde die organisierte Kriminalität in diesem Bereich gewissermaßen austrocknen, die Preise senken, die Beschaffungskriminalität bzw. -prostitution überflüssig machen und die Therapiechancen verbessern. Dagegen wird eingewandt: Die organisierte Kriminalität werde in diesem Bereich zwar ausgetrocknet, aber deswegen nicht einfach verschwinden, sondern in andere Sektoren eindringen; die Senkung der Preise führe zu einem erhöhten Konsum; die Beschaffungskriminalität bzw. -prostitution werde zwar überflüssig, aber die Therapiechancen würden sich kaum nennenswert verbessern, weil die Zahl der Drogensüchtigen gleichzeitig erheblich steigen würde.

Letzteres wird von Befürwortern einer Legalisierung bestritten. Ihr Argument lautet: Vermutlich würde eine Legalisierung nicht zu einer erheblichen Steigerung des Konsums führen, weil die Hauptfaktoren für den Drogenkonsum nicht alle Personen betreffen und Personen, die Drogen konsumieren wollen, dies auch unter den Bedingungen der Illegalität tun. Die Gegner einer Legalisierung führen dagegen Schätzungen an, wonach sich die Zahl der Drogenabhängigen vermutlich verdoppeln bis verdreifachen würde;[105] dies sei deswegen zu erwarten, weil der hohe Preis der Drogen, solange sie illegal seien, ihren Erwerb erschwere und die angedrohte Strafverfolgung ihre Akzeptanz verringere.

Die Befürworter einer Legalisierung führen weiterhin an, daß die Qualität der Drogen aufgrund staatlicher Kontrollen (wie im Falle von Medikamenten oder Nahrungsmitteln) verbessert würde, so daß weniger Todesfälle zu erwarten wären. Dagegen wird eingewandt, daß die absehbare Erhöhung des Drogenkonsums die Zahl der Todesfälle dramatisch ansteigen lassen würde (in den USA von ca. 4000 auf ca. 100 000 bis 500 000).

Insgesamt betrachtet erscheinen die Argumente für eine Legalisierung bislang verbotener Drogen zwar als suggestiv, aber letztlich als nicht stichhaltig. Die Bekämpfung der Erzeugung,

---

[105] Vgl. Ebd. Solche Schätzungen basieren auf Erfahrungen aus der Zeit der Alkoholprohibition.

des Handels und des Konsums dieser Drogen ist daher grundsätzlich zu bejahen, auch wenn es Diskussionen über die Ausstattung, Schwerpunkte und Methoden der Antidrogenpolitik geben mag.

Die Drogenproblematik hat mittlerweile einen hohen Stellenwert im Rahmen der internationalen Politik bekommen.[106] Seit 1970 arbeitet eine eigens dafür eingerichtete Organisation der Vereinten Nationen (United Nations Fund for Drug Abuse Control, UNFDAC), und 1988 haben die Vereinten Nationen eine Konvention gegen den unerlaubten Verkehr von Suchtstoffen und psychotropen Substanzen verabschiedet. Die Antidrogenpolitik der Vereinten Nationen hat jedoch vornehmlich deklaratorischen Charakter und leidet unter einer ungenügenden Infrastruktur.[107]

Der eigentliche Motor der internationalen Antidrogenpolitik ist die Regierung der USA,[108] die bereits 1972 den »war on drugs« ausgerufen hat. Sie hat den Drogenkrieg mit verschärften Strafandrohungen[109] und zunehmendem Aufwand geführt,

---

[106] Zur internationalen Drogenpolitik vgl. Pierre Joxe, La droga, problema mundial. In: Contribuciones 7 (April–Juni 1990) 2, S. 68–74, S. 72 f. »The drug problem has certainly been a long-standing item on the global agenda and has elicited a variety of response by the international community. Several formal *organizations* at the global level are involved in drug control, including such UN bodies as the General Assembly; the 40-member Commission on Narcotic Drugs (part of ECOSOC since 1946); the International Narcotics Control Board (created in 1961 by merging the Permanent Central Opium Board and the Drug Supervisory Board which had been inherited from the League); the Division of Narcotic Drugs and the UN Fund for Drug Abuse Control (both located in the UN Secretariat, with UNFDAC established in 1971); and several of the Specialized Agencies, notably WHO (which is given an explicit role by treaty) and FAO (which has become involved in crop eradication and substitution programs). In addition, there are many formal *rules* operating at the global level, including the 1961 Single Convention on Narcotic Drugs which recodified nine existing treaties governing narcotics control into a single treaty; the 1972 Protocol amended to the 1961 agreement (signed by some 80 states); and the 1971 Convention on Psychotropic Substances (signed by some 50 states).« J. Martin Rochester, Global Policy and the Future of the United Nations. In: Journal of Peace Research 27 (1990) 2, S. 141–154 (149).

[107] Vgl. Deutscher Bundestag, Das internationale Drogenproblem, S. 13.

[108] Vgl. Hoffmann, Koka, Kokain und Unterentwicklung, S. 64; Zum institutionellen Aufbau der amerikanischen Drogenkontrollpolitik vgl. Wert, The US State Department's Narcotic Control Policy, S. 6ff. Zur Rolle des Kongresses vgl. Perl, Raphael Francis, Congress, International Narcotics Policy, and the Anti-Drug Abuse Act of 1988. In: Journal of Interamerican Studies 30 (1988) 2/3, S. 19–51.

[109] Comprehensive Crime Control Act von 1984; Anti-Drug-Abuse-Act von 1986; Anti-Drug-Abuse-Act von 1988; vgl. Gramckow, Die Drogenpolitik der Bush-Administration, S. 31.

aber keineswegs gewonnen: Der Drogenkonsum ging nicht zurück,[110] die Preise stiegen nicht,[111] die Drogenkriminalität nahm nicht ab,[112] das Gesundheitssystem und das Strafvollzugssystem zeigten sich in zunehmendem Maße überfordert, und die Macht der Drogenkartelle wurde nicht gebrochen.[113]

Die Antidrogenpolitik erfolgt auf politischer, juristischer, polizeilicher und therapeutischer Ebene.[114] Sie richtet sich auf
- Anbau: Zerstörung der Drogenkulturen (crop control) und deren Substitution (development assistance and income replacement);
- Verarbeitung: Zerstörung der Labors; Kontrolle der Ausgangschemikalien;
- Handel: Polizeilicher und militärischer Druck, Grenzkontrollen, Finanzkontrollen gegen »Geldwäsche«, internationale Koordinierung, Auslieferungsabkommen;
- Konsum: Aufklärung, Rehabilitation, sozialpolitische Prävention.

Es gibt bislang keine Einstimmigkeit darüber, ob die Antidrogenpolitik stärker auf der Angebots- (Produzenten und Händler) oder stärker auf der Nachfrageseite (Konsumenten)

---

[110] Die seit 1988 rückläufigen Zahlen für den Gebrauch illegaler Drogen in den USA sind aus verschiedenen Gründen mit Skepsis zu beurteilen; vgl. Gramckow, Die Drogenpolitik der Bush-Administration, S. 28.

[111] Im Gegenteil: Der Großhandelspreis für 1 kg Kokain fiel in den USA zwischen 1980 und 1988 von 55–60 000 Dollar auf 10–15 000 Dollar; vgl. Lee, Dimensions of the South American Cocaine Industry, S. 96.

[112] »Die enormen Summen, die in den letzten Jahren primär für die Strafverfolgung ausgegeben worden sind, haben keine Reduzierung der Drogenkriminalität bewirkt. Neben den allgemeinen Kriminalitätsstatistiken ist ein Indiz dafür zunächst die steigende Rate positiver Drogentests bei Straftätern. Ein weiterer Beleg sind die unverändert hohen Zahlen an Gewaltdelikten. Washington D. C. ist in diesem Zusammenhang ein trauriges Beispiel. Obgleich die Stadt besonderes Gewicht auf die Verfolgung von Drogendelikten legte, konnten Wissenschaftler, die die Entwicklung über mehrere Jahre untersuchten, keinen bemerkenswerten Einfluß auf den Drogenmarkt feststellen. Sie kamen in ihren Analysen sogar zu der beunruhigenden Vermutung, daß die intensive Strafverfolgung die Zunahme des Drogenhandels fördere. Die Mordrate stieg ebenfalls bis heute unvermindert an.« Gramckow, Die Drogenpolitik der Bush-Administration, S. 38.

[113] Vgl. Bruce Michael Bagley, US Foreign Policy and the War on Drugs: Analysis of a Policy Failure. In: Journal of Interamerican Studies 30 (1988) 2/3, S. 189–212 (190). Ein Indiz dafür ist die Tatsache, daß in Kolumbien 1988 nicht einmal fünf Prozent des im Handel befindlichen Kokains sichergestellt wurden; vgl. Heinz, Colombia y el tráfico de cocaína, S. 60.

[114] Vgl. Deutscher Bundestag, Das internationale Drogenproblem, S. 11; Bagley, US Foreign Policy and the War on Drugs, S. 189; Wert, The US State Department's Narcotic Control Policy, S. 6.

ansetzen sollte, wenn man davon ausgeht, daß die verfügbaren Mittel begrenzt sind und möglichst sinnvoll eingesetzt werden sollten.

Manches spricht dafür, daß die Antidrogenpolitik im innenpolitischen Bereich (z. B. der USA) etwas erfolgreicher war als im internationalen »Drogenkrieg«.[115] Die US-Regierung ist jedoch der Auffassung, daß die Drogenkontrollpolitik in erster Linie auf die internationale Angebotsseite ausgerichtet werden sollte,[116] und zwar ganz besonders auf die erste Stufe der Drogenproduktion, nämlich den *Anbau*. Die Entdeckung und Zerstörung der bestehenden Kulturen sowie die Verhinderung weiteren Anbaus seien leichter zu bewerkstelligen und kämen (einschließlich möglicher Subventionszahlungen an die Bauern) letztlich billiger als alle anderen Maßnahmen der Drogenkontrollpolitik auf den nachfolgenden Stufen der Verarbeitung, der Vermarktung bzw. des Konsums. Diese Strategie war bislang allerdings wenig erfolgreich: Viele Kulturen ließen sich nicht einfach zerstören, weil die betreffenden Regierungen derartige Maßnahmen nicht oder nur halbherzig unterstützten oder weil die Drogenbauern von bewaffneten Gruppen geschützt wurden; eine großflächige Zerstörung von Drogenkulturen durch das Versprühen von Herbiziden wurde bislang nicht praktiziert, weil die ökologischen Konsequenzen kaum zu übersehen sind; die Substitution der Drogenkulturen durch andere Kulturen scheiterte hauptsächlich an dem wesentlich höheren ökonomischen Anreiz der Drogenkulturen sowie am Druck der örtlichen Drogenkartelle.[117]

Die Maßnahmen der Antidrogenpolitik auf der Stufe der *Verarbeitung* begegnen ähnlichen Schwierigkeiten. Hinzu kommt die Tatsache, daß die Labors schwer zu lokalisieren sind und die Lieferung der Ausgangschemikalien kaum kontrolliert werden kann. Da die Verarbeitung kein besonders hohes technologisches Niveau voraussetzt, kann die Zerstörung einzelner Labors relativ einfach durch den Aufbau neuer bzw. die Erweiterung bestehender Labors kompensiert werden.

Auch die Kontrolle des *Drogenhandels* ist äußerst mühsam und letztlich nur von bescheidenem Erfolg. Die Bosse der

---

[115] Vgl. Kondracke, Por qué no funcionará su legalización, S. 99.
[116] Vgl. Wert, The US State Department's Narcotic Control Policy, S. 8.
[117] Vgl. McClintock, The War on Drugs, S. 130 ff; Sharpe, The Drug War, S. 79.

Drogenkartelle nutzen ihre ökonomische Macht, ihren paramilitärischen Terrorapparat sowie ihre politischen Beziehungen, um sich der Strafverfolgung möglichst zu entziehen, und die vielen kleinen Händler sind kaum in einer relevanten Zahl zu fassen. Abgesehen davon werden die verhafteten Drogenhändler rasch wieder ersetzt, was angesichts der Rentabilität des Drogengeschäfts nicht verwundert. Als gefürchtete Waffe der internationalen Antidrogenpolitik hat sich im Falle Kolumbiens allerdings die Auslieferung von Drogenhändlern an die USA erwiesen, weil ihr Justiz- und Strafverfolgungssystem dem Einfluß der Drogenmafia entzogen ist. Das Auslieferungsabkommen mit den USA war in Kolumbien jedoch von Anfang an sehr umstritten, und zwar bis hinauf zum Obersten Gericht; es darf bezweifelt werden, ob das Abkommen auf Dauer in Kraft bleibt.

In den Hauptproduzentenländern wird häufig argumentiert, das Drogenproblem sei in erster Linie eine Zivilisationskrankheit in den Industrieländern; statt das *Drogenangebot* zu bekämpfen, sollten sie besser die *Drogennachfrage* und deren Ursachen bekämpfen. Das klingt einleuchtend, ist allerdings äußerst schwierig und kostspielig. Wenn sich eine Drogenszene erst einmal etabliert hat und das Drogenangebot nicht unterbrochen wird, gleicht eine *konsumentenorientierte Antidrogenpolitik* dem Kampf mit der Hydra.

Die bisherigen Erfolge der internationalen Antidrogenpolitik sind mehr als ernüchternd,[118] und die Perspektiven sind düster. Eine Legalisierung der bislang illegalen Drogen verspricht keine Besserung und wird sich letztlich auch nicht durchsetzen lassen. Als einzige realistische Politik erscheint das, was bislang schon betrieben wird, nämlich ein mühsamer Stellungskrieg an vielen Fronten. Währenddessen tragen die Drogen zur Erhöhung der sozialen Entropie kräftig bei, und zwar in bezug auf mehrere Aspekte:
- die psychische und physische Zerrüttung der Konsumenten, begleitet von gesellschaftlicher Isolation, Krankheit und hoher Sterblichkeit;
- die Erhöhung der Straftaten durch die Anschaffungskriminalität;
- die Erhöhung gesundheitlicher Gefährdungen (z. B. Aids)

---

[118] »Governments have won some battles, but they are losing the war.« McClintock, The War on Drugs, S. 127.

durch die Anschaffungsprostitution und den Gebrauch unsteriler Spritzbestecke;[119]
- die Kosten für Therapie, Rehabilitation, Forschung und Prävention;[120]
- die Kosten für Fahndung und Strafvollzug;[121]
- die indirekten Kosten durch Ausfälle an produktiver Tätigkeit der Drogenproduzenten, -händler und -konsumenten sowie durch ungenügende Erlöse bereits geleisteter gesellschaftlicher Investitionen (Schul- und Berufsausbildung) in diesen Personenkreis;
- die Alimentierung von organisierter Kriminalität im großen Stil;
- die Opfer von Terroraktionen der Drogenkartelle;[122]
- die Korrumpierung staatlicher Institutionen durch Bestechungen oder Drohungen seitens der Drogenkartelle;[123]
- die paramilitärische Aufrüstung der Drogenkartelle und ihre Auseinandersetzung bzw. Kooperation mit politischen Guerilla-Organisationen;[124]
- die Infiltration von Drogengeldern in die legale Wirtschaft;

---

[119] In New York werden 35 Prozent der Aids-Erkrankungen auf den intravenösen Drogenmißbrauch zurückgeführt; vgl. Gramckow, Die Drogenpolitik der Bush-Administration, S. 30.

[120] Vgl. Die Ökonomie der Drogen. In: Neue Zürcher Zeitung, 15. 11. 1990, S. 17.

[121] Vgl. Ethan A. Nadelmann, Evidencias para su legalización. In: Contribuciones 7 (April–Juni 1990) 2, S. 89–96 (92).

[122] Ungefähr 18 000 Bürger Kolumbiens wurden seit 1982 Opfer der Drogenkartelle, darunter viele prominente Persönlichkeiten; vgl. Deutscher Bundestag, Das internationale Drogenproblem, S. 8.

[123] Häufig handelt es sich nur um einzelne Institutionen – wie die Polizei oder die Armee –, manchmal aber auch um das Zentrum der staatlichen Exekutive – z. B. im Falle der Regierung García Meza in Bolivien oder der Regierung Noriega in Panama; vgl. Heinz, Colombia y el tráfico de cocaína, S. 56 ff; Gernot Volger, Kokainhandel in Lateinamerika. In: Aus Politik und Zeitgeschichte. Beilage zur Wochenzeitung Das Parlament, B42/90, 12. 10. 1990, S. 3–11 (8ff); Instituto de Relaciones Europeo-Latinoamericanas, Colombia: Guerrillas, Drugs and Governability. Madrid, Mai 1990 (IRELA-Dossier No. 25).

[124] Die Beziehungen zwischen Drogenkartellen und Guerilla-Organisationen variieren von Fall zu Fall. In Peru kooperieren die Koka-Bauern z. B. mit dem maoistischen Sendero Luminoso, der sie sowohl vor Übergriffen der Armee als auch vor Pressionen der Drogenhändler schützt. Der Sendero Luminoso läßt sich diesen Schutz mit ca. 30 Millionen Dollar pro Jahr bezahlen und nutzt die Koka-Region als Rückzugsregion. Die Koka-Händler kooperieren eher mit rechten paramilitärischen Gruppen (z. B. in Kolumbien) oder sogar mit Teilen der Armee bzw. der Polizei; vgl. McClintock, The War on Drugs, S. 133 ff; Volger, Kokainhandel in Lateinamerika, S. 8 ff; Heinz, Colombia y el tráfico de cocaína, S. 56; Lee, Dimensions of the South American Cocaine Industry, S. 97.

- die durch die Dynamik des Drogengeschäfts erfolgenden Preisschübe, unter denen besonders jene Bevölkerungsgruppen zu leiden haben, die nicht im Drogengeschäft involviert sind;
- die ökologischen Schäden durch Rodungen für die Drogenkulturen sowie toxische Abfälle der Drogenlabors.

Wie man sieht, ist das entropische Potential der Drogenkultur ebenso dynamisch wie vielfältig. Es ist zutreffend, wenn gesagt wird: »You can get it, when you really want it.« Da immer mehr Menschen Drogen wollen, werden sie sie auch bekommen.

III. Soziale Entropie in »rückständigen«, »unterentwickelten« und »halbentwickelten« Gesellschaften

Zwischen diesem und dem folgenden Kapitel gibt es keine scharfe inhaltliche Trennung, weil die Grenzen zwischen den rückständigen, unterentwickelten, halbentwickelten und hochentwickelten Gesellschaften fließend sind und einige Varianten der sozialen Entropie generell für alle Gesellschaften gelten. Da man aber nicht alles gleichzeitig behandeln kann, verfahre ich im folgenden pragmatisch und gehe die unterschiedlichen Gesellschaftstypen nacheinander sozusagen idealtypisch durch, wobei ich mich naheliegenderweise auf die unterentwickelten und die hochentwickelten Gesellschaften konzentrieren werde, weil sie weltweit vorherrschend sind. Dabei ist zu beachten, daß es sowohl unterentwickelte Enklaven in hochentwickelten Gesellschaften wie auch umgekehrt hochentwickelte Enklaven in unterentwickelten Gesellschaften gibt. Um Wiederholungen zu vermeiden, habe ich die jeweils vorherrschenden Aspekte der sozialen Entropie auf die betreffenden Kapitel konzentriert.

1. »Rückständigkeit«

In der Entwicklungstheorie unterscheidet man zwischen Rückständigkeit und Unterentwicklung. »Rückständig« sind jene Gesellschaften, die keinen oder nur einen marginalen Kontakt mit Gesellschaften einer »höheren« Zivilisationsstufe haben, während unterentwickelt jene sind, die in die »modernen« internationalen Strukturen mehr oder weniger stark eingebunden sind und – je nach theoretischem Ansatz – *deshalb* oder *trotzdem* in ihrer Entwicklung blockiert sind.

Betrachten wir zunächst die »rückständigen« Gesellschaften, die zugleich das zentrale Forschungsobjekt der Ethnologie darstellen. Die letzten verbliebenen rückständigen Ethnien leben relativ isoliert in schwer zugänglichen Gebieten auf dem kulturellen Niveau von Jägern und Sammlern. Diese Gesellschaften sind hochsyntropisch, und der endogene soziale Wandel vollzieht sich dort sehr langsam, gleichsam wie ein Schaukelstuhl, der sich zwar bewegt, aber nur minimal von der Stelle kommt. Die isoliert lebenden Indianerstämme im Amazonasgebiet leben heute zum Beispiel noch fast genauso wie vor der Entdeckung Amerikas. Die sozio-kulturelle Entwicklung beginnt langsam und beschleunigt sich mit steigendem Entwicklungsniveau.

Diesbezüglich ist es interessant festzustellen, wie sehr sogar die lateinamerikanischen Hochkulturen im frühen 16. Jahrhundert den Spaniern in technologischer Hinsicht unterlegen waren, und es hätte wahrscheinlich noch Jahrhunderte gebraucht, bis die Inkas, Mayas oder Azteken eine große Fregatte oder eine mechanische Uhr zustande gebracht hätten. Dies ist natürlich kein Gesichtspunkt, der die Conquista unter einer *moralischen* Perspektive rechtfertigt, aber er ist entwicklungstheoretisch insofern bedeutsam, weil er die These widerlegt, der Kolonialismus allein sei schuld an der Unterentwicklung der heutigen Entwicklungsländer. Falls Afrika oder Amerika weder »entdeckt« noch kolonisiert worden wären, so wäre die dortige Situation heute nicht viel anders als im frühen 16. Jahrhundert, und unter diesem Aspekt könnte man dann darüber diskutieren, ob dies besser gewesen wäre als das, was historisch tatsächlich geschehen ist.

Die Faszination, welche die steinzeitlichen Stammeskulturen auf uns ausüben, beruht im wesentlichen darauf, daß sie sich – obzwar arm, aber dennoch glücklich – noch im Paradies befinden, das heißt ein geschlossenes, religiös chiffriertes Weltbild haben und im Einklang mit der Natur leben. Die Sehnsucht nach dieser mystischen Einheit hat sich in unserem kollektiven Unbewußten erhalten. Die Fragilität dieses Zustands ist in der Genesis treffend dargestellt: Es genügt der Biß in einen Apfel, um aus dem Paradies vertrieben zu werden.

Die »Zivilisation« rückt unaufhaltsam in die entlegensten Gebiete vor und nimmt wenig Rücksicht auf die »Wilden«. Zuerst kommen in der Regel die Missionare und die Ethnologen, und dann die Siedler und Spekulanten, die sich das betreffende Land in Wildwest-Manier aneignen. Das Ganze läuft dann meistens so ab, wie es ein Motto des englischen Kolonialismus wiedergibt: »If it stands still, paint it; if it moves, shoot it.«

Überall werden Fernstraßen durch die »Wildnis« gelegt; riesige Flächen werden abgeholzt, um Farmen einzurichten; ganze Landstriche werden für die Ausbeutung von Bodenschätzen verwüstet; gigantische Industrieprojekte entstehen. Expeditionen unterschiedlichster Zusammensetzung ziehen aus, um die letzten, noch nicht bekannten Stämme zu finden und die bereits bekannten zu »befrieden«, was in der Regel nichts anderes bedeutet, als ihre Kultur zu zerstören und sie am untersten Rand der Gesellschaft zu proletarisieren.

Die Stammesvölker stehen kurz vor der Ausrottung, und zwar nicht nur als Völker, sondern meistens auch als einzelne Menschen. Sie sterben an den eingeschleppten Krankheiten, am Alkohol und an der Zerstörung ihrer Biotope, vor allem aber sterben sie an der Zerstörung ihrer Kultur. Sie erleiden einen Kulturschock, der für sie nicht zu verstehen und zu verarbeiten ist; es ist ein tödlicher Aufbruch in eine entzauberte Welt. Alles, was sie bisher glaubten, wußten, achteten und konnten, zählt plötzlich nichts mehr; die Stammeskultur zerfällt, und der einzelne verliert damit seinen inneren Halt. Neue »Arbeitsverhältnisse« (die meistens mit einer üblen Ausbeutung verbunden sind), die Ausplünderung der handwerklichen Produkte und kultischen Gegenstände für die entfernten Touristenmärkte, der Kontakt mit Prostitution und Kriminalität, die Verführung durch billigen Schnickschnack (»Glasperlen-Imperialismus«), die Überfremdung durch eine andere Sprache, eine andere Moral, andere Umgangs- und Lebensformen, dies alles führt zum kulturellen Untergang.

Hinzu kommt in der Regel der Verlust des angestammten Landes als Folge von Zwangsumsiedlungen in Reservate. Eine zwiespältige Rolle spielt die Mission, denn einerseits engagiert sie sich für die Rechte der Stammesvölker, beraubt sie aber gleichzeitig ihrer Kultur.

Eine widersprüchliche Situation besteht im Hinblick auf die Vormundschaftsfunktion der zuständigen nationalstaatlichen Organisationen. Sie machen geltend, daß die Vormundschaft wichtig sei, weil die Stammesvölker den Kulturkontakt andernfalls nicht überleben würden. Kritiker werfen ihnen andererseits vor, daß sie die Vormundschaft gegen die Interessen der Stammesvölker mißbrauchen. Andere Kritiker machen sich – nicht ohne Hintergedanken – für die Emanzipation der Stammesvölker stark und meinen, man könne und solle ihnen die vollen Bürgerrechte nicht verwehren, denn dies sei eine undemokratische und letztlich rassistische Entrechtung einer Minderheit und entspringe dem Bedürfnis nach einem »ethnologischen Zoo«.

Ob eine vorsichtige Annäherung und Integration der Stammesvölker in die »Zivilisation« gelingen wird, erscheint fraglich. Dies wäre aber der einzige vertretbare Weg, denn der Kontakt mit der »Zivilisation« ist nicht aufzuhalten, aber ohne Schutz und Anleitung werden ihn die Stammesvölker nicht überleben.

»Gelangweilte junge Männer, deren Väter noch im Regenwald nach Beuteltieren jagten oder sich für ritualisierte Stammeskriege gegen ihre traditionellen Feinde rüsteten, sitzen neben den Wagen, spielen Karten oder Bingo und trinken South Pacific Lager, das Bier, das in Papua-Neuguinea gebraut wird.«[1]

Die Skrupellosigkeit der sogenannten Pioniere, die rücksichtslose Durchsetzung wirtschaftlicher Interessen und die gedankenlose Zerstörung der natürlichen Umwelt werden die Stammesvölker vermutlich ausrotten. Dies ist nicht nur ein tragisches Kapitel im Rahmen jener Entwicklung, die wir gemeinhin als Fortschritt bezeichnen, sondern zugleich ein wesentlicher Beitrag zur Erhöhung der sozialen Entropie, weil im Zuge dieses Prozesses die große sozio-kulturelle Vielfalt der Stammesvölker verlorengeht.
Es gibt wenige, sehr bemerkenswerte Versuche, dieser Tendenz entgegenzuwirken, zum Beispiel:

»Vor nicht langer Zeit kam ich zufällig durch ein winziges Indianerreservat, das dem Stamm der Tscherokesen in den Bergen von North Carolina gehört. Der Gegensatz zwischen dieser Welt und der unsrigen ist beinahe unglaublich. Das kleine Tscherokee-Reservat ist geradezu ein Paradies. Großer Friede und tiefes Schweigen herrschen in dem Land, und man gewinnt den Eindruck, man sei endlich in den glücklichen Jagdgründen, in die der indianische Krieger bei seinem Tod hinüberwechselt. Auf meiner Reise bin ich bis jetzt nur auf eine andere Gemeinschaft gestoßen, bei der es eine vergleichbare Atmosphäre gab – und das war in Lancaster Country, Pennsylvanien, bei den Amischen Mennoniten. Hier hat eine kleine religiöse Gruppe, die in ihrem Ver-

---

[1] Beuteltiere, Antibabypillen, böse Geister. In: SZ-Magazin, 12. 3. 1994, S. 22–27 (24).

halten, ihrer Kleidung, ihrem Glauben und ihren Sitten hartnäckig an den Gebräuchen ihrer Vorfahren festhält, das Land in einen wahren Garten Eden des Friedens und des Überflusses verwandelt. Es heißt von ihnen, sie hätten, seitdem sie sich hier niedergelassen haben, nie eine Mißernte gekannt. Das Leben, das sie führen, steht in direktem Gegensatz zu dem der Mehrzahl des amerikanischen Volkes – und das Ergebnis ist verblüffend augenfällig.«[2]

Derartige syntropische Anstrengungen sind auf Dauer leider vergeblich, weil sich die Steigerung der sozialen Entropie letztlich nicht aufhalten läßt. Qualitativ anders – aber in der Tendenz identisch – verhält es sich mit den sogenannten *unterentwickelten* Gesellschaften. Sie zeigen eine stärkere Entwicklungsdynamik und gleichzeitig eine beschleunigte entropische Tendenz, die sowohl exogene wie endogene Ursachen hat.

2. »Unterentwicklung« am Beispiel eines Schwellenlandes der sogenannten Dritten Welt

Ich könnte es mir leicht machen und den entropischen Prozeß in einem klassischen Entwicklungsland darstellen, zum Beispiel in einer sogenannten Bananenrepublik. Dies will ich aus zwei Gründen nicht tun: Erstens möchte ich mein theoretisches Anliegen nicht durch die Wahl eines besonders einfachen und suggestiven Beispiels entwerten, und zweitens betrachte ich mich in meiner Eigenschaft als Brasilien-Spezialist als einigermaßen kompetent für die sogenannte Schwellenländerproblematik. Daher soll in diesem Unterkapitel der entropische Prozeß am Beispiel Brasiliens, das heißt am Falle einer »fortgeschrittenen Phase der Unterentwicklung« behandelt werden.[3]

Eine der zentralen Fragen in bezug auf Brasilien lautet, warum dieses in vielerlei Hinsicht reich gesegnete Land bislang nicht in der Lage war und ist, seine menschlichen, technologi-

---

[2] Henry Miller, Der klimatisierte Alptraum. Reinbek 1977, S. 33.
[3] Dieses Kapitel ist angelehnt an mehrere Vorarbeiten d. Verf., z. B.: Brasilien. Diagnose einer Krise. München 1994.

schen, finanziellen und natürlichen Ressourcen für eine erfolgreiche nachholende Entwicklung und für eine angemessene Gewichtung seiner Rolle innerhalb des internationalen Systems zu mobilisieren. Ein bekanntes Ondit, das ebenso Nationalstolz wie Entwicklungsoptimismus ausdrückt, lautet: »O Brasil é o país do futuro« (Brasilien ist das Land der Zukunft). Oft wird allerdings ein ironischer Nachsatz angehängt: »... e sempre será« (... und wird es immer bleiben). Brasilien verfügt in der Tat über ein großes Entwicklungspotential, das aber in mehrfacher Hinsicht blockiert ist.

Der Entwicklungsprozeß setzt sich in Brasilien in einer sehr ambivalenten Weise aus zahlreichen positiven und negativen Tendenzen zusammen. »Unter dem Strich« kann man von einer chronischen Entwicklungskrise sprechen. Im folgenden Abschnitt wird versucht, diese Entwicklungskrise zu charakterisieren, ihre Ursachen aufzuzeigen und die Chancen für ihre Überwindung zu bestimmen.

Entwicklung und Unterentwicklung in einem »Schwellenland«

Die Frage, inwieweit die brasilianische Gesellschaft noch immer unterentwickelt ist, läßt sich am einfachsten dadurch beantworten, daß die konkreten Lebensbedingungen der Bevölkerung betrachtet werden. Dabei zeigt sich, daß die große Mehrheit in diesem vermeintlichen Schwellenland nach wie vor unter elenden Verhältnissen lebt, wobei es alte (z. B. ländliche Armut) und sozusagen moderne Aspekte (z. B. städtische Marginalität) der Unterentwicklung gibt.

Das bisherige gesellschaftliche Resultat des Industrialisierungsprozesses ist in der Tat nicht sehr befriedigend. Häufig ist von »Wachstum ohne Entwicklung« bzw. von einer »perversen Modernisierung« die Rede. Dabei geht es weniger um eine unzureichende *Entwicklungsdynamik* als um einen verfehlten *Entwicklungsstil*, der keinen sinnvollen gesamtgesellschaftlichen Prozeß hervorbringt, sondern mehr Probleme schafft als löst und die Überwindung der Unterentwicklung nicht ermöglicht, sondern im Gegenteil deren eigentliche Ursache ist.

In Kapitel II.3 wurde bereits ausgeführt, was wir sinnvollerweise unter Entwicklung verstehen, nämlich einen umfassenden Prozeß gesellschaftlichen Wandels, der anhand einer Vielzahl von wirtschaftlichen, sozialen, kulturellen, politischen und ökologischen Indikatoren dargestellt und sozusagen als Momentaufnahme in einem spezifischen Entwicklungsprofil abgebildet werden kann. Der Begriff der Entwicklung hat nicht nur eine beschreibende, sondern im Sinne von »Fortschritt« auch eine wertende Dimension, das heißt, es ist nicht gleichgültig, in welchen Bereichen der Wandel stattfindet. Das entscheidende Kriterium für Entwicklung ist letztlich die *Verbesserung der kollektiven Lebensqualität,* und zwar jeweils vorrangig in jenen Bereichen, in denen sie besonders prekär ist.

Betrachtet man den gesellschaftlichen Prozeß Brasiliens unter einer solchen Perspektive, so wird deutlich, daß die nachholende Entwicklung nicht ein stetiger Ablauf vom Schlechteren zum Besseren ist, sondern daß im Laufe der Zeit einige alte Probleme überwunden werden, andere aber bestehenbleiben (sich teilweise sogar verschärfen) und ständig neue hinzukommen, wobei die Gesamtsituation immer unbefriedigender wird. Die schlechten Lebensbedingungen der großen Mehrheit der Bevölkerung sind der sichtbarste Ausdruck dafür, daß wichtige Sektoren der Gesellschaft nicht angemessen »funktionieren«. Eine Überwindung dieser Defizite ist nicht in Sicht, so daß die Entwicklungswirklichkeit und das Entwicklungspotential Brasiliens wohl noch auf lange Zeit in eklatanter Weise auseinanderklaffen werden.

Dabei kann weder geleugnet werden, daß in Brasilien auch *positiver* Wandel stattfindet, noch darf übersehen werden, daß es viele Kräfte im Land gibt, die sich engagiert und konstruktiv für eine bessere gesellschaftliche Alternative einsetzen. Trotzdem ist die Befürchtung nicht unbegründet, daß der gesellschaftliche Prozeß mit allen seinen positiven und negativen Aspekten letztlich nicht in Richtung auf eine nachholende Entwicklung auf breiter Front nach dem historischen Vorbild der heutigen Industrienationen verlaufen wird; statt dessen könnte er in chronische soziale und ökologische Krisen münden, sofern es dem politischen System nicht gelingt, auf die negativen Tendenzen entschieden konstruktiver zu reagieren als bisher. Dies ist allerdings nicht zu erkennen.

Wie in anderen Ländern der sogenannten Dritten Welt besteht das Kernproblem Brasiliens gar nicht so sehr darin, den wirtschaftlichen Prozeß mit mehr oder weniger Erfolg zu dynamisieren – und bereits dies gelingt bekanntlich nur phasenweise –, sondern die Rahmenbedingungen für einen gesellschaftlichen Wandel zu schaffen, der zunächst einmal nach den drei *qualitativen* Prioritäten in bezug auf das Gemeinwohl ausgerichtet sein sollte: *Existenzsicherung* (Grundbedürfnisbefriedigung für die gesamte Bevölkerung); *Sozialverträglichkeit* (angemessene Verteilung der gesellschaftlichen Pflichten, Rechte und Erträge) und *Umweltfreundlichkeit* (Erhaltung der materiellen Verfügbarkeit, der natürlichen Regenerationsfähigkeit und eines Milieus, das der physischen wie psychischen Gesundheit der Menschen zuträglich ist; vgl. Kapitel II.3).

Aus Ländervergleichen[4] geht hervor, daß es keine sehr eindrucksvolle Korrelation zwischen dem wirtschaftlichen Potential eines Landes und der kollektiven Lebensqualität gibt und daß die Situation in einem sogenannten Schwellenland wie Brasilien in bezug auf zahlreiche Indikatoren erheblich schlechter ist als in manchen Ländern, die nicht nur über ein sehr viel geringeres Potential verfügen, sondern auch vermeintlich weniger entwickelt sind (weil sie nicht über ähnlich dynamische, moderne Sektoren verfügen). Angesichts dieser Sachlage liegt die Frage nahe, welchen gesellschaftlichen Sinn die Entwicklung Brasiliens eigentlich hat, wenn sie eine kollektive Lebensqualität hervorbringt, die beispielsweise schlechter ist als im ressourcenarmen, agrarisch strukturierten mittelamerikanischen Kleinstaat Costa Rica.

Eine bloße wirtschaftliche Dynamisierung – wenn sie überhaupt gelänge – wäre also keineswegs gleichbedeutend mit einer Verbesserung der Lebensbedingungen der Bevölkerung. Dies ergibt sich nicht nur aus den erwähnten Ländervergleichen, sondern zeigt sich auch bei einer Betrachtung der bisherigen Boom-Phasen, für die der brasilianische Volksmund die Formel von »den kranken Menschen in der gesunden Wirtschaft« geprägt hat. Die positiven Suggestionen, die gemeinhin mit dem Begriff des Schwellenlandes verknüpft werden, lassen leicht vergessen, daß die große Masse der brasilianischen Bevölkerung nach wie vor unter sehr schlechten Bedingungen lebt. Zur Illustration sei lediglich *ein* Indikator vorgestellt, nämlich die Einkommensverhältnisse:

Helio Jaguaribe, ein bekannter brasilianischer Sozialwissenschaftler, hat 1986 ein Soziogramm der brasilianischen Gesell-

---

[4] Vgl. Hartmut Sangmeister, Wirtschaftswachstum und Grundbedürfnisbefriedigung in Lateinamerika. In: Aus Politik und Zeitgeschichte. Beilage zur Wochenzeitung Das Parlament, Nr. B13/84 (31. 3. 1984), S. 3–23; Statistisches Bundesamt (Hrsg.), Länderbericht Kolumbien. Wiesbaden 1987, S. 13 f; United Nations Development Programme (Hrsg.), Human Development Report 1991. Cary N. C. 1991, S. 35.

schaft publiziert.[5] Daraus ging hervor, daß über 60 Prozent der wirtschaftlich aktiven Bevölkerung Brasiliens unterhalb der Armutsgrenze lebten; 13,4 Prozent waren extrem arm, das heißt, sie lebten unterhalb des Niveaus einer Befriedigung der Grundernährung; 22,8 Prozent waren sehr arm, das heißt, sie lebten auf dem Niveau einer knappen Befriedigung der Grundernährung; und 25 Prozent waren arm, das heißt, sie lebten auf dem Niveau einer knappen Befriedigung der allgemeinen Grundbedürfnisse (Grundernährung, Wohnung, Kleidung, Transport, Medikamente u. ä.).

Rechnet man die genannten Zahlen auf Familieneinkommen um und berücksichtigt dabei zusätzlich die Arbeitslosen, dann ergibt sich eine Größenordnung von rund 70 Prozent aller Familien, die im Erfassungszeitraum unterhalb der Armutsgrenze lebten, wobei bemerkenswert ist, daß die vermeintlich entwickelte (südliche und südöstliche) Region bezüglich des Anteils der Armen nur knapp unter dem nationalen Schnitt lag.

Obwohl die betreffenden Daten im Jahre 1984 erhoben wurden, spricht nichts dafür, daß sich seither an der Größenordnung Wesentliches geändert hat. Allerdings gibt es (schwache) Indizien dahingehend, daß der *Prozentsatz der Allerärmsten* langsam sinkt. Sollte sich dies bewahrheiten, so würde das einen kleinen sozialpolitischen Lichtblick bedeuten, der allerdings nicht überbewertet werden dürfte, weil der Aufstieg aus der Kategorie »extrem arm« in die Kategorie »sehr arm« keinen erheblichen Gewinn an Lebensqualität mit sich bringt. Unter diesen elenden Lebensverhältnissen ist die Frage nach minimalen Verbesserungen gar nicht so sehr relevant; naheliegender ist die Frage, wie diese Menschen überhaupt leben können. Dabei spielen die sogenannten marginalen Einkommen eine große Rolle, zum Beispiel Selbstversorgungswirtschaft, Kriminalität, Prostitution, Kinderarbeit, Verwertung von Abfällen, Bettelei, Gelegenheitsarbeiten, Inanspruchnahme der Zuwendungen von Wohlfahrtseinrichtungen, Verschuldung, nachbarschaftliche Nothilfe u. ä.

Das politische System scheint mit diesen sozialen Problemen nicht nur überfordert zu sein, sondern teilweise war es für diese Mißstände selber ursächlich und hat die negative Eigendynamik des »capitalismo selvagem« (wilden Kapitalismus)

---

[5] Vgl. Helio Jaguaribe u. a., Brasilien 2000. Para um novo pacto social. Rio de Janeiro 1986.

nicht nur geduldet, sondern regelrecht unterstützt, statt ihr entgegenzuwirken.

Ähnliches gilt für die Umweltzerstörung und Ressourcenplünderung, deren kurzfristiger Nutzen in keinem Verhältnis zu den langfristigen Kosten steht. Auch in diesem Bereich kommt es zu einer Kumulierung von Altlasten mit ständig neu anfallenden Schäden, wobei nach und nach Probleme einer derartigen Dimension und Komplexität entstehen, daß sie einem korrigierenden politischen Zugriff allmählich entgleiten.

Ursachen der anhaltenden Unterentwicklung

Die Ursachen der anhaltenden Unterentwicklung sind nicht nur vielfältig, sondern in einer kaum zu entwirrenden Weise miteinander verwoben, so daß es sich häufig – in Analogie zum Problem von der Henne und dem Ei – um zirkuläre Verursachungen mit einer schwer zu bestimmenden kausalen Abfolge handelt. Auch in der Entwicklungstheorie gilt die Binsenweisheit, wonach alles mit allem zusammenhängt. Der Versuch, die für die anhaltende Unterentwicklung verantwortlichen Faktoren zu identifizieren, sie angemessen zu gewichten und ihre gegenseitigen Verknüpfungen zu bestimmen, ist mit erheblichen methodischen wie theoretischen Unsicherheiten verbunden. Aus der bisherigen entwicklungstheoretischen Diskussion lassen sich drei Folgerungen ziehen:
- Alle monokausalen und monodisziplinären Ansätze (z. B. »internationale Ausbeutung«) erklären im Gegensatz zu ihrem Anspruch ziemlich wenig und pressen die Wirklichkeit durch eine selektive und tendenziöse Argumentation in ideologische Kategorien; die Realität wird auf diese Weise passend für die Theorie gemacht – und nicht umgekehrt.
- Alle nomologischen Ansätze, das heißt die Versuche, eine allgemeine Theorie über Entwicklung und Unterentwicklung zu formulieren, welche immer und überall gilt, vernachlässigen die fallspezifischen Faktoren und bleiben dadurch fern der Realität.
- Für die praktische Analyse von Entwicklung und Unterentwicklung bedeutet dies, daß sie multifaktoriell, interdisziplinär und fallspezifisch angelegt werden muß, wenn sie sinnvolle Ergebnisse erbringen soll.

Aus dem »Gesamtmenü« aller Ursachen für Unterentwick-

lung gilt es also, jene Faktoren und Faktorenbündel herauszuarbeiten, die zur Erklärung der anhaltenden Unterentwicklung *im speziellen Fall Brasiliens* im Vordergrund stehen und welche weniger bzw. gar nicht relevant erscheinen. Zu letzteren gehören:
- die *physischen Faktoren*; Brasilien ist in bezug auf die physischen Faktoren ausgesprochen privilegiert;
- die *ethnische Zusammensetzung* und das *ethnische Konfliktpotential*; obwohl die brasilianische Gesellschaft im Gegensatz zu einer verbreiteten Auffassung keineswegs frei von ethnischen Vorurteilen und Diskriminierungen ist, handelt es sich dabei nicht um eine entwicklungshemmende »Apartheid«;
- die *Akkulturationsbereitschaft*; die brasilianische Bevölkerung ist Neuerungen gegenüber im allgemeinen aufgeschlossen; »fundamentalistische« Widerstände gegen die Moderne gibt es allenfalls ausnahmsweise;
- die *soziale Mobilität*; mit Ausnahme weniger rückständiger Regionen ist die brasilianische Gesellschaft sehr mobil, das heißt, der Entwicklungsprozeß wird nicht durch traditionale Immobilität gebremst;
- das *soziale Konfliktpotential*; obwohl die brasilianische Gesellschaft starke soziale Asymmetrien aufweist, ist das Konfliktpotential relativ gering, das heißt, es gibt keine relevante Blockierung der Entwicklung durch »Klassenkämpfe«, Guerillakriege bzw. sonstige soziale Auseinandersetzungen oder bürgerkriegsähnliche Zustände;
- die *Rolle der Frau*; die brasilianischen Frauen sind zu einem erheblichen Anteil selbstbewußt, mobil und emanzipiert; sie fördern den Entwicklungsprozeß eher, als daß sie ihn behindern;
- die *wirtschaftliche »Masse«* und das *technologische Niveau*; Brasilien rangiert nach dem Bruttoinlandsprodukt unter den zehn führenden Industrieländern und verfügt in vielen Sektoren über ein hohes technologisches Niveau;
- die *Naturkatastrophen*; sie sind in einigen Regionen entscheidende Entwicklungshemmnisse (z. B. Dürre im Nordosten), aber nicht für das Land insgesamt (vergleichbar etwa mit den Verwüstungen durch Hurricans in karibischen Kleinstaaten);
- die *Mißernten*; Mißernten – zum Beispiel bei Kaffee – hat es immer wieder gegeben; die brasilianische Wirtschaft ist aber

mittlerweile insoweit differenziert, daß sich ein solches Ereignis nicht als gesamtgesellschaftliche Katastrophe auswirkt (wie z. B. im Falle der sogenannten Bananen-Republiken);
- die *Kriegskosten und -schäden*; dies ist in Brasilien glücklicherweise kein Thema.

Wie sich zeigt, spielen in Brasilien einige negative Faktoren keine oder allenfalls eine geringe Rolle, die in anderen Ländern beträchtliche Entwicklungshemmnisse darstellen. Andere Faktoren sind in Brasilien aber wirksam und dafür verantwortlich, daß es dieser Gesellschaft trotz zahlreicher günstiger Voraussetzungen offensichtlich schwerfällt, die elementarsten Formen der Unterentwicklung zu überwinden, und das heißt unter anderem, allen Bürgern ein akzeptables Mindestmaß an Lebensqualität zu gewährleisten. Die für Brasilien relevanten Faktoren bzw. Faktorenbündel betreffen folgende Bereiche:
- internationales System
- Bevölkerungswachstum
- Staat, Verwaltung, Parteien und politische Kultur
- Wirtschafts- und Finanzpolitik
- Struktur- und Sozialpolitik
- Umweltpolitik
- Zivilgesellschaft, Eliten und Alltagskultur.

Externe Entwicklungshemmnisse

Die sogenannte Dependenz-Theorie, welche die entwicklungstheoretische Diskussion der siebziger und achtziger Jahre entscheidend geprägt hat, führte zu einer unangemessen starken Betonung der externen Entwicklungshemmnisse. Inwieweit ist Brasilien von ihnen betroffen?

In einigen Sektoren (vor allem Agrarprodukte und mineralische Rohstoffe) gibt es das bekannte Problem sich verschlechternder *terms-of-trade*, das heißt, die Exporte erleiden im Vergleich zu den Importen – besonders aus den Industrieländern – einen ständigen Wertverlust. Dieses Problem besteht allerdings nicht nur im Nord-Süd-Verhältnis, sondern auch im Süd-Süd-Verhältnis, und es ist der Marktwirtschaft generell immanent. Es wird sich nicht über »gerechte Preise« überwinden lassen, sondern über Produktivitätssteigerung, Diversifizierung und Spezialisierung; diesbezüglich ist in erster Linie die Innovationsfähigkeit der brasilianischen Wirtschaft und Gesellschaft gefordert und nicht eine sozialistische Preispolitik im Weltmaßstab.

Ein mit den terms-of-trade verwandtes Problem betrifft die internationale Asymmetrie der *technologischen Entwicklung*. Auch in diesem Bereich ist es der Marktwirtschaft immanent, daß technologische Innovationen belohnt und geschützt werden. Dies mag aus verschiedenen Gründen kritisiert werden, aber die einzige konstruktive Reaktion besteht darin, die vielfältigen – und bereits vorhandenen Möglichkeiten ! – des internationalen Technologietransfers sowie der Ausbildung einer eigenen technischen Intelligenz zu nutzen. Im übrigen ist Brasilien nicht gerade ein Opfer der internationalen Asymmetrie im Bereich der Technologie; ganz im Gegenteil ist es ein eindrucksvolles Beispiel dafür, wie ein Land im Zuge der abhängigen Industrialisierung von der internationalen technologischen Entwicklung profitieren und eigene Kapazitäten aufbauen kann, und zwar auch in den »modernen« Bereichen (z. B. Flugzeugbau, Kernenergie, Rüstungsproduktion, Telekommunikation, Chemie).

Ein weiterer Punkt betrifft den *Protektionismus* der Industrieländer, der zu Exporteinbußen bei »eigentlich« konkurrenzfähigen Produkten aus den Entwicklungsländern führt (vgl. die jüngste Diskussion im Zusammenhang mit der sogenannten Euro-Banane). Dieses Problem ist de facto gegeben, läßt sich aber kaum quantifizieren, da sich nicht bestimmen läßt, wieviel Brasilien tatsächlich exportieren *könnte*, falls es seitens der Industrieländer keinen Protektionismus geben würde. Mit guten Gründen läßt sich aber die These aufstellen, daß die durch Protektionismus verursachten Exporteinbußen keinen bedeutenden Faktor für die anhaltende Unterentwicklung Brasiliens darstellen.

Ein weiterer Punkt im Außenverhältnis betrifft die *Verschuldung*. Ein gängiges Argument in Brasilien lautet, daß die chronische Wirtschaftskrise hauptsächlich auf die »offenen Adern«, das heißt die Schuldenrückzahlungen, zurückzuführen sei. Diese These wurde nicht nur im Verlaufe des Moratoriums der achtziger Jahre widerlegt, sondern sie legt auch die Frage nahe, was im Falle eines großzügigen Schuldenerlasses seitens der Gläubiger geschehen würde. Zur optimistischen Annahme einer wirtschaftlichen Gesundung Brasiliens bestünde auch in diesem Falle wenig Anlaß; plausibler erscheint folgende Einschätzung:

»Was würde geschehen, wenn die Regierungen der westlichen Industriestaaten und ihre Banken die Schulden in einem großzügigen Umschuldungsplan so weit streichen würden, daß es zunächst keine Schuldendienstprobleme mehr gäbe? Man braucht keine große Phantasie zu entwickeln, um diese Frage zu beantworten: Das mühsam und mit Opfern neu bereitgestellte Potential für Devisenimporte würde genauso verpulvert, wie es Mexiko mit seinen Ölmilliarden, wie es Argentinien mit den Krediten unter der ›liberalen‹ Ägide des Finanzministers Martinez de Hoz oder wie es Venezuela mit seinen offiziellen Öl- und seinen inoffiziellen Drogeneinnahmen getan haben. Kapitalflucht, Korruption und importierter Luxuskonsum der Oberschichten bilden das Bermudadreieck, in dem jede noch so große Kapitalzufuhr nutzlos versickern würde.«[6]

Die externe Verschuldung beläuft sich in Brasilien auf etwas mehr als 100 Milliarden Dollar, womit es – in absoluten Zahlen – zu den am höchsten verschuldeten Ländern der Welt zählt. In relativen Zahlen sieht das Bild allerdings etwas günstiger aus: Die Bruttoauslandsschulden je Einwohner beliefen sich 1989 auf 717 Dollar und hatten eine fallende Tendenz (zum Vergleich: Argentinien 2019, Chile 1291, Ecuador 1135, Uruguay 1960, Venezuela 1494); der Schuldendienst in Prozent der Ausfuhr belief sich auf 31,3, ebenfalls mit fallender Tendenz (zum Vergleich: Argentinien 36,1, Chile 27,5, Ecuador 36,2, Uruguay 29,4, Venczuela 25,0).[7] Mittlerweile hat sich die Lage weiter entspannt.[8]

Sicherlich führt der durch die Verschuldung bedingte Ressourcenabfluß zu einer entsprechenden Minderung des Entwicklungs*potentials*. Andererseits ist die Verschuldung im Gegensatz zu einer gängigen These nicht eine der Hauptursa-

---

[6] Matthöfer, Kapitalflucht, Korruption und brudermörderischer Rüstungswettlauf, S. 110. Bezüglich der Kapitalflucht gibt es eine ziemlich genaue Schätzung der Fundação Getúlio Vargas: Allein für das Jahr 1989 wird ein Beitrag in Höhe von 10,4 Milliarden US-Dollar angenommen; vgl. FGV estima em US $ 10 bilhões perda de 1989 (Die FGV schätzt die Kapitalflucht von 1989 auf 10 Milliarden US-Dollar). In: Jornal do Brasil, 8. 10. 1989.
[7] Vgl. Statistisches Bundesamt (Hrsg.), Länderbericht Südamerikanische Staaten 1992. Wiesbaden 1992, S. 115–117.
[8] Vgl. Bundesstelle für Außenhandelsinformation (Hrsg.), Brasilien, Wirtschaftsentwicklung 1991/92. Köln 1992, S. 10 f; Brazil and Banks Reach Agreement on Reducing Debt. In: The New York Times, 10. 7. 1992, S. H 1.

chen für die anhaltende Unterentwicklung, denn letztere ist in erster Linie ein strukturelles Problem und reproduziert sich mit oder ohne Verschuldung und im übrigen auch in wirtschaftlich dynamischen Phasen, was sich im brasilianischen Falle gut zeigen läßt. Abgesehen davon stellen sich im Zusammenhang mit der Verschuldung noch einige Fragen:

Wie ist – abgesehen vom Verhalten der internationalen Gläubiger – der von Brasilien selber zu verantwortende Beitrag beim Zustandekommen der »Schuldenfalle« zu bewerten? Wie paßt die Verschuldung mit der Tatsache zusammen, daß das brasilianische Fluchtkapital auf Dutzende von Milliarden Dollar geschätzt wird? Wie ist der Versuch der brasilianischen Eliten zu bewerten, die aus der Kreditaufnahme resultierenden direkten wie indirekten Erträge nach Möglichkeit zu privatisieren, die Kosten aber zu sozialisieren, das heißt, die negativen Effekte der Verschuldung möglichst auf die arme Mehrheit der Bevölkerung abzuwälzen? Wie vereinbart sich die Verschuldung mit der ungebrochenen Ausgabefreudigkeit der öffentlichen Hand? Wie rechtfertigen sich die zahlreichen »projetos faraônicos« (pharaonische Projekte), deren Nutzen in keinem vertretbaren Verhältnis zu ihren Kosten stehen? Wie ist das Verhältnis zwischen dem geradezu obszönen Reichtum der Oberschicht zu den gesamtgesellschaftlich anhängigen Zahlungsproblemen zu bewerten? Diese Fragen können hier nicht im Detail beantwortet werden, aber ihre bloße Nennung genügt, um auf verschiedene Widersprüche aufmerksam zu machen, die das Verschuldungsproblem als Ursache für die anhaltende Unterentwicklung deutlich relativiert.

Zu den entscheidenden »Machtwährungen« innerhalb des internationalen Systems zählen die ökonomische Potenz und die militärische Stärke eines Staates. Nach diesen Kriterien bemißt sich auch der Status Brasiliens, wo dieser Umstand allerdings häufig kritisiert wird, weil sich die Souveränität in Wahrheit auf eine *autonomia relativa* reduziere. Dadurch könne Brasilien seine nationalen Interessen schlechter durchsetzen als andere Staaten und werde von diesen – direkt oder indirekt – zum eigenen Nachteil geprägt und beeinflußt.

Man darf in diesem Zusammenhang aber nicht übersehen, daß sich die Beeinflussung von außen nicht »von selbst« durchsetzen kann, weil Brasilien keine »Bananenrepublik« ist und keineswegs wie eine Marionette an den Fäden ausländischer Interessen bzw. Mächte hängt. Sofern dies überhaupt jemals der Fall gewesen sein sollte, ist diese Zeit längst vorüber. Man kann davon ausgehen, daß es ein breites Spektrum gemeinsamer Interessen zwischen der Regierung bzw. den Oberschichten Brasiliens und entsprechenden Partnern im Ausland – besonders in den Industrieländern – gibt. In jenen Fällen, in denen gemeinsame Interessen aber *nicht* bestehen, setzt sich Brasilien seit langem sehr souverän gegen ausländische Wünsche durch (z. B. Anerkennung der Revolutionsregierung Nicaraguas, Unterstützung Argentiniens im Falklandkrieg, Aufbau einer eigenen Rüstungsindustrie, Protektionismus zugunsten der eigenen Computerindustrie, Verschleppung der Agrarreform, Widerstand gegen Auflagen des Internationalen Währungsfonds, Fortsetzung der Umweltzerstörung im Amazonasgebiet usw.). Im übrigen ist Brasilien innerhalb Lateinamerikas – trotz häufiger gegenteiliger Behauptungen – eine Regionalmacht und wird als solche auch von den USA akzeptiert. Außerdem gehört Brasilien zu jenen wenigen Staaten der sogenannten Dritten Welt, die eine weltweite Außenpolitik betreiben und sehr wohl in der Lage sind, ihre Interessen international gut zu vertreten.

Vor dem Hintergrund der vorgestellten Daten und Argumente erscheint die These, wonach die anhaltende Unterentwicklung Brasiliens in erster Linie auf exogenen Faktoren beruhe, also als wenig überzeugend. Deren Wirksamkeit kann zwar nicht geleugnet werden, aber man muß ihre Ambivalenz betonen und ihr Gewicht deutlich relativieren.

Interne Entwicklungshemmnisse

Ein bedeutendes internes Entwicklungshemmnis ist das *Bevölkerungswachstum*, dessen Ursachen und problematische Aspekte allgemein bereits in Kapitel II.1 dargestellt wurden. Obwohl die demographischen Zuwachsraten in Brasilien langsam fallen, nimmt die Bevölkerung in absoluten Zahlen stark zu. Im Jahre 2025 wird das Land mehr als viermal so viele Einwohner haben wie im Jahre 1950, nämlich 220 Millionen. Es erscheint ausgeschlossen, daß dieser ständige Zuwachs – der im übrigen überproportional in den unteren Schichten erfolgt – gesellschaftlich befriedigend integriert werden kann, abgesehen davon, daß zusätzlich die großen »sozialen Altlasten« bewältigt werden müßten. Da in Brasilien keine gezielte Politik der Geburtenkontrolle betrieben wird, muß davon ausgegangen werden, daß der Entwicklungsprozeß durch das Bevölkerungswachstum auch in Zukunft in erheblichem Maße behindert wird.

Das *politische System* sowie die *politische Kultur* stellen weitere interne Entwicklungshemmnisse dar.[9] Der Staat tritt weniger als Garant von Stabilität, Ordnung, Rechtssicherheit und Regelung gegenüber den heterogenen und tendenziell »chaotischen« gesellschaftlichen Interessen und Kräften auf, sondern er ist selber eine Quelle von Instabilität, Unordnung, opportunistischer Rechtsinterpretation und Chaos. Die Gewaltenteilung funktioniert nicht befriedigend. Es mangelt erheblich an »good governance« und politischer Moral.[10] Die Verwaltung ist in vielen Bereichen schwerfällig, inkompetent und korrupt. Die Parteien sind mit wenigen Ausnahmen opportunistische Machtkartelle, die den Staat tendenziell als Beute betrachten, und die politische Kultur steht in mehrfacher Hinsicht mit den Erfordernissen einer modernen Gesellschaft im Konflikt.[11]

Ein spezifisches Problem stellt die *Wirtschafts- und Finanzpolitik* dar, die eine ambivalente Funktion von Feuerwehr und Brandstifter wahrnimmt, indem sie – mit geringem Erfolg – dem negativen Aspekt der wirtschaftlichen Entwicklung entgegenzuwirken versucht (Rezession, Inflation, Verschuldung), gleichzeitig aber selber zur bestehenden Misere beiträgt, und zwar aufgrund einer notorisch unsoliden Haushaltspolitik sowie sämtlicher problematischer Aspekte, welche die politische Kultur Brasiliens im allgemeinen auszeichnen.[12]

Es ist in Brasilien nicht gelungen, die Marktwirtschaft in ei-

---

[9] Vgl. Bolívar Lamounier, Unternehmer, Parteien und Demokratisierung in Brasilien 1974–1990. In: Lateinamerika. Analysen, Daten, Dokumentation 16 (April 1991), S. 7–19; Brazil: Drunk not Sick. In: The Economist 321 (7. 12. 1991) 7736, Beilage; Carl D. Goerdeler, Ein Staat in Agonie. Brasiliens politische Klasse zerrüttet Demokratie und Wirtschaft. In: Die Zeit, 24. 1. 1992, S. 17.

[10] Vgl. Hans Peter Repnik/Ralf Matthias Mohs, »Good Governance«, Democracy and Development Paradigms. In: Intereconomics, Jan./Feb. 1992, S. 28–33.

[11] Vgl. Vamireh Chacon, Projeto Brasil 2000. Beitrag zur Adlaf-Tagung in St. Augustin/Bonn, 1992 (mimeo).

[12] Vgl. Brazil: Drunk not Sick; Goerdeler, Ein Staat in Agonie. Permanente Malaise in Brasilien. In: Neue Zürcher Zeitung, 19. 3. 1992, S. 14; Der kranke Riese am Südatlantik. In: Neue Zürcher Zeitung, 23. 9. 1992, S. 17.

nen angemessenen struktur-, sozial- und umweltpolitischen Gestaltungsrahmen einzufügen. Der erwähnte »capitalismo selvagem« (wilde Kapitalismus) erlaubt keine befriedigende Umsetzung der wirtschaftlichen Erträge in kollektive Lebensqualität, sondern er ist im Gegenteil selber eine entscheidende Ursache sozialer und ökologischer Fehlentwicklungen. Angesichts der in vielen Bereichen destruktiv wirkenden Eigendynamik der Gesellschaft ist auch die *Struktur-, Sozial- und Umweltpolitik* des Staates als Korrektiv im Sinne des langfristigen Gemeinwohls nicht nur unzureichend, sondern geradezu kontraproduktiv.[13]

Die *Zivilgesellschaft*, das heißt die Summe aller jener sozialen Bereiche, die nicht dem politischen System im engeren Sinne zugerechnet werden können, ist selber Bestandteil des »capitalismo selvagem« und von daher wenig dazu geeignet, um die Defizite des politischen Systems durch eine gute Selbstregulierungsfähigkeit zu einem gewissen Grade zu kompensieren. Die gesellschaftliche Rolle der *Eliten* ist wenig konstruktiv,[14] und innerhalb der wichtigsten Institutionen der Zivilgesellschaft mangelt es am »consenso básico«, das heißt an einem nationalen Grundkonsens in bezug auf Werte, Normen und Spielregeln. Trotz einiger positiver Tendenzen ist die brasilianische Zivilgesellschaft in vielen Bereichen noch immer geprägt von einer Mischung aus »anomia social« und »anomia moral«.[15]

Versucht man, die vielfältigen Ursachen der krisenhaften Entwicklung Brasiliens nach ihrer Bedeutung zu *bewerten*, so sind wohl an erster Stelle das hohe *Bevölkerungswachstum*, der *Mangel an »good governance«* und die wenig konstruktive *Rolle der Eliten* zu nennen.

Ökologische Aspekte

Auch die ökologischen Kosten des gegenwärtigen Entwicklungsstils sind in Brasilien bisher zu wenig im Blick, obwohl sich in bezug auf praktisch alle Bereiche der ökologischen

---

[13] Vgl. Jaguaribe u. a., Brasil 2000; Wöhlcke, Der Fall Lateinamerika, S. 83 ff.

[14] Vgl. Die Entwicklungsfeindlichkeit der Eliten. In: Neue Zürcher Zeitung, 10. 3. 1991, S. 11 f.

[15] Vgl. Chacon, Projeto Brasil 2000; Conferência Nacional dos Bispos do Brasil (Hrsg.), A situação sócio-econômica e política do Brasil. Itaicí 1984 (mimeo).

Problematik besorgniserregende bis katastrophale Tendenzen abzeichnen.[16]

Ohne Frage hat die Sensibilität für die ökologische Problematik in den vergangenen Jahren zugenommen, aber sie reicht bei weitem nicht aus, um den gesellschaftlichen Prozeß entscheidend zu beeinflussen. Hierfür spricht nicht nur die rüde Art, wie die meisten Institutionen, Unternehmen, Bevölkerungsgruppen und Einzelpersonen nach wie vor mit der Natur und der Landschaft umgehen, sondern zum Beispiel auch die Tatsache, daß das Angebot an ökologischen Themen in den Medien – und zwar insbesondere auf dem Büchermarkt – ausgesprochen dürftig ist.

Was die juristische Behandlung der Umweltproblematik anbelangt, so verfügt Brasilien zwar über eine gute Gesetzgebung, aber dieses Instrumentarium ist praktisch wirkungslos. Die bisherige Umweltschutzpolitik – sofern von einer solchen überhaupt die Rede sein kann – konzentrierte sich auf eine halbherzig vertretene Naturerhaltungsstrategie in Bereichen geringen wirtschaftlichen Interesses. Erforderlich wäre demgegenüber eine effiziente und breit gefächerte Öko-Politik, die sich darum bemüht, den »modernen« gesellschaftlichen Prozeß mit einem Höchstmaß an Umwelt- und Ressourcenschonung in Einklang zu bringen, und zwar in allen ökologisch relevanten Sektoren.

Alle Experten sind der Meinung, daß die bisherigen Bemühungen in keinem angemessenen Verhältnis zur Dimension der laufenden Umweltzerstörung und Ressourcenplünderung stehen. Bezüglich der staatlichen Umweltschutzinstitutionen sollte zusätzlich angemerkt werden, daß sie unter einer prekären personellen wie finanziellen Ausstattung leiden und bei weitem nicht jenes politische Gewicht haben, das zur Lösung der bestehenden Probleme erforderlich wäre.

Vor seiner Entdeckung war Brasilien zu über 60 Prozent von Wäldern bedeckt, von denen mittlerweile etwa die Hälfte abgeholzt wurde, und zwar insbesondere die Wälder längs der atlantischen Küste. Im Bundesstaat São Paulo stehen noch vier Prozent des natürlichen Waldes. In den übrigen, mittlerweile »erschlossenen« Bundesstaaten ist die Situation ähnlich.

---

[16] Der nachfolgende Unterabschnitt ist angelehnt an Manfred Wöhlcke, Der Fall Lateinamerika. Die Kosten des Fortschritts. München 1989, S. 102 ff. Vgl. die dortigen Literaturangaben.

Die neueste sogenannte Pionierfront liegt im Amazonasgebiet. Die sprichwörtliche »conquista da Amazônia« (Eroberung des Amazonasgebiets) erfolgt in erster Linie im »nationalen Interesse«, das heißt im Interesse der Zentralregierung und überregionaler Wirtschaftsunternehmen, ohne ausreichende Berücksichtigung der sozialen und ökologischen Konsequenzen dieses Prozesses vor Ort. Die wichtigsten Probleme sind folgende:

1. Abholzungen
   - für die Holzgewinnung (größtenteils für den Export)
   - für städtische Siedlungen sowie Verkehrs- und Leitungssysteme
   - für die kleinbäuerliche Landnutzung
   - für die Großweidewirtschaft
   - für Industrie- und Bergbauprojekte einschließlich der sie umgebenden Infrastruktur
2. Eingriffe in ökologische Kreisläufe durch Staudämme
3. Verschmutzung
   - Luftverschmutzung durch exzessive Brandrodung
   - Wasserverschmutzung durch industrielle Abfälle
4. Verdrängung der ortsansässigen Kleinbauern und Sammler, Verelendung vieler »Pioniere« und Ausrottung der Indianer.

Den Besorgnissen der Ökologen wird gängigerweise das Argument entgegengehalten, die abgeholzte Fläche sei sehr klein im Verhältnis zur gesamten Waldfläche des Amazonasgebiets (3,88 Millionen qkm). Obwohl dies faktisch zutreffend ist, darf zweierlei nicht übersehen werden: Erstens sind die Zuwachsraten der abgeholzten Fläche besorgniserregend, und zweitens verteilen sich die Abholzungen nicht gleichmäßig über das gesamte Gebiet, sondern konzentrieren sich auf bestimmte Regionen und führen dort zu einem wahren Kahlschlag.

In der seit 1966 definierten Planungsregion »Amazônia Legal« (gesetzlich definiertes Amazonasgebiet) belief sich die Bevölkerung im Jahre 1980 bereits auf über elf Millionen, wobei die Zuwachsraten eine steigende Tendenz haben. In Rondonia wuchs die Bevölkerung zwischen 1970 und 1980 um jährlich 15,8 Prozent und verdoppelte sich innerhalb der folgenden fünf Jahre auf über eine Million. Die Siedlungen, Staudämme sowie Industrie- und Bergbaukomplexe wurden durch

Straßen miteinander verbunden, die nicht nur selber zu einem erheblichen Landschaftsverbrauch führten, sondern als Ausgangspunkt für zahlreiche laterale Einbrüche in den Urwald dienten.

Die Entwicklungsperspektiven der kleinbäuerlichen Erschließungsgebiete werden von Experten skeptisch beurteilt, weil die natürliche Bodenfruchtbarkeit der gerodeten Flächen im allgemeinen gering ist. Der Versuch, das Problem der ländlichen Armut im Süden und Nordosten dadurch zu lösen, daß die relative Überbevölkerung im Amazonasgebiet angesiedelt wird, führt allem Anschein nach dazu, daß dort ein neuer Pol der Unterentwicklung mit den bekannten Problemen entsteht. Was die gleichzeitige Expansion der Großweidewirtschaft anbelangt, so ist festzustellen, daß sie nicht nur zu einer extremen ökologischen Verarmung führt, sondern auch kapitalintensiv sowie wenig arbeitsintensiv ist und die ortsansässigen Kleinbauern bzw. Sammler verdrängt.

Die Probleme der Industrie- und Bergbauprojekte sind darin zu sehen, daß sie nicht nur selber mit einem zum Teil erheblichen Landschaftsverbrauch verbunden sind, sondern zu Polen weiterer Erschließungsmaßnahmen werden und laufende ökologische Folgeschäden durch ihre festen, flüssigen und gasförmigen Abfallstoffe produzieren. Zwar wird seit einiger Zeit versucht, ökologische Gesichtspunkte bei der Planung solcher Projekte zu berücksichtigen, zum Beispiel bei der Erschließung der umfangreichen Erzvorkommen in Carajás. Diese unter dem Schlagwort des »Ökomanagements« verfolgte Politik wurde bislang jedoch nur halbherzig verfolgt und blieb nach ernsthaften ökologischen Kriterien letztlich immer ziemlich unbefriedigend.

Im Falle der großen Staudammprojekte (z. B. Tucuruí und Balbina im Norden und Itaipú im Süden) wird darauf hingewiesen, daß Brasilien seit langem eine aggressive Staudammpolitik betreibt. 1982 gab es 519 fertige und 48 im Bau befindliche Staudämme; die Gesamtfläche der Stauseen der 106 größten Staudämme entspricht ungefähr der Größe Belgiens. Als negative ökologische Konsequenzen werden genannt: Landschaftsverbrauch, Störungen des ökologischen Gleichgewichts und des Wasserhaushalts, Artensterben, Emission von Gasen und Sauerstoffarmut (durch faulende Biomasse, Verschlammung, Sumpfbildung) sowie Vermehrung von Krankheitserregern (vor allem Malaria und Bilharziose). Häufig wird der Bau von Staudämmen darüber hinaus von zum Teil dramatischen sozialen Veränderungen begleitet.

Auch die Luft- und Wasserverschmutzung macht sich im Amazonasgebiet bereits bemerkbar, und zwar im ersten Falle insbesondere als Folge der zahlreichen Brandrodungen und im zweiten Falle als Folge des Goldbergbaus (Quecksilber). Je weiter die Urbanisierung und Industrialisierung voranschreiten, um so mehr breiten sich in zunehmendem Maße auch die »üblichen« Formen der Umweltverschmutzung aus.

Darüber hinaus ist auf die Befürchtung von Klimaforschern hinzuweisen, daß die kritische Grenze der ökologischen Belastbarkeit der tropischen und subtropischen Wälder früher erreicht wird, als optimistischerweise angenommen wird, da diese Wälder mittels der eigenen Evapotranspiration zu einem wesentlichen Maße das Klima selber herstellen, das sie »brauchen«. Wenn diese kritische Grenze überschritten wird, bricht die empfindliche Ökologie der Wälder zusammen, und damit ändert sich auch das regionale – und bei großen Flächen das überregionale – Klima, wobei bereits kleinste Klimaänderungen katastrophale Folgen für die Landwirtschaft haben können. In vielen Regionen Brasiliens haben Änderungen des Mikroklimas längst stattgefunden. Betrachtet man zum Beispiel allein den Bundesstaat São Paulo, der ursprünglich größtenteils von einem dichten subtropischen Wald bedeckt war, jetzt aber überwiegend mit Zuckerrohr, Kaffee und Weidegras kultiviert und in einigen Gebieten großflächig verbaut ist, so liegt dies auf der Hand.

Im Zusammenhang mit der Erschließung des Amazonasgebiets wird darüber hinaus häufig übersehen, daß es zu einem Prozeß massiver sozialer Verdrängungen kommt, der mit brutalen Begleiterscheinungen abläuft, und daß gleichzeitig die Lebensgrundlagen der letzten wildlebenden Stammesvölker gefährdet bzw. zerstört werden. Die staatliche Bürokratie spielt dabei eine zweischneidige Rolle, weil sie einerseits dem Indianerschutz verpflichtet ist, andererseits aber nachlässig bei der Vermessung der Reservate vorgeht und die bereits ausgewiesenen Reservate nicht effektiv gegen die sogenannten Pioniere schützt. Ähnlich zweischneidig verhält sie sich bezüglich der Definition und der Kontrolle der ausgewiesenen Wirtschaftszonen, die sich trotz behördlicher Reglementierungen in einer ziemlich chaotischen und destruktiven Weise ausdehnen.

Ein in Brasilien gängiges Argument lautet sinngemäß, die Zerstörung des tropischen Regenwaldes sei eine Konsequenz der Armut und das Leben von Menschen sei wichtiger als das Leben von Bäumen. Dieses Argument ist in mehrfacher Hinsicht kurzsichtig und irreführend:
- Die sozialen und ökologischen *Kosten* des kapitalintensiven Holzeinschlags, der Großweidewirtschaft, der Industrie- und Bergbauprojekte sowie der Staudämme werden dabei unterschätzt;
- der großflächige Raubbau der Kleinsiedler wurde erst möglich, nachdem der Staat entsprechende Erschließungs- und Ansiedlungsprogramme durchgeführt hat, das heißt, der Konflikt zwischen dem Leben von Menschen und von Bäumen entstand erst dadurch, daß die Menschen im Zuge einer gezielten Politik in die Regenwälder kanalisiert worden sind. Der Bevölkerungsdruck auf das Amazonasgebiet kommt im wesentlichen dadurch zustande, daß in Brasilien eine umfassende Agrarreform zugunsten der kleinen und mittleren Produzenten verhindert wird; statt das bereits erschlossene Land sinnvoller zu nutzen und zu verteilen, wird die relative Überbevölkerung sozusagen regional verschoben, und mit den neuen Zentren der Entwicklung entstehen gleichzeitig neue Pole der Unterentwicklung;
- das Leben von Menschen ist zwar wichtiger als das Leben von Bäumen, wenn aber kollektiv nach diesem Prinzip verfahren wird, wird es letzlich weder Bäume noch Menschen geben.

Natürlich darf nicht übersehen werden, daß sich die Naturzerstörung in Brasilien nicht auf das Amazonasgebiet beschränkt, sondern praktisch das gesamte Territorium betrifft, und zwar auch Gebiete mit einer sehr geringen Bevölkerungsdichte wie zum Beispiel die ausgedehnten Sumpfgebiete im Südwesten (Pantanal). Von den beliebig vielen Beispielen, die hierfür angeführt werden könnten, seien lediglich die Süßwasserfische erwähnt: Nicht nur die Fangmenge ist trotz verbesserter Fangmethoden seit etwa 15 Jahren rückläufig, sondern es wird auch eine rasche Verringerung der Artenvielfalt beobachtet. Als Gründe werden hierfür genannt: häufigere Trockenperioden, die zum Absinken des Wasserspiegels führen (und möglicherweise mit einer langsamen anthropogenen Klimaveränderung zusammenhängen); Überfischung; Wasserregulierungen und Staudammprojekte, die zu einer qualitativen Veränderung der Wasserbiotope geführt haben; Aussetzung von fremden Fischarten, die eine Störung des ökologischen Gleichgewichts bewirkt haben (z. B. Raubfische aus Nordbrasilien in südbrasilianischen Flüssen und Seen); und – sicherlich nicht am unwichtigsten – die zunehmende Wasserverschmutzung durch die Einleitung kommunaler und industrieller Abwässer sowie durch agrotoxische Einschwemmungen; hinzu kommen periodische chemische Katastrophen, die in bestimmten Regionen allerdings so häufig sind, daß sie von der Dauerbelastung kaum mehr zu unterscheiden sind.

Was die *industrielle Verschmutzung und Vergiftung* anbelangt, so erfolgt eine ökologische Disziplinierung der industriellen Produktion in Brasilien eher nur ausnahmsweise. Meistens beruhen solche Ausnahmen auf Freiwilligkeit und unternehmerischer Ethik bzw. aus einer Mischung aus eigener Einsicht und dem Druck der Umweltbehörden und -verbände. Da letztere jedoch relativ klein und politisch nicht sehr durchsetzungsfähig sind, sehen sie sich gezwungen, ihre Aktivitäten auf einzelne Projekte zu konzentrieren. Auch wenn sie gelegentlich Erfolge aufzuweisen haben (z. B. bei der Luft- und Wasserverschmutzung in Cubatão und der Luftverschmutzung in São Paulo), vergleichen sie ihre Arbeit zu Recht mit der Funktion von Sanitätern in einem Krieg.

Der Umfang dieses Kapitels erlaubt es nicht, die industrielle Umweltverschmutzung in Brasilien detailliert darzustellen, aber sie soll wenigstens erwähnt werden. Zu der Dauerbelastung der industriellen Verschmutzung müssen die periodischen industriellen Störfälle hinzugerechnet werden, die sich fast täglich irgendwo ereignen und immer wieder zu lokalen Katastrophen führen. Bedenken werden diesbezüglich auch im Hinblick auf die Reaktorsicherheit geäußert, nachdem vom Kernkraftwerk in Angra laufend Schwierigkeiten gemeldet werden. Nicht zuletzt hat auch der weltweit bekannt gewordene Skandal um die Kobaltverseuchung in Goiânia eine eklatante Sorglosigkeit im Umgang mit radioaktivem Material offenbart.

Eine besonders negative Entwicklung ist auch bezüglich der *kollektiven Lebensqualität in den großen Städten* festzustellen. Allein in den neun größten Städten und dem Federaldistrikt lebten 1980 30 Prozent der Gesamtbevölkerung. Insgesamt lebten im selben Jahr über zwei Drittel der Bevölkerung in Städten, wobei die Entwicklung insbesondere der großen

Städte sehr problematisch verläuft und immer häufiger die Befürchtung einer »Kalkuttaisierung« geäußert wird.

Die chaotische Verstädterung beruht auf verschiedenen Faktoren: hohes Bevölkerungswachstum (als Folge von Fortschritten in der Medizin und dem »Sozialversicherungscharakter« großer Familien im marginalen Milieu); Landflucht (als Folge einer verfehlten Agrarpolitik und der relativen Attraktivität der Stadt); unzureichende Strukturpolitik und Überforderung der Planungsinstitutionen. Die Probleme der Stadtentwicklung betreffen verschiedene Aspekte: Luft- und Wasserverschmutzung, Lärmbelästigung, eingeengte Freizeit- und Erholungsräume, dichte Bebauung und Verlust an räumlicher Freizügigkeit und Ästhetik, Reizüberflutung, Überforderung der kommunalen Dienstleistungen, chaotische Verkehrsverhältnisse, Probleme der Abwasser- und Müllentsorgung u.a.m. Hierzu einige beispielhafte Daten:

Anfang der achtziger Jahre wurden im Gebiet von Grande São Paulo täglich mehr als 7000 t Schmutz- und Schadstoffe in die Luft abgegeben, davon 65 Prozent Kohlenmonoxid, 13 Prozent Schwefeldioxid, 10 Prozent Kohlenwasserstoffverbindungen, 7 Prozent Schwebstoffe und 5 Prozent Stickoxide. Im Jahre 1978 wurde der offizielle Grenzwert für Kohlenmonoxid 299mal überschritten, für Schwebstoff 121mal und für Schwefeldioxid 17mal. Die höchsten Konzentrationen dieser Schadstoffe lagen um 282 Prozent bzw. 190 Prozent bzw. 219 Prozent über dem offiziellen Grenzwert.

Hauptschadstoffquellen sind die rund 30 000 Industriebetriebe und die rund zwei Millionen Kraftfahrzeuge, wobei sich deren Anteil an der gesamten Schadstoffmenge wie folgt darstellt: Kohlenmonoxid 2 Prozent bzw. 94 Prozent, Schwefeldioxid 3 Prozent bzw. 9 Prozent, Kohlenwasserstoffverbindungen 18 Prozent bzw. 72 Prozent, Schwebstoffe 65 Prozent bzw. 7 Prozent und Stickoxide 0 Prozent und 73 Prozent. Erwähnenswert ist auch die Tatsache, daß man in einer Stadt wie São Paulo der Luftverschmutzung schwerlich entfliehen kann, da sich der städtische Großraum über ein Gebiet von ungefähr 50 km Durchmesser erstreckt und eine stadtnahe Erholungslandschaft entweder fehlt oder nur schwer erreichbar ist. Innerhalb der Stadt entfallen auf jeden Einwohner drei Quadratmeter Grünfläche, wobei die Friedhöfe auch als Grünflächen ausgewiesen sind.

Nach dem kommunalen Entwicklungsplan von 1985 – das

dürfte mittlerweile nicht viel anders sein – hatten 15,1 Prozent aller Haushalte keine kanalisierte Wasserversorgung, 51,6 Prozent waren nicht an die kanalisierte Abwasserversorgung angeschlossen und 77 Prozent der fließenden Gewässer waren nicht kanalisiert. Es wird geschätzt, daß von allen Abwässern in São Paulo lediglich zehn Prozent geklärt werden. Das Problem der Wasserverschmutzung betrifft auch die Küstengewässer und insbesondere die stadtnahen Strände, zum Beispiel in Rio de Janeiro, Salvador, Recife und Santos.

Ebenfalls prekär ist in fast allen Städten die Entsorgung des festen Mülls, der zum Teil auf ungesicherten und nachlässig verwalteten Deponien, auf heimlichen Müllkippen, an Straßenrändern und in Flußbetten abgelagert wird. Abgesehen davon, daß der Grundwasserschutz völlig unzureichend ist, wird der Müll häufig offen verbrannt, wobei unkontrolliert Schad- und Schwebstoffe freigesetzt werden.

Ein steigender Anteil der städtischen Bevölkerung lebt in sogenannten Favelas (Barackensiedlungen), die in der Regel dicht bebaut sind und in denen höchst prekäre soziale und hygienische Zustände herrschen. In den Favelas landen die Allerärmsten. Daneben dürfen aber nicht jene Stadtteile übersehen werden, die zwar solider bebaut sind, aber ebenfalls einen allmählichen Prozeß der Slumbildung erleben, der an entsprechende Entwicklungen in den USA oder in Großbritannien erinnert. Für das Jahr 1970 liegen folgende Anteile der Favela-Bevölkerung in einzelnen Städten vor: Rio de Janeiro 30 Prozent, Belo Horizonte 14 Prozent, Recife 50 Prozent, Porto Alegre 13 Prozent und Brasília 41 Prozent. Diese Anteile dürften seither gestiegen sein. In den »armen Stadtteilen« von São Paulo leben zur Zeit rund zwei Drittel der Bevölkerung; in einigen Stadtteilen breiten sich die Favelas explosiv aus.

Ein weiteres ökologisches Problem betrifft die Degradierung der Böden. Bis in die sechziger Jahre lebten in Brasilien mehr Menschen auf dem Land als in den Städten. Seither hat sich der Verstädterungsprozeß rasant beschleunigt. 1980 lebte nur noch ein Drittel der Bevölkerung auf dem Land, und neuerdings nimmt die Landbevölkerung nicht nur in relativen, sondern sogar in absoluten Zahlen ab.

Aus der Perspektive der Landwirtschaft (»push«-Faktoren) ist anzumerken, daß im Zuge der Agrarmodernisierung zwar ständig neue Arbeitsplätze geschaffen, aber gleichzeitig noch mehr zerstört werden, da in aller Regel die Kapitalintensität auf Kosten der Arbeitsintensität geht (Mechanisierung). Ein weiterer Grund ist darin zu sehen, daß in Brasilien bisher keine ernsthafte Agrarreform in Angriff genommen wurde. Der Anteil der landwirtschaftlichen Betriebe mit über 1000 ha an der gesamten landwirtschaftlichen Nutzfläche lag 1980 bei 45,8 Prozent. Der Produktionswert und die Zahl der Beschäftigten pro Flächeneinheit nehmen in Brasilien mit steigender Betriebsgröße deutlich ab. Da die Nutzungsintensität der kleineren Betriebe meistens nicht mehr wesentlich gesteigert werden kann, entsteht dort einerseits ein Bevölkerungsüberschuß, und andererseits werden Kleinbauern durch die Expansion des modernen Agrobusiness freigesetzt. Darüber hinaus werden zahlreiche Latifundien angesichts besserer Erträge in den städtischen Wirtschaftssektoren dekapitalisiert und mehr oder weniger stillgelegt – meistens als Spekulationsland oder als extensive Weiden –, wodurch die Landflucht zusätzlich verstärkt wird. Der letzte und hier vornehmlich interessierende Grund für die Landflucht liegt im *ökologischen* Bereich.

Die Agrarmodernisierung hat nicht nur zu einer Verdrängung bezüglich der Landnutzung (über Bodenpreissteigerungen), sondern auch zu einer Konzentration der Marktanteile geführt, so daß es neben einem dynamischen außen- wie binnenwirtschaftlich orientierten Bereich einen stagnierenden bzw. dekadenten Sektor gibt, dessen Unterentwicklung ein mittelbares Produkt der Dynamik der sogenannten modernen Landwirtschaft ist. Die wichtigsten Merkmale der modernen Landwirtschaft sind folgende: hoher Einsatz von agrotoxischen Substanzen; Verwendung von anorganischem Dünger; hoher Einsatz von Mechanisierung (Traktoren, Maschinen, Bewässerung) mit bevorzugtem Verbrauch von Erdölderivaten; Bevorzugung von Hochertragssorten; Bevorzugung von Monokulturen und überproportionale Ausdehnung der Exportkulturen; Einsatz von pharmazeutischen Produkten (Hormone, Medikamente, Parasitentoxica, Betablocker, Farbstoffe u. ä.).

Die moderne Landwirtschaft hat zwar auch in Brasilien zu einer Erhöhung der Produktion geführt, aber sie war nicht nur mit sozialen, sondern auch mit ökologischen Problemen verknüpft:
– Zerstörung natürlicher Biotope und Landschaften (»Flurbereinigung«);

- Rückgang der natürlichen Bodenfruchtbarkeit durch fehlerhafte bzw. übermäßige Landnutzung (mangelnde organische Düngung, fehlende Bodenruhe, falsche Fruchtfolge, Überdüngung, übermäßiger Einsatz von Pestiziden und Insektiziden, Bodenverdichtung durch schwere Landmaschinen u. ä.);
- Störungen des Wasserhaushalts, Abtragung der Humusschicht durch Erosion und nachfolgende Wüstenbildung;
- Vergiftung der Umwelt durch agrotoxische Substanzen.

Zum ersten Punkt ist oben bereits einiges ausgeführt worden. Zum zweiten Punkt ist anzumerken, daß der Rückgang der natürlichen Bodenfruchtbarkeit zur Folge hat, daß die Landwirtschaft im traditionellen Sinne immer ertragsärmer wird und die Produktivität von einem steigenden Einsatz an Kapital für Maschinen, Energie und chemische Substanzen abhängig wird. Störungen des Wasserhaushalts kommen dadurch zustande, daß der Grundwasserspiegel als Folge einer veränderten Vegetationsdecke sinkt, daß den natürlichen Gewässern Wasser entnommen wird und daß die monokulturell bewirtschafteten Böden die Niederschläge nicht mehr halten können. In den besonders betroffenen Gebieten führt dies zur Versteppung und Wüstenbildung. Durchschnittlich gehen in Brasilien jährlich mehr als 25 Tonnen Humus pro Hektar Anbaufläche verloren; in manchen Gebieten bis zu 187 Tonnen. Der gesamte jährliche Erosionsverlust wird auf eine Milliarde Tonnen geschätzt.

Ein besonders ernstes Problem besteht im übermäßigen Einsatz und sorglosen Umgang mit agrotoxischen Substanzen, wobei als negative Konsequenz der Rückgang der Artenvielfalt, die Resistenz von Schädlingen, die Vernichtung pflanzenbestäubender Insekten und die gesundheitliche Gefährdung der Landarbeiter sowie der Konsumenten von Nahrungsmitteln hervorzuheben sind.

Einige Beispiele für Entropie

Um den entropischen Prozeß in diesem sogenannten Schwellenland etwas plastischer vorzuführen, möchte ich im folgenden zehn willkürlich ausgewählte, aber durchaus repräsentative Beispiele aus ganz unterschiedlichen Bereichen anbieten:

1) »Es gibt in Ceilândia ein Krankenhaus mit 150 Betten, ein Labor und elf Gesundheitsposten. Um den Bedarf zu decken,

fehlen 1 700 Betten und 20 Gesundheitsposten .... Bei den normal geborenen Babys wusch gerade eine Schwester ein Neugeborenes mit einer Bürste, um die noch blauen Ärmchen und Beinchen zu durchbluten. Auch hier lag wieder ein Kind ohne Mutter. Es wurde vor der Krankenhaustür gefunden. In der Kinderstation lagen hauptsächlich Kleinkinder und Babys, fast alle wegen Unterernährung. Als nächstes zeigte man mir die Entbindungsstation, und spätestens da krampfte sich mir der Magen zusammen. Im OP-Saal wurde gerade eine Frau genäht – Dammriß. Im Gang waren Boxen für die Schwangeren, um die Wehen weiter abzuwarten. Es kümmerte sich keiner um sie, auch wenn sie vor Schmerzen schrieen. Als wir am allgemeinen OP-Saal vorbeigingen, meinte die Schwester, daß man diesen Bereich auch Infektionsbereich nennen könnte, da sich die meisten noch zusätzlich mit etwas infizierten. Die Hygiene ließ im gesamten Krankenhaus zu wünschen übrig, und es gab Kakerlaken und Mäuse. In einen anderen Saal durfte ich nicht hineingehen, damit ich mich nicht infizieren würde, da hier alle Krankheiten durcheinander lägen.«[17]

2) »In Brasilien, wo 32 Millionen Menschen Hunger leiden, wandern jedes Jahr mindestens 24 Millionen Tonnen Lebensmittel auf den Müll. Die Verschwendung vor allem von Agrarprodukten geht nach Angaben des Landwirtschaftsministeriums des Bundesstaates São Paulo auf falsche Lagerung und schlechte Verkehrsverbindungen zurück. Beim Obstanbau verfaulen 30 Prozent der Früchte wegen mangelnder Absatzmöglichkeiten der Bauern bereits vor der Ernte. Der Koordinator der landesweiten Bürgeraktion gegen den Hunger, Herbert de Souza, nannte die Zahl erschreckend. Nach den offiziellen Schätzungen entstehen der brasilianischen Volkswirtschaft durch den falschen Umgang mit Lebensmitteln jedes Jahr Verluste von umgerechnet 9,2 Milliarden Mark. Besonders betroffen ist die Nordostregion, wo 17,2 Millionen Menschen, etwa 40 Prozent der Bevölkerung, hungern.«[18]

3) »Vor den Häusern sammelt sich der Müll. Besonders an viel besuchten Plätzen und Straßen liegen Küchenabfälle, Plastiktüten, Toilettenpapier, selbst tote Tiere. In einer örtlichen

---

[17] Institut für Brasilienkunde (Hrsg.), Brasilien Dialog. 1991 (1/2). Ceilândia ist eine Vorstadt der Hauptstadt Brasília mit knapp 400 000 Einwohnern.
[18] Millionen Tonnen Nahrung verrotten in Brasilien. In: Süddeutsche Zeitung, 21. 12. 1993, S. 7.

Zeitung vom 13. April 1988 weist die Stadtverwaltung auf das hohe gesundheitliche Risiko hin. Am Markt liegt der Müll oft acht Tage. Die Bevölkerung sammelt sogar dankbar das mit Fliegen bedeckte Obst und Fleisch. Die städtische Müllabfuhr hat weder genug Autos noch Personal... Es ist unmöglich, eine Toilette für zwölf Personen ständig sauber zu halten, und trotz der Bemühungen vieler Mütter hatten besonders die Kinder ständig Würmer. Auch die Läuse hielten sich ähnlich penetrant. War eines der Kinder läusefrei, so holte es sich spätestens nachts im gemeinsamen Bett wieder die kleinen Haustierchen. Die hygienischen Verhältnisse sind für viele Infektions- und Hautkrankheiten verantwortlich. Dazu kommt das ungesunde Klima. Die Luftfeuchtigkeit ist besonders in der Trockenheit viel zu niedrig, und die Wunden heilen sehr schlecht. Mangelernährung und der Genuß von ungefiltertem Wasser tragen erheblich zu dem schlechten Gesundheitsstand bei. Oft genug fehlt das Wissen und das Geld für richtige Vorsorge und Behandlung. Für diese Schwierigkeiten ist das Tragen von ›chinelas‹ (Zehenschlappen) ein einfaches Beispiel. Sie schützen vor einigen Wurmarten, die über die Füße in den Körper eindringen.«[19]

4) Aus einem Interview mit dem Präsidenten der »Stiftung zum Wohlergehen Minderjähriger« geht folgendes hervor: In Fortaleza, der Hauptstadt des Bundesstaates Ceará, vermieten Väter ihre Töchter im Austausch für ein Essen. Bars und Bordelle bieten besonders Touristen zehn- bis zwölfjährige Mädchen zur Entjungferung an. Schieber und Zuhälter beuten mitunter sogar Achtjährige sexuell aus. Aber auch in den kleinen Städten des Hinterlandes ist Kinderprostitution ein Mittel der Überlebenssicherung. So berichten Mädchen, daß ihre Mütter sie jedesmal zurück auf den Strich schicken, wenn sie ohne das nötige Geld für die Lebensmittel heimkehren. Unter der Knechtschaft von Zuhältern oder Barbesitzern kommen sie dann auf den Verdienst von ein paar Mark pro Tag. Nicht selten werden sie zudem von Zivil- und Militärpolizisten ausgenutzt, die ihnen das verdiente Geld abnehmen oder sie unter Drohungen selbst mißbrauchen.[20]

---

[19] Institut für Brasilienkunde (Hrsg.), Brasilien Dialog. 1991 (1/2), S. 84. Dieses Zitat bezieht sich ebenfalls auf Ceilândia.
[20] Vgl. Trente millions d'enfants vivent dans la rue. In: Le Monde, 27. 7. 1984, S. 6; Immer mehr Dirnen im Kindesalter. In: Süddeutsche Zeitung, 15. 9. 1987, S. 36.

5) »Einen besonders eklatanten Fall von Umweltverschmutzung stellen die drei Flüsse dar, die durch São Paulo fließen: Tietê, Tamanduateí und Pinheiros. Es handelt sich dabei allerdings mehr um Abwasserkanäle als um Flüsse. Anfang der siebziger Jahre beliefen sich die Abwassereinleitungen in den Tietê auf ca. 10 Kubikmeter pro Sekunde (die Fließgeschwindigkeit des Tietê beträgt 40 bis 50 Kubikmeter pro Sekunde). Für das Jahr 2000 werden die Abwassereinleitungen auf 50 Kubikmeter pro Sekunde geschätzt, das heißt, der Fluß wird sein Flüssigkeitsvolumen durch die Abwässer verdoppeln; in der Trockenzeit wird die Abwassermenge sogar sechsmal so groß sein wie die natürliche Wasserführung des Flusses. Die Nettomenge der Schadstoffe (eingedampfte Trockenmasse), die Anfang der siebziger Jahre in den Tietê eingeleitet wurde, belief sich auf 1000 Tonnen pro Tag (davon 20 Prozent wasserunlösliche Stoffe); für das Jahr 2000 werden 7500 Tonnen vorausgesagt. Die drei genannten Flüsse führen im Stadtgebiet keinen Sauerstoff mehr und sind biologisch tot.«[21]

6) »Wie aus anderen Erhebungen hervorgeht, werden die armen Schichten von Programmen zur Sexualaufklärung und Familienplanung nicht oder kaum erreicht. Wissenschaftler stellten fest, daß an der von Slums gesäumten Peripherie von São Paulo, Brasiliens reichster, modernster und wirtschaftlich bedeutendster Großstadt, 42 Prozent der minderjährigen Schwangeren dem Beispiel ihrer Mütter folgten, die ebenfalls bereits als Heranwachsende geboren hatten. Ein Drittel der Mütter im Alter zwischen 12 und 17 Jahren wußte nicht, daß Geschlechtsverkehr zu Schwangerschaft führen kann; 60 Prozent kannten keinerlei Verhütungsmethoden. Eine Befragung von 840 minderjährigen Müttern durch Psychologinnen im unterentwickelten nordostbrasilianischen Teilstaat Bahia ergab, daß 90 Prozent keine Ahnung hatten, wodurch sie schwanger geworden waren. Auf dem letzten nationalen Sexologiekongreß in Rio de Janeiro wurde von den Experten betont, daß die zunehmende Zahl von Frühschwangerschaften auch mit dem Fortbestehen offenbar unausrottbarer Falschinformationen zu tun habe. So könne, wie viele Brasilianer immer noch glauben, beim allererstenmal ›nichts passieren‹; eine Frau werde nur schwanger, wenn sie beim Verkehr einen Orgasmus bekomme.«[22]

---

[21] Wöhlcke, Der Fall Lateinamerika, S. 109.
[22] Fehlende Familienplanung in Brasilien. In: Neue Zürcher Zeitung, 11. 1. 1991, S. 9.

7) Im Oktober 1993 kam ein operettenreifer Korruptionsskandal durch eine Reihe von Zufällen an die Öffentlichkeit (»O escândalo dos sete anões« = der Skandal der sieben Zwerge). In Zusammenarbeit zwischen Mitarbeitern des Finanzministeriums und Mitgliedern des parlamentarischen Finanzausschusses wurden im Haushalt überhöht ausgewiesene nicht ausbezahlte Etatposten abgezweigt und in die staatliche Lotterie einbezahlt. Die Gewinnsummen waren zwar erheblich geringer als die Einzahlungen, aber dies wurde in Kauf genommen, weil es sich um eine Art Geldwäsche handelte: Sollte sich eine staatliche Institution für den plötzlichen Reichtum der Beteiligten interessieren, konnten sie diesen mit den Belegen der Lotterie plausibel begründen. Der Ertrag aus der Geldwäsche über die Lotterie wurde zum Teil dadurch gesteigert, daß den Hauptgewinnern ihre Lose mit einem kleinen Abschlag abgekauft wurden. Der Abgeordnete João Alves hatte bereits nach der ersten Revision nachweislich fünf Millionen Dollar bei der Lotterie einbezahlt und 1,3 Millionen Dollar Gewinn ausbezahlt bekommen. Im Laufe der Untersuchungen weitete sich die Affäre aus. Die Frau eines der Beschuldigten verschwand spurlos; große Mengen gefälschter Dollars tauchten auf; täglich erschienen neue skurrile Details. In die Korruptionsaffäre verstrickt waren mindestens 25 Abgeordnete (darunter der Vorsitzende des Haushaltsausschusses sowie der Vorsitzende der Verfassungsreformkommission, der 1992 als Hauptankläger im Impeachmentverfahren gegen Collor de Mello aufgetreten war), drei Gouverneure, zwei Minister, zwei ehemalige Minister und sechs große Bauunternehmer (die als offizielle Empfänger von überfakturierten Haushaltsmitteln entsprechend mitspielten). Dieser Korruptionsskandal zog täglich weitere Kreise, und als man bereits glaubte, das politische System ausreichend ausgeleuchtet zu haben, wurde eine neue Affäre aufgedeckt, in die mehr als 100 Parlamentarier verwickelt waren.

8) »Was sich (in den Häfen) in der Praxis abspielt, bringt der brasilianischen Exportwirtschaft nach Schätzungen eines Kabinettsmitgliedes in Brasília jährlich fünf Milliarden Dollar an Mindereinnahmen (bei Ausfuhren in Höhe von fast 32 Milliarden Dollar im Jahr 1991). Denn auf den Kais und in den Lagerschuppen regiert . . . eine mächtige ›Hafenmafia‹. So kommt es, daß für die Entladung eines Containers im Hafen von Santos bei São Paulo bis zu 35 Arbeitskräfte zu bezahlen sind, und

zwar zu festgesetzten Tarifen. Mancher Arbeiter kommt dadurch auf die Bezahlung von über tausend Arbeitsstunden pro Monat. Einkünfte von umgerechnet rund 2000 Dollar (der Betrag entspricht dem dreißigfachen monatlichen Mindestlohn) lassen sich so erzielen. Das Syndikatsmitglied selbst erbringt die Leistung selten selbst: Es läßt einen ›bagrinho‹, eine Hilfskraft, zum Minimallohn für sich arbeiten. Die Ineffizienz der brasilianischen Häfen (Jahresumschlag 350 Millionen t) hat außer der Monopolstellung der Syndikate noch andere Gründe: wuchernde Bürokratie (allein im Hafen fallen bis zu 49 Abgaben an), Korruption auf allen Ebenen und veraltete Anlagen... Für den allgemeinen Warenumschlag ist Brasilien, abgesehen von der Ineffizienz, auch noch bis zum Zehnfachen teurer als europäische Häfen...«[23]

9) »Vier verschiedene Währungen, fünf radikale Wirtschaftsschocks und eine Geldentwertung von 3 041 395 Prozent – die Bilanz von sechs Jahren brasilianischer Demokratie ist erschütternd. Seit Jahren schrumpft die Wirtschaft, das Pro-Kopf-Einkommen ist auf den Stand von 1978 zurückgefallen. Fast alle Lebensbedingungen sind in Brasilien schlechter als in den Nachbarländern. Und bald täglich erschüttern neue Skandale den Rest von Vertrauen der Bürger in ihren Staat. Kindermorde, Entführungen und Überfälle künden vom privaten Bürgerkrieg. Früher, da war Gott einmal Brasilianer, inzwischen hat er das Land verlassen.«[24]

10) Die Lärmbelästigung in den großen Städten ist kaum noch zu ertragen. Der Mittelwert im Stadtteil Copacabana (Rio de Janeiro) liegt bei 88 dB, was etwas mehr als dem Lärm eines lauten Lastkraftwagens aus sieben Metern Entfernung entspricht. Die Spitzenwerte in Rio de Janeiro liegen bei 105 dB (Lärm eines Preßlufthammers aus sieben Metern Entfernung). Der zulässige Grenzwert liegt bei 70 dB; Anfang der achtziger Jahre wurde er nur an 15 der 130 Meßstellen der Umweltbehörde nicht oder nur geringfügig überschritten. Die Grenze zu einer unangenehmen Lautstärke liegt aber noch deutlich darunter, nämlich bei 55 dB.[25]

---

[23] Ineffiziente Häfen belasten Brasiliens Exportwirtschaft. In: Handelsblatt, 4. 8. 1992, S. 8.
[24] Goerdeler, Ein Staat in Agonie. In: Die Zeit, 24. 1. 1992, S. 17.
[25] Vgl. Hagemann, Hohe Schornsteine am Amazonas, S. 58.

Perspektiven

Selbst wenn sich die kollektive Lebensqualität für alle Bürger langsam verbessern sollte, entsteht aufgrund des anhaltend hohen Bevölkerungswachstums allmählich eine »bomba social«,[26] deren Brisanz durch eine ebenfalls heranwachsende »bomba ecológica« potenziert wird. Um beide Bomben zu entschärfen, wären einschneidende Weichenstellungen in Richtung auf eine soziale und ökologische Marktwirtschaft erforderlich.

Der Dauerdisput zwischen brasilianischen Politikern und Sozialwissenschaftlern, ob es der Bevölkerung heute etwas besser oder etwas schlechter geht als früher, ist eine Haarspalterei, die mit allen ideologischen und methodischen Finessen betrieben wird. Die Wahrheit muß so schlicht benannt werden, wie sie ist: Die große Mehrheit der brasilianischen Bevölkerung lebt nach wie vor unter miserablen Bedingungen, und eine Lösung dieses gesellschaftlichen Grundproblems erscheint im bisherigen Stil – nämlich in der Hoffnung auf ein automatisches »trickle down« im Rahmen einer problematischen wirtschaftlichen und politischen Entwicklung – alles andere als aussichtsreich. Ähnlich abwegig ist die Diskussion darüber, ob die extreme Zerstörung bzw. Belastung der Umwelt in einzelnen Bereichen möglicherweise etwas zurückgegangen ist, wobei es um mikroskopische Größenordnungen geht, die kaum größer sind als die Fehlertoleranz der Messungen.

Trotz zahlreicher positiver Tendenzen durchläuft Brasilien einen entropischen Prozeß, der sich aus einer Häufung von versäumten Reformen in der Vergangenheit und ständig nachwachsenden Problemen zusammensetzt, so daß sich immer größere Altlasten kumulieren. Die bereits in den entwickelten Industrienationen kaum durchsetzbare Forderung, daß der wirtschaftliche und technologische Prozeß sozialverträglich und umweltfreundlich ablaufen müsse, klingt in Brasilien geradezu utopisch.

Da die Zukunft in der Gegenwart vorbereitet wird, die zentralen Probleme von Staat, Wirtschaft, Gesellschaft und Umwelt trotz guter Ansätze aber noch lange nicht im Griff sind, darf man wohl die Prognose wagen, daß die Krise Brasiliens anhalten wird. Dies schließt eine wirtschaftliche Erholung

---

[26] Vgl. A bomba social. In: Veja, 16. 4. 1986.

nicht aus; letztere wäre aber nur eine notwendige, keineswegs aber eine hinreichende Bedingung für die Umkehrung des entropischen Prozesses.

Bei synoptischer Betrachtung erkennt man als den eigentlichen Kern der Entwicklungsproblematik Brasiliens vor allem einen großen Bedarf an *kollektivem Lernen* für die Überwindung der überkommenen Mißstände und den Aufbau einer modernen Gesellschaft mit den »Essentials« Grundbedürfnisbefriedigung, Demokratie, Effizienz, Sozialverträglichkeit und Umweltfreundlichkeit.

Kollektives Lernen erfolgt erfahrungsgemäß unkoordiniert, erratisch und nicht in jenem zeitlichen Rhythmus, der eine optimale Lösung der anstehenden Probleme erfordern würde. Darüber hinaus gibt es gewichtige Gruppen, die sich diesem Lernprozeß verweigern, weil er im Konflikt mit ihren Interessen und Ideologien steht (vor allem Teile des politischen Systems und der zivilen Elite). Solange dieser Lernprozeß aber nicht auf breiter Front wirksam wird, solange wird Brasilien ein Entwicklungsland bleiben, in dem wirklicher Fortschritt gleichzeitig mit zahlreichen akuten Krisen und Konflikten in vielen gesellschaftlichen Bereichen ablaufen wird.

Am 1. 1. 1995 hat Fernando Henrique Cardoso, ein international renommierter Soziologe, das Präsidentenamt übernommen. Sein Verhalten als Politiker unterscheidet sich deutlich von jenen Theorien, die er früher vertreten hat. (Im ersten Kapitel wurde bereits auf das Spannungsverhältnis zwischen der Soziologie und dem wahren Leben hingewiesen.) Ich kenne Cardoso persönlich seit den frühen siebziger Jahren und schätze ihn als hochkompetent ein. Auch seine Regierungsmannschaft ist sehr qualifiziert, und die Rahmenbedingungen für eine erfolgreiche Politik sind günstig. Dennoch bleibt es fraglich, ob es der neuen Regierung wirklich gelingen wird, die anhaltende Unterentwicklung Brasiliens zu überwinden. Bezüglich der sozialen Entropie wäre dies aber unerheblich, denn im positiven Falle würde die brasilianische Gesellschaft demnächst den Desintegrationsprozeß der Industrieländer erleiden, der im vierten Kapitel dieses Buches behandelt wird. Dieser Prozeß vollzieht sich unter sozial erfreulicheren Bedingungen, aber schneller: Nach dem Gipfel folgt die Schußfahrt in den Abgrund. Sollte Brasilien den entscheidenden Entwicklungssprung zu einer modernen Nation aber gar nicht schaffen, dann würde das große, stolze Schiff noch vor der Jungfernfahrt in der Werft verrosten. Also: Wie man es auch dreht und wendet, die Perspektiven sind entropisch.

3. »Halbentwicklung« am Beispiel von Regionen der europäischen Peripherie

Am Beispiel der europäischen Peripherie können wir abschätzen, was auf ein Land der Dritten Welt zukäme, falls es ihm gelingen sollte, sich stetig weiterzuentwickeln. Die Entropie würde in diesem Falle nicht überwunden, sondern im Gegenteil beschleunigt. Und falls die Entwicklungsanstrengungen sogar so erfolgreich sein sollten, daß sich diese Länder in moderne Industrienationen verwandeln, dann würden sie in jenen entropischen Strudel geraten, der in Kapitel IV beschrieben wird.

Die nachfolgenden Ausführungen sind bewußt ziemlich impressionistisch gehalten, weil ich die europäische Peripherie nur flüchtig kenne und so gut wie keine wissenschaftliche Literatur über sie gelesen habe. Diese oberflächliche Kenntnis reicht aber aus, um einige Beispiele vorzustellen, anhand derer der entropische Prozeß deutlich wird. Beginnen wir mit Griechenland.

Von der hellenischen Hochkultur sind nur noch einige Statuen und Ruinen übriggeblieben. Diese Wiege der europäischen Kultur ist der Entropie völlig zum Opfer gefallen, und was an ihrer Stelle aufgebaut wurde und wird, zerfällt rascher, als es aufwächst. Schon während der Implementierungsphase einer Neuerung wirkt die Entropie annähernd gleich stark wie die Kräfte des Aufbaus, so daß das Resultat bereits bei der Fertigstellung gravierende Funktionsmängel hat, die sich sofort wie eine schwere Infektionskrankheit über den ganzen Körper ausbreiten, da kein ausreichender Funktions- und Erhaltungsaufwand betrieben wird. Vielleicht ist letzteres sogar besser, weil der Versuch, die Entropie aufzuhalten, in Griechenland meistens genau das Gegenteil bewirkt. Der Funktions- und Erhaltungsaufwand wird nämlich in aller Regel völlig kontraproduktiv implementiert, und zwar vorzugsweise mit bürokratischen Maßnahmen, Neuwahlen, Plastikplanen, Draht, Klebestreifen und der völlig unbegründeten Hoffnung auf die Selbstheilungskräfte der Gesellschaft.

Das erstaunlichste am Modernisierungsprozeß Griechenlands ist die Tatsache, daß selbst die simpelsten Objekte wie Magnete der Entropie wirken, zum Beispiel Scharniere, Türklinken, Straßenlaternen, Kochtöpfe, öffentliche Anlagen, Bushaltestellen, Papierkörbe oder Pergolas, ganz zu schweigen von technologisch und organisatorisch höherwertigen Systemen wie Strom- und Wasserleitungen, Automobilen, Omnibussen, Mopeds, Schiffen, Restaurantküchen, Krankenhäusern, politischen Institutionen, dem Währungssystem oder der Verwaltung.

Die Dinge werden nur provisorisch und unzureichend fertiggestellt, und zwar aus Prinzip. Nichts ist in Griechenland dauerhafter als das Provisorium. Um den Nationalstolz der Griechen nicht über die Maßen zu strapazieren, will ich mich mit zwei Beispielen begnügen: Wenn man in Griechenland einen Toast bestellt, bekommt man in der Regel zwei Sperrholzstückchen, zwischen denen ein feuchter rosa Lappen eingeklemmt ist. Das Sperrholz schmeckt aber nicht wie Holz, sondern wie alte Sandalen, und der rosa Lappen schmeckt nicht wie ein Spültuch, sondern wie ein Staubsaugerbeutel. Dazu trinkt man gängigerweise einen »Orange Nectar«, der wie Lymphe aussieht und tatsächlich auch so schmeckt. In der Regel ist der kleine Strohhalm am Karton derart festgeklebt, daß man ihn auch mit passenden Werkzeugen nicht abbekommt. Ein anderes Getränk, das als Cappuccino firmiert, wird gerne hellrosa und lauwarm serviert. Kurzum: Ein Zustand fortgeschrittener Entropie, der auch alle übrigen Bereiche der kulinarischen Kultur erfaßt hat.

Das zweite Beispiel, das jedermann empirisch zugänglich ist, betrifft die Toiletten. Folgende Forderungen an eine Toilette sind sozusagen intersubjektiv konsensfähig, weil sie die immanente Funktionslogik der Installation betreffen: Die Tür läßt sich öffnen und schließen, und zwar ohne daß sie an der Klinke gehoben werden muß, sofern eine Klinke vorhanden ist; die Tür läßt sich von innen abschließen; das Licht läßt sich einschalten; die Wasserspülung funktioniert, und zwar nur dann, wenn sie betätigt wird; der Raum hat eine Höhe von mindestens 1,80 Metern; wenn der Raum weniger als einen Quadratmeter groß ist, geht die Tür nach außen auf; es gibt eine Klobrille, die ihrerseits mehrere Anforderungen erfüllen muß: sie ist auf der Porzellanschüssel befestigt, und zwar so, daß sie nicht seitlich verrutschen kann, sie ist nicht gebrochen, so daß man nicht Gefahr läuft, sich die Schenkel einzuklemmen, und sie ist sauber.

Über diese »Essentials« hinaus lassen sich noch gehobene Ansprüche an eine Toilette stellen, die aber schon mit Kultur zu tun haben und daher nicht ohne weiteres objektivierbar sind: Der Boden ist trocken; es gibt eine Klobürste, die einen Griff hat und ohne Zuhilfenahme der Füße aus ihrer Halterung – sofern vorhanden – entnommen werden kann; es gibt Toilettenpapier, das trocken und in einer angemessenen Halterung befestigt ist und an den vorgesehenen Perforierungen reißt; es gibt eine Lüftung, und zwar entweder ein Fenster, das sich öffnen läßt, oder einen Ventilator, der funktioniert; es gibt ein Waschbecken, über dem die Armaturen in einer ergonomisch angemessenen Höhe angebracht sind und aus denen tatsächlich Wasser fließt, das im Abfluß auch abläuft; am Rand des Waschbeckens liegt kein Schleim von aufgelöster Seife; es gibt einen Spiegel, der mindestens 20 mal 20 Zentimeter groß ist und mindestens in einer Höhe von 1,60 Metern hängt; es gibt ein sauberes Handtuch oder einen Halter mit Papierhandtüchern; es gibt keine Fliegen; die Wände sind gekachelt, und alle Kacheln sind vorhanden; die sanitäre Entsorgung ist so ausgelegt, daß das benutzte Toilettenpapier in die Toilette geworfen werden kann, anstatt es in einem Plastikkorb abzulegen.

Es bedarf einer intensiven Feldforschung, um in Griechenland eine Toilette zu finden, welche auch nur die »Essentials« erfüllt. Die Entropie wütet in diesen Räumen, und zwar schon während sie fertiggestellt werden. Die in kürzester Zeit funktionslos gewordenen Accessoires der modernen Gesellschaft lösen unterschiedliche Empfindungen aus. Manche wirken wie archaische Symbole einer fremden Zivilisation, andere wie eine Allegorie der Vergänglichkeit und noch andere wie exzentrische Kunstwerke von rätselhafter Sinnlosigkeit.

Was sich in den griechischen Toiletten sozusagen als Spitze eines Eisbergs offenbart, zeigt sich in kaum abgemilderter Form in allen Bereichen des gesellschaftlichen Lebens, mit einigen wenigen Ausnahmen, die mir aufgefallen sind, vor allem im Bereich der Literatur und der Musik, in denen die syntropischen Kräfte entschieden dynamischer sind als die entropischen. Es ist allerdings nur eine Frage der Zeit, bis auch diese syntropischen Relikte in jenen Zustand höherer Entropie übergehen, den wir bezüglich der Literatur und der Musik in den Industrieländern längst erreicht haben.

Zur Illustration möchte ich noch einige Erlebnisse aus meinem letzten Osterurlaub berichten. Ich flog nach Athen. Aus mir unerklärlichen Gründen werden die Abflugzeiten nach Griechenland so festgelegt, daß man um vier Uhr morgens bzw. nachts aufstehen muß. Der Höhepunkt des Fluges war nicht das karge Frühstück, sondern ein Werbefilm der Fluggesellschaft, der unruhig über eine kleine Leinwand flimmerte. Der Flughafen von Athen war vollständig entropiert; dort funktionierte praktisch nichts mehr. Das Förderband war defekt, mein Koffer aufgerissen, der Informationsschalter offen, aber nicht besetzt und der Bankschalter geschlossen. In der Bar gab es Kaffee und Sandwiches, die beide als solche aber nicht zu erkennen waren, und über dem öffentlichen Telefon hing ein Pappschild mit der Aufschrift »No«.

Ich reiste in Begleitung meiner Freundin. Ihr war im Flugzeug eine Zahnkrone herausgefallen. Es war völlig unmöglich, im Athener Flughafen eine Auskunft zu bekommen, wo man dieses Malheur beheben könnte. Ein englischer Tourist half uns schließlich und empfahl uns ein großes Krankenhaus, in dem es auch eine zahnärztliche Abteilung gab. Der Taxifahrer fuhr uns zunächst zu einem Finanzamt. Erst dort bekamen wir die korrekte Adresse des betreffenden Krankenhauses. Es lag genau am anderen Ende der Stadt.

Es handelte sich um einen großen, grauen Bau, der anders aussah als alle Krankenhäuser, die ich bislang gesehen habe. Nichts erinnerte auch nur entfernt an ein Krankenhaus. Das Gebäude wirkte völlig ausgestorben. Es waren keine Patienten, keine Schwestern und keine Ärzte zu sehen. Natürlich auch kein Portier. In den Fluren und auf den Treppen lag verstreuter Müll. Vorsichtig gingen wir hinauf. Im dritten Stock trafen wir endlich auf ein menschliches Wesen, nämlich eine dicke Frau. Sie stand am Tresen einer großen Küche, die an eine Kfz-Werkstatt erinnerte. Auf dem Tresen lag eine Reihe Tomaten. Sonst war nichts Eßbares zu sehen. Halb verdeckt hinter dem Tresen saß eine zweite Frau. Wir hatten Glück: Sie war die Zahnärztin. Wenn sie es mir nicht gesagt hätte, wäre mir dieser Gedanke freilich nicht gekommen.

Sie führte uns in den fünften Stock, wobei sie ihre kleinen Füße mit großem Geschick zwischen die verstreuten Plastiktüten, Joghurtbecher, Dosen und Brotreste setzte. Ihre Praxis sah auch aus wie eine Kfz-Werkstatt. Die Behandlung erfolgte schnell, aber nicht schmerzlos. In die Backentasche stopfte sie einen Wattebausch, was eine Zahnfleischentzündung zur Folge hatte, die später mit Antibiotika behandelt werden mußte. Da die Krone zudem überhöht war, mußte meine Freundin nach dem Urlaub noch einmal zum Zahnarzt. Aufgrund des verwendeten Klebstoffs bzw. Zements war es ihm aber nicht möglich, die Krone zu entfernen; sie mußte vollständig ausgefräst werden.

Ein weiteres Beispiel für Entropie sind die griechischen Fähren. Ich war vor meinem Studium Offizier der Marine und habe mich immer darüber gewundert, daß die griechischen Fähren nicht allesamt längst gesunken sind. Wahrscheinlich liegt das daran, daß sie nicht in Griechenland gebaut wurden. Trotzdem ist ihre Langlebigkeit erstaunlich. Wenn man den Lade- und Entladevorgang beobachtet, die Rettungsboote inspiziert und den Zustand der Heckklappe, der Schotten, der Winden sowie der Taue überprüft, dann wundert man sich nicht mehr über die verschlossenen Fluchttüren, die verschmutzten Toiletten, die kaputten Liegestühle und das desolate Angebot an der Bar.

Jeder Tourist, der Griechenland bereist hat, weiß, daß man an den Küsten praktisch nirgendwo frischen Fisch kaufen kann. Wenn man Griechenland etwas besser kennengelernt hat, wundert einen das allerdings nicht mehr. Die Mißachtung der Schonzeiten, das Fischen mit zu engmaschigen Netzen und die unausrottbare Dynamitfischerei haben dazu geführt, daß in einem der europäischen Länder mit der längsten Küste kaum noch Fische gefangen werden. Ich verbringe meine Osterurlaube seit Jahren auf der Insel Amorgos. Dort gibt es noch einige Fischer, die von ihrem kärglichen Fang gerade leben können. Morgens kann man an ihren Booten für einen stolzen Preis einige Zwergfische erstehen, die sich durch mehr Gräten als Fleisch auszeichnen.

Ich kenne Griechenland auch aus der Perspektive des Autofahrers. Zunächst fiel mir auf, daß die Griechen ein höchst pragmatisches Verhältnis zur Verkehrssicherheit haben. Die Verkehrsregeln scheinen für jede Interpretation offen zu sein, und einen TÜV gibt es allem Anschein nach nicht. Sofern Nebenstraßen asphaltiert sind, sind sie wesentlich schlechter, als wenn man auf diesen Belag verzichtet hätte. Auf Verkehrsschilder achtet man am besten nicht, denn sie stehen völlig bedeutungslos in der Landschaft und können nur verwirren. Die Kilometerangaben kann man nach Belieben halbieren oder verdoppeln; manchmal trifft man dadurch die korrekte Entfernung. Auch die Abfahrts- und Ankunftszeiten der öffentlichen Verkehrsmittel haben keinerlei Bedeutung. Griechenlandenthusiasten behaupten, dies alles gehöre zum Charme des Landes. Das mag sein. Hier interessiert nicht, wie man das emotional empfindet, sondern wie die Entropie eine Gesellschaft zerbröselt.

Man kann mit dem Auto an einem beliebigen Ort anhalten und wird an beiden Seiten der Straße Müll finden. An den Stränden natürlich auch. Sofern irgendwo Müllbehälter stehen, sind sie bis oben vollgestopft und konzentrisch von Abfällen eingekreist. Öffentliche Bänke sind entweder schief oder es fehlen Latten an der Sitzfläche, meistens beides. Das Essen in den Restaurants ist miserabel und wird häufig kalt serviert. Mich hat es immer wieder erstaunt, wie phantasielos die Griechen dieselben Nahrungsmittel verarbeiten, aus denen die Italiener köstliche Gerichte zaubern. Man würde eigentlich vermuten, daß irgendein griechischer Koch sich einmal die Frage stellt, was man aus Kartoffeln, Tomaten, Zwiebeln, Knoblauch, Nudeln, Fisch, Tintenfisch, Garnelen, Langusten, Hackfleisch, Zucchini, Auberginen, Oliven, Käse, Eiern, Hühnerfleisch und Mehl alles zubereiten kann, aber das war nach meiner Erfahrung bislang nicht der Fall.

Eine besondere Erscheinungsform der Entropie läßt sich in Griechenland besonders gut beobachten, nämlich der brutale Umgang mit Tieren. Man kann sich nicht vorstellen, daß dies in früheren Zeiten schlimmer gewesen ist, und dafür gibt es auch Hinweise: In den besonders rückständigen Regionen Griechenlands ist der Umgang mit den Tieren erheblich besser als in jenen, die halbentwickelt sind. Den Gipfel der Tierquälerei erreichen allerdings erst die hochentwickelten Gesellschaften mit ihrer industriellen Tierhaltung. Sonderbarerweise werden aber einige Tierarten von dieser Hölle verschont, namentlich die Hunde, obwohl es auch hier haarsträubende Beispiele gibt. Aber bleiben wir zunächst in Griechenland. Jeder Tourist kennt die überladenen und geschlagenen Esel; die mit eng verschnürten Beinen mühsam vorwärts stolpernden Schafe und Ziegen; die Rinder auf ausgedörrten, schattenlosen Feldern; die Hühner in winzigen, verschmutzten Gehegen; die Singvögel in winzigen Käfigen und die lebenden Langusten in Plastiktüten.

Vor einigen Jahren hatte ich folgendes Erlebnis: Die Terrasse meiner Pension lag über einem unbebauten Grundstück, das wie ein Müllplatz aussah. Die Lingua franca Griechenlands ist eine eigene Sprache, nämlich »Greek-English«. Das besagte Grundstück hatte in diesem Idiom eine spezifische Bezeichnung: »Dimitri Killing Place«. Ich bekam die Gelegenheit, diesen Begriff etymologisch zu entschlüsseln. Kurz vor Ostern wurden dort nämlich von zwei Männern Dutzende von Ziegen umgebracht, und das ging so: Die Tiere waren seit zwei Tagen in einem kleinen, dunklen Raum eingepfercht. Ihr klagendes Gejammer war tags und nachts zu hören. Am »Killing-day« öffnete ein Mann die Tür und zog eine Ziege an einem Horn oder einem Bein heraus und schlug ihr mit einem Hammer auf die Stirn. Im selben Moment stach der andere Mann mit einem Fleischerhaken durch beide Hinterbeine kurz über den Hufen und hängte das schreiende, zuckende Tier an eine Eisenstange. Der erstgenannte Mann legte den Hammer ab, nahm ein langes Messer und schlitzte den Bauch von unten nach oben auf, griff mit beiden Händen hinein und riß alle inneren Organe hinaus. So ging das ungefähr drei Stunden lang.

Das war aber noch nicht alles. Als ich zur Hafenmole ging, sah ich einen Mann mit einem großen, lebenden Oktopus. Ein Oktopus ist nicht – wie häufig angenommen wird – ein Tintenfisch (z. B. Sepia), sondern eine Krake. Kraken sind hochintelligent, können außerhalb des Wassers ziemlich lange überleben und entsprechend lange leiden. Der betreffende Oktopus war noch quicklebendig und versuchte, sich aus dem Griff des Mannes zu befreien. Dieser ging zu seinem geparkten Auto, öffnete eine Tür und klemmte einen Fangarm im hochgedrehten Fenster ein. Dann ging er seelenruhig in das Kafenion und trank einen Ouzo. Keiner der Griechen würdigte das gequälte und um sein Leben kämpfende Tier auch nur eines Blickes. Als ich versuchte, diese elende Tierquälerei zu beenden, wurden mir Prügel angedroht.

Verlassen wir Griechenland und reisen wir weiter durch die europäische Peripherie. Nördlich von Griechenland liegt der Balkan. Neben dem Bermuda-Dreieck ist diese Region wohl das stärkste entropische Kraftfeld der Erde. Nicht einmal Schwarzafrika scheint damit konkurrieren zu können. Beide Regionen ähneln sich im übrigen insofern, als ihre extreme Entropierung mit dem Ende einer jahrhundertelangen Fremdherrschaft begann. Darin liegt eine besondere Ironie, weil man damals glaubte, gerade diese Fremdherrschaft wäre die Ursache sämtlicher Probleme. Fast alles, was ich auf dem Balkan als erfreulich erlebt habe, stammt allerdings aus der osmanischen, italienischen bzw. österreichischen Periode. Angesichts der gegenwärtigen Lage ist es wohl überflüssig, das entropische Potential des Balkans ausführlicher zu behandeln. Betrachtet man den ehemaligen sowjetischen Machtbereich, sieht es auch nicht viel besser aus; vielleicht mit Ausnahme von Ungarn und Tschechien.

Den mittel- und osteuropäischen Raum kenne ich nicht persönlich, aber ich kann ihn mir aufgrund einer aufmerksamen Zeitungslektüre ziemlich plastisch vorstellen. Ich vermute, daß die Entropie dort an allen Ecken und Enden wirksam ist. Aber bleiben wir bei jenen Ländern der europäischen Peripherie, die ich etwas besser kenne, und fahren wir von Griechenland westwärts, nach Italien.

Italien hat mich immer fasziniert. Sein Charme beruht für mich auf einer schönen Landschaft und den syntropischen Resten der Vergangenheit, namentlich der Antike, der Renaissance und des 18. sowie des 19. Jahrhunderts. Diese syntropischen Reste sind nicht nur in Bauwerken erhalten, sondern haben auch die italienische Kultur geprägt. Darin hat sich aber auch eine moderne, ziemlich unerfreuliche Kultur eingewebt. Wir kennen sie aus der Zeitung, aber auch von Reiseerlebnissen.

Die italienische Politik ist ein gutes Beispiel für Entropie. Daß sie es noch nicht geschafft hat, die Gesellschaft total zu ruinieren, liegt daran, daß sie aufgrund ihrer totalen Desorganisation nur wenig Wirksamkeit entfalten kann und bestimmte Bereiche der zivilen Kultur ausreichend vital sind, um ohne bzw. trotz politischer Einflußnahme einigermaßen zu funktionieren. Die Mafia haben wir im ersten Kapitel bereits erwähnt: Sie ist eine hochsyntropische Institution, welche die Entropie der Gesellschaft gleichzeitig fördert.

Ein sehr eindrucksvolles Beispiel für Entropie ist die italienische Jagdsaison. Ich schätze dieses Ereignis unter dem Aspekt der Entropie höher ein als die Gewohnheit, Zugvögel mit Netzen zu fangen. Tausende von biederen Männern und Familienvätern bewaffnen sich mit Schrotflinten und schießen auf alles, was sich bewegt. Ihre Opfer können auch andere biedere Männer und Familienväter oder arglose Wanderer bzw. Umweltschützer sein. Das Resultat ist in jedem Fall verheerend. Ich denke, daß der Umweltschutz auch in Italien letztlich eine Chance bekommen wird, aber erst dann, wenn es kaum noch etwas zu schützen gibt.

Ich habe von Januar bis Dezember 1970 in Genua gelebt. Ich hatte damals gerade promoviert und konnte mir nicht vorstellen, mein künftiges Dasein als Soziologe zu fristen. Mir war nicht einmal klar, was ein Soziologe überhaupt ist oder sein soll. Ich versuchte es statt dessen als Künstler, und dabei bin ich fast verhungert. Die Wahl für dieses gewagte Experiment fiel auf Genua, weil ich damals eine argentinische Freundin hatte, die an der dortigen Berlitz-School beschäftigt war. Diese Beziehung wurde bald von der Entropie erfaßt. Deshalb entwickelte ich eine besondere Sensibilität auch für die Entropie der Stadt.

Genua war bis in die zwanziger Jahre hinein sicherlich eine wunderschöne Stadt. Unter Mussolini erlitt sie dann einen ersten Modernisierungsschub, der den Anfang des Endes einläutete. Dieses Ende kam dann mit dem wirtschaftlichen Aufschwung nach dem Zweiten Weltkrieg: Die Verwahrlosung der alten Bausubstanz, der Bau schrecklicher Hochstraßen, die Durchsetzung der gotischen Altstadt mit einem stillosen Kleinkapitalismus, ein höllischer Verkehr und eine architektonisch verheerende Bebauung der städtischen Randgebiete. Die wunderbare ligurische Küste wurde verschandelt und das Meer leergefischt. Eine Mentalität von Nepp und schnellen Gewinnen verdrängte die glanzvolle kulturelle Geschichte dieses ehemaligen Stadtstaates. Das alles konnte man 1970 schon intensiv erleben. Ich war zwanzig Jahre später noch einmal dort; alles war noch schlimmer geworden. Die ganze Stadt ist in einen entropischen Strudel geraten, aus dem es kein Entrinnen gibt. Und sie ist leider kein Einzelfall. Im Grunde brauchen wir weltweit eine *konservative Erneuerung*, aber diese syntropische Anstrengung kann wohl nicht mehr geleistet werden. Die wenigen positiven Ausnahmen bestätigen die negative Regel.

In Süditalien findet man jene sonderbare Mischung von Rückständigkeit und Modernität wie in einigen Entwicklungsländern, wobei die Rückständigkeit die ihr eigene Entropie produziert, während die Modernität manche entropische Prozesse stoppt, dafür aber vielen anderen Tür und Tor öffnet. Insofern unterscheiden sich Palermo und Mailand weniger, als man auf den ersten Blick vermuten würde. Interessant ist auch die Beobachtung, daß sich die scheinbaren syntropischen Zentren Italiens – insbesondere die historischen Städte einschließlich der wunderbaren Kirchen – zu Rummelplätzen des internationalen Tourismus entwickelt haben. Sie bieten echte Kulissen für das, was man in Disneyland nur nachgestellt erleben kann. Der Effekt ist aber derselbe, nämlich eine Atmosphäre von oberflächlichem Massenkonsum. Vor zwei Wochen war ich in Pisa. Das eindruckvollste Symbol für Entropie ist nicht der Schiefe Turm, sondern die vollständige Zerstörung der Stadtkultur durch Tausende von Tagestouristen und ebenfalls Tausende von italienischen Geschäftsleuten, die von ihnen leben. Dasselbe läßt sich in Italien überall dort feststellen, wo man hofft, etwas Besonderes zu erleben, was man aber nicht erleben kann, weil diese Örtlichkeiten durch den Massentourismus total entropiert worden sind.

In Südfrankreich und in Spanien ist es nicht anders. Wer es einmal – wie ich – auf sich genommen hat, von Genua bis Gibraltar an der Küste entlangzufahren, ist spätestens in Nizza versucht, nach Norden in weniger erschlossene Gebiete auszuscheren. Dabei ist es bemerkenswert, daß man den sogenannten Fortschritt, für den sich so viele Menschen engagiert haben und weiter engagieren, als eine Minderung der Lebensqualität empfindet. Dies ist natürlich nichts anderes als eine Sensibilität für entropische Prozesse.

Ich bin in Brasilien aufgewachsen und spreche fließend portugiesisch. Deswegen bin ich privat oft in Portugal gewesen. Über die Jahre habe ich erlebt, wie dieses schöne Land mit einer bemerkenswerten Kulturgeschichte im Zuge eines destruktiven Fortschritts entropiert. Der sprichwörtliche Charme von Lissabon ist nur noch ein folkloristischer Zuckerguß, mit dem sich allenfalls besonders naive Touristen verführen lassen. Die Algarve sieht mittlerweile aus wie die spanische Costa Brava, und die historischen Kleinstädte verkommen zu neuen Industriestandorten oder Kulissen für gaffende Touristen. Der Fado ist längst keine Volkskunst mehr, sondern ein gewinnorientiertes Spektakel für ein Publikum, das keine Ahnung mehr davon hat, was diese Musik eigentlich bedeutet. Die große literarische Tradition Portugals ist völlig versandet, und die anspruchsvolle portugiesische Sprache verkommt zu jener internationalen Soße, die nach und nach alle Sprachen auf ein Mickeymaus-Niveau und ein modisches Technik-Idiom reduziert. Die traditionelle portugiesische Küche wird zu einer Rarität, und die feinen Umgangsformen der Vergangenheit weichen einer groben, berechnenden sowie nonchalanten Mentalität.

Ein anderer Landstrich der europäischen Peripherie, den ich ganz gut kenne, ist Korsika. Dort kann man Rückständigkeit, Unterentwicklung und Hochentwicklung auf engstem Raum erleben. In den rückständigen Gebieten vollzieht sich die Entropie langsam: Die Sprache verkümmert, die Traditionen schrumpfen zu Folklore, die alten Lieder geraten in Vergessenheit, die Dörfer werden geschmacklos modernisiert, die terrassierten Hänge verwildern, die traditionelle Hauswirtschaft verfällt, und die Jugend wandert ab. So wachsen diese Orte langsam in jene Unterentwicklung hinein, die wir auch aus der Dritten Welt kennen (freilich ohne deren extreme Armut): Die alte Kultur verkommt, aber es folgt ihr keine gleichwertige nach, und es breitet sich ein destruktiver Kleinkapitalismus aus, dem syntropische Leistungen weitgehend fremd sind. Sofern in diesen Regionen der Sprung in die Hochentwicklung gelingen sollte, wird bis dahin alles das zerstört sein, was über die Jahrhunderte mühsam aufgebaut worden ist.

In den hochentwickelten Enklaven Korsikas erleben wir dann viele jener entropischen Prozesse, die im vierten Kapitel detailliert beschrieben werden. Dem aufmerksamen Beobachter offenbaren sie sich schon anhand von zahlreichen Kleinigkeiten: die Verschandelung schöner alter Straßenzüge mit Kitsch-Läden, Jeans-Shops, Plastikstühlen in und vor den Cafés sowie Postkartenständern mit erotischen Photos; die Unfähigkeit, den Autoverkehr zu disziplinieren; der Verfall der historischen Fassaden; die Lockerung der Kleidung und der Sitten; der nachlässige Umgang mit Müll; die mangelnde Instandsetzung der öffentlichen Einrichtungen (z. B. Eisenbahn, Straßen, Verkehrsschilder, Telefonzellen, Gebäude, Parkbänke); die phantasielose neue Bebauung und die rasche Verwandlung von alten historischen Städten in Freigehege des Massentourismus. Ein gutes Beispiel für Entropie bietet auch der auffällige Kontrast zwischen den alten Bergdörfern und den benachbarten neuen Siedlungen an der darunter liegenden Küstenstraße. Korsika ist immer noch sehr schön, aber man bekommt über die Jahre den Eindruck, daß im Zuge des sogenannten Fortschritts alles allmählich häßlicher, vulgärer und mieser wird.

Eine besondere Erwähnung verdient der korsische Separatismus. Ich weiß nicht genau, wie sich die Separatisten die Zukunft Korsikas konkret vorstellen und vermute, daß ihr Engagement weniger auf sozialwissenschaftlicher Analyse als auf psychischen Erregungen beruht. Der korsische Separatismus hat mit Entropie zweierlei zu tun. Erstens darf man mit einem Chaos ohnegleichen rechnen, falls die Separatisten Erfolg hätten, und zweitens überführen sie mit ihren Anschlägen schon jetzt Strukturen höherer Ordnung in einen Zustand niedriger Ordnung. Letzteres betrifft nicht nur die gesprengten Häuser der zugewanderten Franzosen.

Eine weitere Erwähnung verdient die Auswirkung des kollektiven Unbewußten im Straßenverkehr. Obwohl ich viele Jahre in Lateinamerika gelebt habe, fällt es mir nicht leicht, mich auf den korsischen Fahrstil einzustellen, und ich wundere mich immer wieder darüber, daß es in Korsika überhaupt noch so viele Autofahrer gibt. Obwohl die meisten von ihnen allem Anschein nach ziemlich lange leben, sind sie insofern ein Beispiel für Entropie, als sie die syntropische Straßenverkehrsordnung souverän mißachten und sich in jeder Situation völlig spontan entscheiden, ohne ein kollektiv vorstrukturiertes und berechenbares Verhalten erkennen zu lassen.

Eine sonderbare Variante der Entropie läßt sich in Korsika auch bezüglich der Haustiere beobachten. Man begegnet Schafen, Ziegen, Rindern, Eseln und Schweinen weitab von jeder Zivilisation. Viele Hausschweine sind regelrecht verwildert und streifen in kleinen Rudeln durch die Wälder. Eine ähnliche Verwilderung läßt sich übrigens auch bei vielen Touristen beobachten, die bereits nach wenigen Tagen alle syntropischen Corsagen der Zivilisation ablegen und ihre steinzeitliche Primärpersönlichkeit ohne Mühe wiederentdecken.

Ähnlich wie in Griechenland ist es in Korsika äußerst schwierig, frischen Fisch zu kaufen. Während meines letzten fünfwöchigen Urlaubs ist mir dies insgesamt zweimal gelungen. Für eine Insel mit einer hervorragenden Wasserqualität ist dies einigermaßen erstaunlich. Eine ökologisch destruktive Fischerei hat es auch hier geschafft, ihre eigenen Ressourcen zu zerstören. Auch die ständigen Waldbrände entropieren ganze Landstriche. Ihre Ursachen sind vielfältig. Die Selbstentzündung als Folge langer Trockenheit und intensiver Sonneneinstrahlung scheint seltener zu sein als die Brennglaswirkung von Glasscherben, glimmende Zigarettenkippen, offene Lagerfeuer und die bewußte Brandstiftung. Letztere beruht auf Immobilienspekulation, Vandalismus, persönlichen Abrechnungen und psychischen Störungen. Es soll auch das Motiv geben, große Mengen von Holzkohle zu produzieren, um sie zu verkaufen.

Wer für die feineren Varianten der Entropie nicht empfänglich ist, sollte mit der korsischen Eisenbahn fahren. Übrigens ist diesbezüglich schon ein Blick auf die Gleisanlagen aufschlußreich: Viele Schwellen sind so marode, daß man einen Finger in das morsche Holz stecken kann, und manche Schrauben, mit denen die Schienen befestigt sind, lassen sich mit der bloßen Hand herausdrehen. Die Züge sind entsprechend. Die Entropie wütet überall dort, wo man zufällig hinsieht. Die alten Bahnhöfe haben denselben Charme wie die früheren österreichischen Bahnhöfe auf dem Balkan.

Aber es gibt auch überraschende syntropische Reste: Die Züge fahren pünktlich, die Schaffner sind freundlich, und die Bürokratie der Bahngesellschaft funktioniert wie ein preußisches Finanzamt. Während meines letzten Urlaubs hatte ich ein überraschendes Erlebnis. Ich wollte mit der Bahn von Calvi nach Ajaccio fahren. Das Wetter wurde ab Ile Rousse aber immer schlechter, so daß ich mich in Ponte Leccia entschloß, die Fahrt abzubrechen und nach Calvi zurückzufahren. Ich hatte bereits eine Rückfahrkarte bis Ajaccio bezahlt und unternahm einen halbherzigen Versuch, die nicht genutzte Fahrt zurückerstattet zu bekommen. Da gab es im Bahnhof von Ponte Leccia zunächst lange Gesichter und Schulterzukken, bis mir ein kompliziertes Formular gereicht wurde. Ich füllte es aus, gab es ab und erhielt die Auskunft, daß ich einen Scheck über die betreffende Summe an meine Heimatadresse geschickt bekommen würde. Eine schriftliche Bestätigung oder einen Durchschlag bekam ich nicht.

Da ich alle nur möglichen Erfahrungen mit der lateinamerikanischen Bürokratie gemacht habe, reagierte ich auf diesen Vorgang mit Humor. Als ich nach dem Urlaub meine Post durchsah, fand ich dort tatsächlich einen korrekt ausgestellten Scheck aus Ponte Leccia. Wahrscheinlich kann nur jener Leser meine Überraschung nachvollziehen, der schon einmal in Ponte Leccia gewesen ist. Bei dieser Gelegenheit gebe ich jenen Lesern, die noch nicht dort gewesen sind, einen Tip: In der Bar neben dem Bahnhof, die hochgradig entropiert ist, hängt ein eindrucksvolles Bild von Napoleon, auf dem dieser ebenfalls hochgradig entropiert wirkt. Ich nehme an, daß dieses Portrait auf Elba, in Waterloo oder auf St. Helena angefertigt wurde. Leider habe ich diese Reproduktion nirgendwo kaufen können, denn sie hätte sich bestens als Umschlag für dieses Buch geeignet.

Eine weitere Variante des entropischen Prozesses läßt sich auch in Korsika gut beobachten, nämlich der Tourismus. Er wurde beiläufig bereits angesprochen, verdient aber einen eigenen Abschnitt. Die lange verteufelten Pauschaltouristen sind längst nicht mehr das Hauptproblem, denn sie beschränken sich auf ihre Ghettos und freuen sich über das warme Klima sowie die regelmäßigen Mahlzeiten. Eine wirkliche Heimsuchung sind dagegen die sogenannten Alternativtouristen, die sich wie ein Heuschreckenschwarm über die Insel ausbreiten. Was früher einmal »alternativ« gewesen ist, ist heute meistens nur noch der Ausdruck einer Wohlstandsverwahrlosung. Jenen Teil dieser Alternativtouristen, die sich vor Wildschweinen fürchten, erlebt man auf den Campingplätzen. Es bedarf einer gehörigen affektiven Disziplin, um sie zu ertragen. Dieselbe Disziplin ist erforderlich, um die italienischen und französischen Jugendgruppen zu ertragen, deren kollektive Pubertät sämtliche syntropischen Rücksichten vermissen läßt.

Ich besitze einen Camping-Bus und bin in dieser Eigenschaft aus der Perspektive der alternativen Touristen ein syntropischer Klassenfeind, und zwar weitaus schlimmer als die Besitzer von Wohnanhängern, obwohl sie weitaus spießiger sind. Als Soziologe kann ich das gut verstehen: Soziale Konflikte sind am stärksten bei der sogenannten kulturellen Minimaldifferenz, also im Fall von Bürgerkriegen, Religionskriegen zwischen verwandten Religionen (z. B. im Dreißigjährigen Krieg) und Staaten gleicher Nationalität (z. B. BRD und DDR, Süd- und Nordkorea, Süd- und Nordvietnam). In diesem Sinne hat Bayern auch mehr Probleme mit Nordrhein-Westfalen als mit Honduras. Diese mangelnde Solidarität mit kulturell verwandten Gruppen ist ein entropischer Sprengsatz, den man auf korsischen Campingplätzen gut beobachten kann.

Wenn wir einmal nicht nach den entropischen Prozessen, sondern nach den syntropischen Resten in Korsika fragen, dann ergibt sich eine ziemlich bunte Reihe: Als erstes ist sicherlich der Marienkult zu nennen; dann die Tricolore und die Fremdenlegion, die alten Dörfer und Stadtanlagen, die Musik und schließlich Wein, Olivenöl, Käse und Schinken. Das ist zwar nicht wenig, aber doch nicht genug, um den entropischen Prozessen erfolgreich entgegenwirken zu können.

Wie ich bereits eingangs erwähnt habe, war dieses Kapitel ziemlich impressionistisch. Das ist allerdings nicht unbedingt ein Mangel, denn auf diese Weise lassen sich manche Aussagen besser auf den Punkt bringen als mit komplizierten soziologischen Analysen. Außerdem ist eine impressionistische Darstellung insofern hilfreich, als sie den Leser anregt, sie mit seinen eigenen Erfahrungen anzureichern. Ich bin in diesem Sinne sehr zuversichtlich, daß dem Leser dieses Kapitels vieles von seinen eigenen Erlebnissen im Urlaub eingefallen ist, das geeignet erscheint, um meine These bezüglich der Zunahme der Entropie zu untermauern. Wir kommen jetzt zu den sogenannten hochentwickelten Gesellschaften, für die man keine besondere Sensibilität mehr benötigt, um den entropischen Prozeß zu erleben, denn er wirkt unübersehbar überall.

IV. Soziale Entropie in »hochentwickelten« Gesellschaften

Um Wiederholungen zu vermeiden, sollen im folgenden Kapitel jene bereits erwähnten Aspekte der sozialen Entropie, die universal sind, also die rückständigen, unterentwickelten und halbentwickelten ebenso wie die hochentwickelten Gesellschaften betreffen, nicht noch einmal zur Sprache kommen. Sie müssen aber sozusagen »mitgedacht« werden. Daher kann ich mich jetzt auf jene Bereiche der hochentwickelten Gesellschaften beschränken, in denen die soziale Entropie besonders augenfällig ist.

1. Wirtschaft, Gesellschaft, Politik und Verwaltung

Wirtschaft

Die Klassiker der Nationalökonomie, wie zum Beispiel Adam Smith, Gustav von Schmoller, Thorstein Bunde Veblen, Werner Sombart und Max Weber, kannten den Begriff der sozialen Entropie noch nicht und waren an diesem Sujet auch nicht sonderlich interessiert. Lediglich Karl Marx, der selber ein Bourgeois par excellence war, theoretisierte den Zusammenbruch des kapitalistischen Systems. Auch er kannte den Begriff der Entropie nicht, was sehr bedauerlich ist, denn andernfalls hätte er die syntropischen Energien des Frühkapitalismus angemessen wahrgenommen und keine Illusionen bezüglich der Überlebensfähigkeit des Sozialismus gehabt. Auf der Basis einer falschen Analyse gelangte Marx dennoch zu der richtigen Schlußfolgerung, daß der Kapitalismus schließlich zusammenbrechen wird, allerdings nicht – wie er meinte – als Folge der Klassenkämpfe im Frühkapitalismus, sondern – wie ich meine – als Folge der zunehmenden Entropie im Spätkapitalismus.

Der moderne Kapitalismus wird bekanntlich als Marktwirtschaft bezeichnet. Das klingt besser, meint aber dasselbe, nämlich das individuelle Streben nach dem größten ökonomischen Vorteil. Die Marktwirtschaft ist wertblind, das heißt, die Ra-

Hugendubel
www.hugendubel.de
Ludwigsplatz 1
90403 Nürnberg
Tel. 01801/484484

QUITTUNG

Canetti, Elias
Die Blendung
3-596-20696-0   9,90   1

Total: 1   9,90 EUR

Rückware: 24,90 EUR
Zurück: 15,00 EUR

Typ	MWSt	Netto	Brutto
1: 7,00%	0,65	9,25	9,90

Steuernummer: 614/24904
22.09.2006 17:57:57   480-1-695
                                        001

Vielen Dank für Ihren Einkauf!
USt-Identnr. DE130499587

tionalität ihrer Mittel entspricht keiner Rationalität der Ziele. Das einzig sinnvolle Ziel wirtschaftlichen Handelns besteht letztlich in der Optimierung von kollektivem Wohlbefinden. Hiervon kann allerdings nirgendwo die Rede sein, denn selbst in jenen wenigen Gesellschaften, in denen die Marktwirtschaft zufriedenstellend funktioniert, machen die Maschinen die Menschen zu Maschinen, werden die Menschen schlechter behandelt als Waren und wird der steigende Lebensstandard von einer Zunahme neurotischer Störungen begleitet, kurzum: Dort leben kranke Menschen in einer gesunden Wirtschaft. Ironischerweise wird diese Situation durch die ständige Verkürzung der Arbeitszeiten und die Ausdehnung der Freizeit eher verschlimmert als verbessert. Noch härter trifft es allerdings diejenigen, die im Zeichen struktureller Arbeitslosigkeit an diesem pathologischen Wirtschaftsprozeß gar nicht teilnehmen können, aber gleichwohl dessen prominenteste Opfer sind.

Ein wesentliches Merkmal der Industriegesellschaft ist bekanntlich die Arbeitsteilung, die zur beruflichen Spezialisierung führt. Dies wurde bereits im 18. Jahrhundert von Adam Smith und Adam Ferguson überzeugend theoretisiert. Dabei konzentrierte sich Smith auf die Arbeitszerlegung (am Beispiel einer Stecknadelfabrik) als sinnvolle Maßnahme zur Erhöhung der Produktivität, während Ferguson stärker den Aspekt der Berufsdifferenzierung und der Solidarität von arbeitsteilig miteinander kooperierenden Menschen im Auge hatte. Später wurde die Arbeitsteilung durch Taylor und Gilbreth unter dem Eindruck der Fließbandproduktion in den Ford-Werken und in den Schlachthäusern von Chicago im Detail analysiert.

Die negativen Konsequenzen dieser Entwicklung haben Jean Charles Sismondi, Auguste Comte, John Stuart Mill und vor allem Karl Marx (»Entfremdung«) schon früh beschrieben. Obwohl ein Teil dieses Problems in der Folgezeit durch die Automatisierung und ein anderer Teil durch Kolonnenarbeit, informelle Gruppen sowie betriebsinterne Arbeitsplatzerweiterung gelöst wurden, kommt man an der Tatsache nicht vorbei, daß der größte Teil der arbeitenden Bevölkerung in der modernen Gesellschaft aus Fachidioten unterschiedlichen Niveaus besteht, für deren berufliche Qualifikation im übrigen ständig längere Ausbildungszeiten erforderlich werden. Daß dies zu psychischen Verkrüppelungen und einer entsprechenden Neurotisierung der gesamten Gesellschaft führt, liegt auf der Hand.

Eine gängige Legitimierung der Marktwirtschaft besteht darin, daß man sie als »Leistungsgesellschaft« interpretiert, derzufolge jedermann seinen Platz in der Gesellschaft entsprechend seiner Leistung einnimmt. Ich kenne nur wenige Thesen, die absurder sind. Diesbezüglich genügt ein Blick auf die sogenannte Einkommensgerechtigkeit: Wenn Tennisspieler oder Rockmusiker zum Teil noch vor ihrer Volljährigkeit zu Mehrfachmillionären werden, während sich Polizisten, Zugführer, Bergleute und Krankenschwestern ein Leben lang knapp über dem Existenzminimum bewegen, dann fühlt man sich eingeladen, den Begriff der Leistung noch einmal zu überdenken. Ein mir bekannter Installateur, der mit 18 Jahren seine Lehre abgeschlossen hat und mittlerweile 26 Jahre alt ist, verdient exakt doppelt so viel wie ich mit 51 Jahren, und zwar nach einer vergleichsweise steilen akademischen Karriere. Aber dies nur am Rande. Noch entscheidender ist jedoch die Tatsache, daß die Einkommen ziemlich irrelevant im Verhältnis zu den Erbschaften sind, und diesbezüglich gibt es unzählige Beispiele von Personen, die in dieser sogenannten Leistungsgesellschaft einen gehobenen Status geerbt bzw. einen geerbten Status geheiratet haben, ohne etwas Nennenswertes geleistet zu haben. Dies trifft für einen beträchtlichen Teil der sogenannten Oberschicht zu. Der andere Teil rekrutiert sich aus den Aufsteigern, die nach dem im ersten Kapitel erwähnten »Peter-Prinzip« so weit aufsteigen, bis sie in eine Situation der Überforderung geraten, und damit sind wir schon wieder mitten in der sozialen Entropie.

Betrachten wir kurz den sogenannten freien Unternehmer, diese ebenso zentrale wie tragische Gestalt der modernen Marktwirtschaft. Er kann kaum noch etwas unternehmen, weil er aufgrund eines Gestrüpps von rechtlichen Vorschriften, Abgaben und Mitbestimmungsregelungen jeglicher Freiheit beraubt ist. Mit der zunehmenden Fesselung des Unternehmers wird das dynamische Element der Marktwirtschaft lahmgelegt, womit sich der entropische Prozeß naturgemäß beschleunigt. Gleichzeitig bleibt die Marktwirtschaft mit planwirtschaftlichen Elementen durchsetzt, wofür einige wenige Beispiele genügen mögen: die staatlichen und halbstaatlichen Betriebe (besonders die entsprechenden Monopole mit ihrem Preisdiktat), die Subventionspolitik gegenüber Kohle und Stahl, die EG-Agrarordnung, die Waren- und Preiskontrollen in Apotheken, das Werbeverbot für Ärzte und Anwälte, das Ladenschlußgesetz u. a. Solche planwirtschaftlichen Elemente lähmen die Dynamik der Marktwirtschaft und fördern deren Entropie.

Ebensowenig wie der Unternehmer frei ist, ist der Kunde König. In Wahrheit ist der Kunde ein geschundener Knecht, der sein in der Regel schmales Einkommen – von den Ladenschlußzeiten gehetzt – für teuer zu deckende Grundbedürfnisse ausgeben muß und den etwaigen Rest mittels einer raffinierten Werbung für zumeist unsinnige Produkte aus der Tasche gezogen bekommt. Dies nennt man Konsum. Lassen wir den Soziologen sprechen:

>»Der Begriff des Konsums oder des Konsumverhaltens umfaßt sämtliche Verhaltensweisen, die auf die Erlangung und private Nutzung wirtschaftlicher Güter gerichtet sind. Verbrauch und Verbraucherverhalten können als Abfolge eines Prozesses verstanden werden. Denkt man sich die Kaufentscheidung und damit die der empirischen Ermittlung direkt zugängliche Marktentnahme als Kernstück des Verbraucherverhaltens, so ist ›Konsum‹ der inhaltlich weitere Begriff: Er greift einmal zurück auf die psychischen und sozialen Entstehungsbedingungen der Nachfrage, zum anderen greift er vor auf die Art und Weise der Güterverwendung und berührt damit wesentliche Aspekte des Lebensstils einzelner Individuen bzw. bestimmter Personenkreise oder ganzer Gesellschaften.«[1]

Eine solche Aussage versteht man nicht auf Anhieb. Sie ist zwar schön formuliert, aber ich finde es aufschlußreicher zu beobachten, was sich am Samstag vormittag in den Kaufhäusern ereignet.

Ein merkwürdiger Mythos der sogenannten Leistungsgesellschaft, die in Wahrheit keine solche ist, besagt, daß sie zu einem besonderen Streß führt. Das Gegenteil ist der Fall. Im Vergleich zum Frühkapitalismus und zu den sogenannten unterentwickelten Gesellschaften wird in der modernen Marktwirtschaft bei weitem weniger und streßfreier gearbeitet sowie konsumiert. Die Menschen werden allerdings in einem viel stärkeren Maße neurotisiert, was letztlich auf ihrer Unfähigkeit beruht, das Leben in der modernen Gesellschaft mit Sinn zu

---

[1] Endruweit u. Trommsdorff, Wörterbuch der Soziologie, S. 359.

erfüllen. Diese innere Leere führt zu hektischen Ersatzhandlungen, die als Streß erlebt werden.

Gesellschaft

Betrachten wir nunmehr einige Aspekte der modernen Gesellschaft, die in der Soziologie »komplex« genannt wird. Komplexe Gesellschaften definieren sich nicht nach ihrer Größe, sondern nach ihrer Dichte, das heißt der Zahl und der Intensität ihrer sozialen Kontakte. Komplexität bezeichnet einen hohen Grad an innerer Differenzierung, die in den modernen Gesellschaften insbesondere im Zusammenhang mit der Arbeitsteilung (siehe oben) entstanden ist. In historischer Perspektive entstand Komplexität auch als Folge von exogenen Herrschaftsüberlagerungen. Wichtige Merkmale von komplexen Gesellschaften sind: eine starke Differenzierung namentlich der Sekundärgruppen, ein hoher Grad an Mobilität, ein relativ rascher sozialer Wandel und eine Vielzahl von Handlungsalternativen. Die komplexe Gesellschaft führt zu einer Atomisierung von Einzelinteressen, zur Möglichkeit individuellen Gruppenwechsels, zur Konkurrenz zahlreicher Gruppennormen und Rangordnungen, zu Statusunsicherheiten und Anomie. Insbesondere der Staat, der sich für die Steuerung der gesellschaftlichen Makrodynamik zuständig fühlt, bemüht sich, den entropischen Tendenzen entgegenzuwirken, indem er versucht, die Komplexität der Gesellschaft auf verwaltungskonforme Kategorien zu reduzieren. Dieser Versuch ist bekanntlich vergeblich; erschwerend kommt hinzu, daß der Staat selber eine kräftig sprudelnde Quelle der Entropie ist (siehe unten).

Die zunehmende Demokratisierung aller Lebensbereiche innerhalb der komplexen Gesellschaft hat neben evidenten Vorzügen auch erhebliche Nachteile, nämlich mühsame Entscheidungsprozesse, die Mißachtung moralischer und intellektueller Autorität, die soziale Dominanz der Mittelmäßigkeit, die Diffusion des schlechten Geschmacks und den Verfall der guten Sitten. Dies alles sind natürlich keine ausreichenden Gesichtspunkte, um autoritäre Verhältnisse zu legitimieren. Gleichwohl wird einmal mehr die Ambivalenz des sogenannten Fortschritts deutlich. Meine Großmutter pflegte zu sagen: »Man kann nicht alles haben«, und einer meiner früheren Vorgesetzten komprimierte eine große Weisheit zu einem kleinen Satz: »Wenn man die Decke über den Kopf zieht, werden die Füße kalt.« So ist es in der Tat, und man kann wählen, ob man lieber am Kopf oder an den Füßen friert. Mit der zunehmenden Demokratisierung aller Lebensbereiche hat man sich kollektiv für eine Beschleunigung der gesellschaftlichen Entropie entschieden. Das ist gut so, denn auf diese Weise werden letztlich alle gesellschaftlichen Probleme gelöst.

Ähnliche Erkenntnisse ergeben sich, wenn man den Begriff der *Herrschaft* kritisch reflektiert. Er bezeichnet eine institutionalisierte Machtausübung, die zu einer Differenzierung der Gesellschaft in Herrschende und Beherrschte führt. Macht bezeichnet nach Max Weber das allgemeine Phänomen, demzufolge bestimmte Menschen eine Chance haben, bei anderen Gehorsam zu finden. Herrschaft im Sinne von institutionalisierter Macht ist erst in den frühen Hochkulturen nachzuweisen. Für ihre Entstehung gibt es zwei Theorieansätze, nämlich den endogenen und den exogenen Ansatz. Der endogene Ansatz bringt Herrschaft im Zusammenhang mit der notwendigen Ordnungsgarantie in einer differenzierten Gesellschaft, während der exogene Ansatz darauf verweist, daß die meisten historischen Formen der Herrschaft durch ethnische Überlagerungen zustandegekommen sind (Ludwig Gumplowicz, Lester Frank Ward, Franz Oppenheimer, Richard Thurnwald, Alfred Weber). In der Regel wird Herrschaft mit der Zeit abgeschwächt, zum Beispiel durch Konnubium, soziale Mobilität, Machtteilung u.ä. Die extremste Form des Verfalls von Herrschaft ist die Demokratie, die naheliegenderweise in komplexen Gesellschaften besonders hochentwickelt ist. Die »demokratische Herrschaft«, die von wirklicher Herrschaft nur noch ein peripheres Repertoire enthält, entropiert die komplexe Gesellschaft und wird umgekehrt auch von dieser entropiert.

Nicht anders verhält es sich mit dem *Recht.* Gegenstand der Rechtssoziologie ist die Beziehung zwischen dem Recht und der Gesellschaft. In einfachen Gesellschaften ist das Recht ein Bestandteil von »Brauch« und »Sitte«. Brauch ist ein unreflektiertes Gewohnheitshandeln mit geringer Sanktionsandrohung; Sitte ist demgegenüber ein affektiv aufgeladenes Gewohnheitshandeln mit unterschiedlich starken Sanktionsandrohungen. Ein großer Teil der sittlichen Normen ist im Laufe der gesellschaftlichen Entwicklung in Rechtssätze gefaßt worden, hinter denen eine staatliche Sanktionsandrohung steht.

Recht wird von Herrschaftseliten definiert und durchgesetzt, wobei ethische Vorstellungen und materielle Interessen von Bedeutung sind. Ein wichtiger Gesichtspunkt in der Rechtssoziologie betrifft das Recht als Herrschaftsinstrument im Sinne von sozialer Kontrolle und als Instrument des geplanten sozialen Wandels. Das klingt alles sehr gut, lenkt uns aber vom Thema ab. Bezüglich der sozialen Entropie müssen im Hinblick auf das Recht zwei Aspekte hervorgehoben werden: Erstens wird das Recht mit zunehmender Komplexität und Demokratisierung der Gesellschaft derart differenziert und widersprüchlich, daß es sich als gesellschaftlicher Ordnungsfaktor gar nicht mehr eignet, und zweitens tendiert das staatliche Sanktionspotential gegen Null, weil der demokratische Staat in zunehmendem Maße unfähig ist, soziale Kontrolle auszuüben, das heißt, syntropische Energien zu entfalten.

Wir können alle zentralen Aspekte der komplexen Gesellschaft, die in der Soziologie theoretisiert werden, durchgehen und kommen zu demselben Ergebnis. Greifen wir mit verbundenen Augen in die prall gefüllte Kiste und fischen uns noch einen beliebigen Begriff heraus: die *Organisation*. Dieser Begriff bezeichnet ein System kooperativer sozialer Beziehungen. Die Organisation wird dem Begriff der sozialen Struktur im allgemeinen untergeordnet, da sich letzterer auf gesamtgesellschaftliche Einheiten bezieht. Die Organisation wird im Sinne einer relativ gut »organisierten« Assoziation verstanden, deren Beziehungsmuster so festliegen, daß man alle Mitglieder austauschen kann, ohne diese Muster wesentlich zu verändern. Eine bedeutsame Erkenntnis der Soziologie bestand darin, die formale von der informalen Organisation zu unterscheiden; die formale Organisation ist auf das zweckrationale Handeln im Sinne der Zielerreichung der Organisation gerichtet, während die informale Organisation gleichzeitig auf sozialer Spontaneität aufbaut. Eine Organisation ist um so erfolgreicher, je stärker die formale Organisation imstande ist, sich in der informalen zu vermitteln. Das leuchtet ein. Die Wirklichkeit ist aber anders, denn die informale Organisation durchdringt die formale in einem solchen Maße, daß das zweckrationale Handeln immer stärker aus dem Blick gerät, wobei das eingangs erwähnte Parkinsonsche Gesetz zusätzlich wirksam wird. Die Organisationen einer komplexen Gesellschaft entropieren also aufgrund ihrer endogenen Insuffizienz und beschleunigen die Entropie der Gesamtgesellschaft.

Ein weiteres Merkmal der komplexen Gesellschaft ist die soziale und regionale *Mobilität*. Soziale Mobilität ist die Bewegung von Personen innerhalb verschiedener Gliederungen einer Gesellschaft, besonders bezüglich der erworbenen Statuspositionen. Besonders wichtig ist dabei die horizontale und die vertikale Berufsmobilität, wobei die individuelle (z. B. der Berufswechsel bzw. -aufstieg) und die kollektive (z. B. die relative Aufwertung einer bestimmten Berufsgruppe) Berufsmobilität unterschieden werden. Die soziale Mobilität kann im Laufe einer individuellen Biographie (Intra-Generationen-Mobilität) oder im Verhältnis zur Generation der Vorfahren (Inter-Generationen-Mobilität) erfolgen. Zwei Aspekte wurden in der Soziologie diesbezüglich zu wenig beachtet, nämlich einerseits die soziale Entwurzelung, die individuelle Vereinsamung sowie die Normen- und Wertekonfusion, welche die soziale Mobilität begleiten, und andererseits die Tatsache, daß es auch eine massenhafte Abwärtsmobilität gibt. Beide Aspekte haben verständlicherweise mit sozialer Entropie zu tun.

In stärkerem Maße gilt dies für die *regionale* Mobilität, und zwar namentlich bezüglich der »Fremden«. Speziell die Deutschen bewegen sich bezüglich der Fremden zwischen zwei Extremen. Auf der einen Seite haben wir eine hochsyntropische, rassistisch aufgeladene Stammtischkultur und auf der anderen Seite eine hochentropische, säuerliche, sich links und/oder christlich gerierende Selbstzerfleischung, die darauf gerichtet ist, in uns selber alles Böse und im Fremden alles Gute zu suchen und zu finden. Beide Positionen sind aus unterschiedlichen Gründen schwer erträglich, und ihre ideologischen Vertreter lassen wenig Raum für eine differenzierende Diskussion. Der Haupteffekt beider Positionen läuft darauf hinaus, daß die multikulturelle Gesellschaft nicht funktioniert, sondern selber zu einem entropischen Kraftfeld wird.

Betrachten wir einen letzten Aspekt der komplexen Gesellschaft, nämlich die *Institution*. Die Soziologie lehrt uns diesbezüglich folgendes: Eine Institution ist die Summe der relativ feststehenden Formen für die Aktivitäten einer Gruppe, das heißt eine Reihe von organisierten Verfahrensweisen. Die Institution kann im Rahmen der Rollentheorie mit folgenden Begriffen erfaßt werden: Status (Stellung eines Individuums in einem sozialen Gefüge), Rolle (Dynamisierung des Status, der eine bestimmte Ausstattung mit Attributen, Rechten und Pflichten hat), soziale Kontrolle (Zwänge der Gruppe oder

Gesellschaft in Richtung auf Normeneinhaltung), Internalisierung (Verinnerlichung der gesellschaftlichen Werte und Normen durch das Individuum). Der Begriff der Institution wird in der Regel auf organisierte Verfahrensweisen beschränkt, die eine nennenswerte gesellschaftliche Bedeutung haben (Familie, Staat, Betrieb u. ä.). Die Institutionen sind bei der Herausbildung der sozio-kulturellen Persönlichkeit prominent beteiligt.

Das klingt wieder einmal prächtig, aber sehen wir uns die Institutionen der komplexen Gesellschaft konkret an: Die Unternehmen sind im Zuge der Inflation sozialpolitischer Ansprüche kaum noch handlungsfähig, die Gerichte sind überfordert, den Parteien mangelt es an Führungspersönlichkeiten, die Kirchen verweltlichen und verlieren ihre Anhänger, die Familien lösen sich auf, die Gewerkschaften schlachten die Kuh, die sie melken wollen, die Polizei kann ihre Aufgaben aufgrund der ständigen Ausweitung individueller Rechte kaum noch wahrnehmen, die Universitäten sind bereits voll entropiert, die Kommunen sind bis zur Handlungsunfähigkeit überschuldet, das Sozialversicherungssystem befindet sich am Rande des finanziellen Ruins, die Bundeswehr gerät in ein politisches Sperrfeuer, wenn sie für eine UNO-Friedensmission eingesetzt werden soll, in den Schulen herrscht der Vandalismus, der Duden paßt sich an die Verflachung und Anglisierung der deutschen Sprache an usw. usw. Dem Leser werden selber zahlreiche Beispiele einfallen, die den institutionellen Verfall dokumentieren. Wem es diesbezüglich an Phantasie mangelt, sollte sich durch die Lektüre einer Tageszeitung anregen lassen.

Politik

Politik und Verwaltung sind von ihrer Idee her syntropische Institutionen, in der Praxis aber meistens nicht. Allzu beflissene Maßnahmen der staatlichen und öffentlichen Organe behindern in der Regel jene Prozesse, die sie fördern sollen (z. B. im Rahmen der Bildungs- und Kulturpolitik), und andere Maßnahmen, die wirklich angebracht wären, werden nur mit äußerster Zurückhaltung durchgeführt. So ist beispielsweise die Umweltpolitik nur ein sehr kleines Feigenblatt am nackten Staatskörper.

Ein anonymer Witzbold hat einmal die Frage aufgeworfen, ob die Politik besser wäre, wenn die Politiker mehr trinken würden. Ich glaube, dies wäre nicht der Fall, weil die Mittelmäßigkeit der Politik in den modernen Gesellschaften nicht darauf zurückzuführen ist, daß die Politiker zu nüchtern sind. Sie beruht vielmehr auf folgenden Gründen:

Erstens reduziert sich die Politik in einer demokratischen Gesellschaft sozusagen strukturell auf den Durchschnitt aller öffentlichen Forderungen, was gleichbedeutend mit Mittelmäßigkeit ist; und zweitens vollzieht sich angesichts dieser Situation eine Selbstselektion der Politiker, die ein nahezu repräsentatives Sample der Gesamtgesellschaft sind. Das ist bitter. Aber alles hat seinen Preis, auch die Demokratie. Wie bei jedem statistischen Sample gibt es jedoch auch im Falle der Politiker extreme Ausprägungen, die von einzelnen politischen Genies bis zu brillanten Fehlbesetzungen reichen.

Obwohl die Politiker also eine nahezu repräsentative Teilmenge der Gesamtgesellschaft sind, bin ich entgegen einer landläufigen Meinung der Auffassung, daß sie von Politik mehr verstehen als der normale Bürger. Das Problem liegt darin, daß sie ihren Kompetenzvorsprung nicht angemessen umsetzen können, weil ihre Handlungsfähigkeit von allen Seiten eingeschränkt ist. Auf einen gesonderten Aspekt sollte diesbezüglich jedoch hingewiesen werden: Viele politische Probleme haben eine ethische Dimension. In diesem Bereich haben die Politiker natürlich keinerlei Kompetenzvorsprung gegenüber dem normalen Bürger, aber ausgerechnet hier fühlen sie sich in besonderem Maße berufen festzustellen, was im ethischen Sinne gut oder schlecht ist. Da dies mit großer Publizität geschieht, leisten die Politiker einen erheblichen Beitrag zur Banalisierung der Ethik und zur Steigerung der Wertekonfusion, das heißt zur kulturellen Entropie.

Da die Bürger die Politiker wählen, sind sie der Auffassung, daß die Politiker ihnen zu Diensten sein müssen. Dieser Anspruch wird mit ständigen Demonstrationen eindrucksvoll unterstrichen. Der Staat wird vorzugsweise als eine milchspendende Mutterbrust in Anspruch genommen, und der Zugang zu dieser nahrhaften Quelle wird mit allen zur Verfügung stehenden rechtlichen und publizistischen Mitteln erzwungen. Trotz dieser weiblichen Fürsorge ist von »Vater Staat« die Rede, und zwar mit spöttischem Unterton. Ähnlich merkwürdig ist der seltsame Klang von »Vaterland« im Gegensatz zur geschätzten, aber gleichwohl mißhandelten »Muttersprache«. Aber dies nur am Rande.

Jede einzelne Anforderung an den Staat mag berechtigt sein, aber in der Summe führen sie zur Überforderung, und diese betrifft weniger den Staat als Abstraktum als vielmehr die Politiker als Menschen aus Fleisch und Blut (wobei ersteres gelegentlich stärker in Erscheinung tritt als letzteres). Der entropische Prozeß durchwirkt auf diese Weise sowohl den Staat wie auch die Politiker, von denen man ja sprichwörtlich sagt, daß sie sich »verschleißen«, das heißt in einen höheren Zustand der Entropie übergehen. Erschwerend kommt hinzu, daß die wenigen wirklich bedeutenden Politiker in der Regel ihre potentiellen Kronprinzen neurotisieren, was einen Qualitätsverfall in der Nachfolge – also ebenfalls eine Zunahme der Entropie – zur Folge hat.

Zwei Begriffe sind in demokratischen Gesellschaften hoch suspekt, nämlich Elite und Führung. Ein hochgehandelter Wert ist demgegenüber Toleranz, die mit Gleichgültigkeit verwechselt wird, und die »Volksnähe«, die als wesentlicher Bestandteil politischer Problemlösungen betrachtet wird. Angesichts der Ratlosigkeit der toleranten und volksnahen Politik in bezug auf fast alle gesellschaftlichen Probleme ist dies eine erstaunliche Annahme. Ein chinesisches Sprichwort besagt: Über einen Abgrund kommt man nicht mit zehn kleinen Sprüngen, und dies ist genau das Dilemma der Politik in demokratischen Gesellschaften, da sie aufgrund ihrer Toleranz und ihrer Volksnähe zu zögerlich und kompromißhaft ist, um jene Probleme zu lösen, die von der Sache her kein Zögern und keine Kompromisse vertragen. Ein Paradebeispiel hierfür ist die Umweltpolitik seit den siebziger Jahren, und zwar speziell die sattsam bekannte Zerstörung der Ozon-Schicht durch Fluorchlorkohlenwasserstoffe.

Die tolerante und volksnahe Demokratie, so prächtig sie von der Idee her auch ist, führt nicht nur zu einer Verdünnung der politischen Verantwortung, sondern auch zu einem moralisierenden Engagement, das meistens das Gegenteil von dem bewirkt, was man anstrebt. Eine moralisierende Asylpolitik führt zum Beispiel zu einer Situation, in der die Asylgesetzgebung schließlich aufgrund einer unhaltbaren Situation verschärft werden muß; der moralisierende Artenschutz im Falle des Jagdwilds führt zu vermehrtem Waldverbiß und einer Erhöhung der Abschußquoten; die moralisierende Ausweitung des Mutterschutzes führt dazu, daß weniger Frauen im gebärfähigen Alter eingestellt werden, und die moralisierende Reform des Scheidungsgesetzes führt zu weitaus größeren Ungerechtigkeiten, als sie vorher bestanden haben.

Das Filetstück der Demokratie sind die Wahlen, zu welchen der mündige und politisch gebildete Bürger aufgerufen ist. Den letzten Schliff in bezug auf Mündigkeit und politische Bildung bekommt der Bürger während der Wahlkämpfe vermittelt, und zwar kostenlos. Das kennen wir alle zur Genüge, so daß ich nicht auf die Details eingehen muß.

Verwaltung

Betreten wir nunmehr die Welt der Formulare. Max Weber charakterisierte die Bürokratie als eine legal-rationale Herrschaftsorganisation, die nach den Prinzipien der Rationalität, des Gehorsams, der Disziplin sowie der Unpersönlichkeit arbeitet und sozusagen Gemeinschaftshandeln in Gesellschaftshandeln umsetzt, was letztlich die sachliche Erledigung von Vorgängen nach berechenbaren Regeln und durch spezialisierte Fachleute bedeutet. Wir wissen natürlich, daß Max Weber sogenannte Idealtypen konstruierte, die mit der Realität in einem Spannungsverhältnis stehen. Wenn wir uns in erster Linie für die Realität interessieren, sollten wir auf einige ergänzende Gesichtspunkte aufmerksam machen: Bezüglich der Rationalität gibt es nicht nur eine Vielzahl formalistischer und perfektionistischer Vorgänge, die völlig irrational sind, sondern es gibt im Zuge der sogenannten Regelbeförderung auch eine Selbstselektion der bürokratischen Elite, die alle Kriterien der Rationalität vermissen läßt. Bezüglich der Unpersönlichkeit, das heißt der Sachlichkeit und Neutralität, besteht eine Neigung, den Werte- und Normenkodex sowie die Interessen der oberen Schichten bevorzugt zu bedienen und informelle Loyalitätsbeziehungen im öffentlichen Dienst zu berücksichtigen. Bezüglich der fachlichen Kompetenz gibt es einen häufigen Konflikt zwischen Beamtendenken und Expertenurteil usw.

Entropische Infektionsherde sind in der Bürokratie also reichlich vorhanden, aber den zentralen Aspekt beleuchtet das bereits erwähnte Parkinsonsche Gesetz: Jede bürokratische Organisation tendiert dazu, sich unabhängig von ihren eigentlichen Aufgaben aufzublähen und einen immer größeren Teil ihrer Arbeit auf die Selbstverwaltung zu konzentrieren, bis sie schließlich ihre eigentlichen Aufgaben überhaupt nicht mehr wahrnimmt und nur noch mit ihren autogenen Problemen beschäftigt ist.

Wir wissen natürlich, daß sich die bürokratische Organisation nicht auf den staatlichen und öffentlichen Sektor beschränkt, sondern die gesamte Gesellschaft einschließlich der Wirtschaft durchdringt. Trost finden wir auch dieses Mal in der Soziologie, die das bürokratische Problem mit der angemessenen intellektuellen Distanz und dem gesunden Instinkt für die eigene Sinnfindung betrachtet:

»Im interdisziplinären Spektrum der Verwaltungswissenschaft richten sich Forschungsinteressen der Sozial- und Politikwissenschaft auf die Prozesse organisierter *Macht*- und Entscheidungsbildung, auf die in Verwaltungen wirksame Dynamik sozialen *Handelns* und auf die gesellschaftlichen Bedingungs- und Wirkungszusammenhänge politisch-administrativer *System*bildung. Eine spezielle ›Soziologie der öffentlichen Verwaltung‹ (Mayntz, 1978) entwickelte sich auf der Grundlage empirischer Organisations- und Verwaltungsforschung. Im theoretischen Rahmen ›makrosoziologischer‹ Reflexion erscheint moderne Verwaltung als ›Autonomsetzung eines besonderen Sozialsystems für rationale Entscheidungsfertigung‹ (Luhmann, 1966, 56), als Prototyp moderner ›Organisationsgesellschaft‹ (Gabriel, 1979), als Figuration der staatlichen Monopolinstitution öffentlicher Macht (Elias) oder als ›geronnener Geist‹ abendländischer Rationalisierung (Weber). Praktische Bezüge eröffnen sich im Wirkungsfeld einer ›aktiven Politik‹ der Gestaltung und Steuerung sozialen *Wandels*. In Forschung und Lehre konsolidierte sich V. mit einer in den 1970er Jahren verstärkten Nachfrage nach sozialwissenschaftlicher Politikberatung und einer Aufwertung sozialwissenschaftlicher Studien in der Aus- und Fortbildung des öffentlichen Dienstes.«[2]

Wenn die Soziologen antreten, um entropische Gesellschaftsprozesse zu verhindern oder umzukehren, darf man getrost davon ausgehen, daß nicht nur das Gegenteil geschieht, sondern daß gleichzeitig entropische Lawinen losgetreten werden, mit denen niemand gerechnet hatte.

[2] Endruweit u. Trommsdorff, Wörterbuch der Soziologie, S. 791.

Fazit: Bürokratien tendieren im Sinne der Autopoiesis dazu, immer komplexere Strukturen und Funktionen auszudifferenzieren. In der Alltagssprache nennen wir dies Überbürokratisierung. Die Arbeitsweise solcher hyperregulierter Systeme verhindert angemessene Antworten auf wechselnde Anforderungen. Dabei wird die soziale Entropie in zwei Varianten wirksam: Entweder wird die betreffende Organisation ein Opfer der multiplen Sklerose, oder sie erhält sich die notwendige Flexibilität dadurch, daß Ausnahmen zur Regel gemacht werden, was dem Opportunismus Tür und Tor öffnet und ziemlich das Gegenteil von dem bedeutet, was sich Max Weber vorgestellt hat.

2. Gehobene Kultur

Der Kulturbegriff ist in der allgemeinen Soziologie weit gefaßt. Eine häufig zitierte Definition stammt von Edward Burnett Tylor und lautet: »Kultur ist jenes komplexe Ganze, das Kenntnisse, Glaubensvorstellungen, Künste, Sitte, Recht, Gewohnheiten und jede andere Art von Fähigkeiten und Dauerbetätigungen umfaßt, die der Mensch als Mitglied einer Gesellschaft erwirbt.«

Die Kultur einer Gesellschaft wird durch die Individuen im Zuge eines lebenslangen sozio-kulturellen Lernens (Enkulturation) verinnerlicht, tradiert und als Folge von Individuationsprozessen kreativ verändert. In komplexen Gesellschaften entstehen in der Regel kulturelle Differenzierungen in der Form von Subkulturen, die in eine kreative Spannung zur dominanten Kultur geraten können, was den kulturellen Wandel fördern kann oder aber – was ich für wahrscheinlicher halte – zu einer Normen- und Wertekonfusion führt, welche den entropischen Prozeß beschleunigt. Dies aber nur am Rande, denn ich verwende den Kulturbegriff in diesem Kapitel nicht im Sinne der allgemeinen Soziologie, sondern im Sinne der Kultursoziologie und des allgemeinen Sprachgebrauchs, nämlich als die Summe aller hervorragenden Leistungen im Bereich von Literatur, Dichtung, bildender Kunst, Musik, Theater u.ä. Die Aufgabe der Kultursoziologie wird folgendermaßen beschrieben:

»Die Kultursoziologie ist herausgefordert, an den Wirklichkeiten, die sie untersucht, hier die zugrunde liegende – wenn auch wandelbare, erst immer in actu sich abzeichnende Regie und mit der Regie das Spiel, die Spielführer, die Volten und Wendungen der Dinge – aufzuhellen. Daß angesichts der Vieldeutigkeit und zugleich Ambivalenz, der Strahlkraft, aber auch Abgedunkeltheit, in der Kultur und kultureller Sinn erscheinen, diese Aufgabe nicht leicht zu lösen ist, ist deutlich.«[3]

Auch ich fühle mich dieser Aufgabe nicht gewachsen, bin aber motiviert, mich dem Thema etwas hemdsärmliger zuzuwenden.

Ich habe lange und tränenreiche Abende mit der Lektüre von Theorien über Kunst und Ästhetik verbracht. Mit äußerster Härte gegen mich selbst las ich Arnold Gehlen, Walter Benjamin, Herbert Marcuse, Theodor W. Adorno, Alphons Silbermann, Niklas Luhmann und andere. Jeder, der diesen Leidensweg auch hinter sich gebracht hat, kann ermessen, was ich damals durchgemacht habe. Es war ganz schrecklich. Wenn ich heute daran denke, was ich in dieser Zeit Besseres hätte tun können, tröste ich mich mit dem Gedanken, daß man eine solche Erfahrung gemacht haben muß, um sich darüber klar zu werden, mit welchen Beschäftigungen man sein Leben verbringen will und mit welchen nicht. Damit der Leser einen Eindruck von dem bekommt, was ich meine, reiche ich ihm ein kleines Bonbon aus dem prallen Füllhorn der Kunstsoziologie:

»Ergeben sich aus solchen berufspraktischen Gemengelagen für die Soziologie der Bildenden Kunst einerseits gattungsbedingte Binnengliederungen und Differenzierungschancen, so sind andererseits jene Gemeinsamkeiten zu beachten, welche die diversen Unterarten des bildnerischen Ausdrucks konstitutionell einen und ihnen zudem konditionelle Übereinstimmungen mit den Verlautbarungen anderer Gattungen zuweisen. Dazu gehören insbesondere die Rahmenbedingungen und Strukturkomponenten, welche die Kunstwirklichkeit in ihren diversen Erscheinungen äußerlich mitlenken.«[4]

---

[3] Endruweit u. Trommsdorff, Wörterbuch der Soziologie, S. 378.
[4] Ebd., S. 380.

Das Hauptproblem der Kunstsoziologie liegt allerdings gar nicht dort, wo man es aufgrund eines solchen Textes vermuten würde. Es geht nämlich nicht in erster Linie darum, daß sie sprachlich so außerordentlich mühsam ist, sondern darum, daß sie als Kunst akzeptiert, was »gesellschaftlich« als solche wahrgenommen wird. Das ist etwa so, wie wenn man wissenschaftlich über Liebe arbeiten wollte und für die wissenschaftliche Kategorienbildung akzeptieren würde, daß dieser Begriff nicht nur für zarte Herzensempfindungen, sondern auch für die Prostitution und alle möglichen Varianten der Pornographie gebräuchlich ist – nach dem Motto: Liebe ist, was gesellschaftlich dafür gehalten wird.

Nachdem die Theorien über Kunst von Heraklit bis Karl Jaspers noch einigermaßen manierliche Aussagen machten, kam das große Unglück mit Georg Lukács, der das Kunstwerk als eine Spiegelung der Realität ansah. Wenn diese Deutung stimmt, dann ist die implizite Botschaft der modernen Kunst fatal. Ich bin allerdings insoweit zuversichtlich, als ich annehme, daß es den meisten modernen Künstlern gar nicht gelingt, die Realität angemessen zu spiegeln, aber möglicherweise entspringt diese meine Einstellung einem Optimismus, der keine Grundlage hat.

Ich neige jener ganz altbackenen Kunsttheorie zu, nach welcher die Kunst eine vornehmlich ästhetische und transzendente Aufgabe hat, die nicht nur über das Erhabene, sondern auch über die Tragödie, die Komödie und die Parodie wahrgenommen werden kann. Die persönliche Philosophie des Künstlers interessiert mich nicht, solange er sich nicht durch Produkte einer angemessenen Qualität als solcher ausgewiesen hat. Das geflügelte Wort »Kunst kommt von Können«, ist zwar oft kritisiert und veralbert worden, aber es ist dennoch zutreffend.

Ästhetik und Kunst

Beginnen wir mit der Ästhetik. Wenn man vor einem Labyrinth steht, empfiehlt sich ein Blick in den Brockhaus:

> »Ästhetik (grch. ›Wahrnehmung‹) *die*, die Wissenschaft, die sich mit dem Schönen in allen seinen Erscheinungsformen befaßt, d. h. sowohl mit dem Naturschönen als auch mit dem Kunstschönen und allen Unterarten . . .; auch Teilgebiet

der Philosophie. Die Ästhetik hat es mit einem zweifachen Gegenstand zu tun: Sie kann einerseits die das ästhetische Erleben anregenden Eigenschaften der Objekte ermitteln (*objektive Ästhetik*), andererseits das ästhetische Verhalten untersuchen (*subjektive Ästhetik*). Letztere erforscht erkenntnistheoretisch die Bedingungen des ästhetischen Verhaltens oder psychologisch den ästhetischen Erlebnisvorgang.«

Nach dieser scholastischen Handreichung brauchen wir einige Vitamine, um uns wieder wohl zu fühlen.

Das Schöne und das Häßliche sind zwar eine Realität, aber nicht jedermann ist es gegeben, zwischen beiden unterscheiden zu können. Häufig kommt es zu schmerzlichen Verwechslungen; dabei wird in der Regel weniger das Schöne für häßlich gehalten als vielmehr das Häßliche für schön.

Wir leben in einer Zeit größter Beliebigkeit von Werten und Normen. Die allseits erhobene Forderung nach Toleranz ist mit der Zumutung verbunden, Haarsträubendes mit dem Eingeständnis der Wehrlosigkeit hinzunehmen. Das Postulat, jeder solle nach seiner Façon leben, führt letztlich zu einem Milieu, in dem keiner mehr nach seiner Façon leben kann. Auf diese Weise haben wir kollektiv einen ästhetischen Kahlschlag ohnegleichen produziert, und zwar nach dem wohlfeilen Motto: »Über Geschmack läßt sich nicht streiten.« Dieses Motto ist eine Erfindung von Menschen ohne Geschmack.

Das Hauptproblem der Ästhetik besteht darin, daß man das Schöne nicht nach bestimmten abstrakten Kriterien definieren, sondern nur ganzheitlich erleben kann. Letzteres scheint ein Talent zu sein, das nicht allen Menschen gegeben ist, so wie manche Menschen musikalisch oder sprachbegabt sind und andere nicht. Die komplizierten Erklärungen, mit denen sich die sogenannten Kunstkritiker abmühen, sind diesbezüglich wenig hilfreich. Es läßt sich einfach nicht begründen, warum ein bestimmtes Bild, eine Symphonie oder ein Roman gelungen ist oder nicht. Wer dafür begabt und entsprechend sensibel ist, hat diesbezüglich jedoch ein ganz sicheres Urteil.

Wir haben politische, wirtschaftliche, militärische und viele sonstige Eliten. Wie steht es mit der ästhetischen Elite? Sie existiert, aber sie besteht nicht unbedingt aus jenen Personen, die sich für gewöhnlich dazuzählen. Viele Totengräber der Ästhetik haben sich zu falschen Päpsten ausgerufen, und zwar ausgerechnet jene, denen die Pflege der Ästhetik zuallererst zufällt, an vorderster Front die Künstler selber. Sie schaffen es, mit Hilfe des Kunstmarktes einem in ästhetischer Hinsicht völlig desorientierten und verwahrlosten Publikum weiszumachen, daß das Häßliche schön, das Schlechte gut und das Minderwertige wertvoll sei. Da diese Umwertung auf breiter Front gelingt, erleiden deren Opfer bleibende psychische Schäden, ohne dies jedoch zu bemerken. Eigentlich muß die Kunst vor den modernen Künstlern geschützt werden.

Das meiste von dem, was am modernen Kulturbetrieb erfreulich ist, bezieht sich auf die Pflege bedeutender kultureller Leistungen, die nur ausnahmsweise aus der Periode nach dem Ersten Weltkrieg stammen. Die Pflege der künstlerischen Vergangenheit ist aber eine ebenso sympathische wie nutzlose syntropische Anstrengung, denn man kann die Zeit nicht dadurch anhalten, daß man die Zeiger einer Uhr festklemmt. Natürlich gibt es neben der Pflege überkommener Kultur immer noch viele bemerkenswerte kreative Leistungen, aber das zarte Pflänzchen der Kunst blüht nur selten dort, wo die Marktwirtschaft ihren Dünger ausstreut. Dort wächst eher ein ebenso hochgezüchtetes wie minderwertiges Produkt heran, das an die holländischen Treibhaustomaten erinnert. Henry Miller hat auch für dieses Thema einige passende Worte gefunden:

»Es gibt nicht einen furchtlosen Kämpfer für die Wahrheit in der Verlagswelt, nicht eine Filmgesellschaft, die sich der Kunst statt dem Gewinn widmet. Wir haben kein Theater, das diesen Namen verdient, und was wir an Theater haben, ist praktisch in einer Stadt konzentriert. Wir haben keine Musik, über die es sich zu sprechen lohnt, außer was wir den Negern verdanken, und kaum eine Handvoll Schriftsteller, die man als schöpferisch bezeichnen kann. Wir haben Wandmalereien als Schmuck an unseren öffentlichen Gebäuden, die dem ästhetischen Entwicklungsstand nach etwa von High School-Niveau sind – in Entwurf und Ausführung manchmal darunter. Wir haben Kunstmuseen, die zum größten Teil mit leblosem Plunder vollgestopft sind.«[5]

Die moderne Kunst ist zum größten Teil schlecht, aber erfolgreich. Ihre Protagonisten und Profiteure sichern sich gegen Kritik mit zwei Argumenten ab:

---

[5] Henry Miller, Der klimatisierte Alptraum. Reinbek 1977, S. 31.

- Kunst laufe ihrer Zeit voraus und werde erst später verstanden (wie das Beispiel van Gogh zeige);
- die Kritik an der modernen Kunst speise sich aus dem »gesunden Volksempfinden«, das nichts anderes sei als ein faschistoides Unterbewußtsein; auch die Nationalsozialisten seien schon gegen die »entartete Kunst« gewesen. Die moderne Kunst sei geradezu die passende Medizin gegen diese psychische Krankheit.

Dies sind zwei Argumente der wohlfeileren Sorte. Sie haben zwar einen sachlichen Kern, taugen aber in keiner Weise dazu, den Unsinn zu legitimieren, der unter dem verblichenen Etikett der Kunst betrieben wird. Im Zuge des entropischen Prozesses ist allerdings zu befürchten, daß die moderne Kunst von späteren Generationen tatsächlich goutiert wird und daß das »gesunde Volksempfinden«, das erfreulicherweise nicht nur eine faschistoide Qualität hat, sich völlig verflüchtigt.

Ein bekanntes Motto der modernen Kunst lautet: »Jeder ist ein Künstler, und alles ist Kunst.« Dies ist Entropie in höchster Ausprägung. Die moderne Kunst hat damit als erstes gesellschaftliches Teilsystem das Ziel der Geschichte erreicht.

Theater

Werfen wir nunmehr einen kurzen Blick auf das Theater, weil ein längerer Blick nicht zu ertragen ist, nachdem dieses traditionelle syntropische Kraftzentrum innerhalb weniger Jahrzehnte zu einem Opfer der Entropie geworden ist. Eigentlich sind nur noch die Provinzbühnen einigermaßen genießbar. Was auf den sogenannten großen Bühnen dargeboten wird, ist deprimierend, und ich leide innerlich mit den vielen hervorragenden Schauspielern, deren Talent für diesen Unsinn vergeudet wird. Das moderne Theater ist eine intellektuelle, ästhetische und emotionale Zumutung, auf die man am besten mit Absentismus reagiert, aber auch die sogenannten klassischen Stücke werden in einer solchen Art aufgeführt, daß von ihnen kaum noch etwas übrig bleibt, weil sich die zeitgenössischen Intendanten und Regisseure »selbstverwirklichen« wollen. Dieses Bemühen erbringt höchst unerfreuliche Resultate, und letztere liegen qualitativ mehrere Stockwerke unter dem künstlerischen Niveau des betreffenden klassischen Autors – trotz seiner Zeitgebundenheit. Wenn man zum Beispiel eine Aufführung des ›Othello‹ besucht, bei der die ganze Bühne mit einem grünlichen Schleim bedeckt ist, die wegschwitzende Schminke des Othello als subtile künstlerische Absicht verstanden werden soll und eine nackte Frau über einer Wäscheleine hängt, dann hat man einiges erlebt, das im hohen Maße der Deutung bedürftig ist. Entweder zweifelt man an seinem Verstand, oder man wird zornig. Da der betreffende Regisseur gerade diese Reaktionen als sein künstlerisches Ziel betrachtet, darf er sich erfolgreich fühlen.

Aus solchen Äußerungen könnte man vermuten, daß ich vom modernen Theater nichts verstehe. Das mag schon sein, aber irgendwie frage ich mich doch, ob ich als regelmäßiger Theaterbesucher nicht einer der Hauptadressaten des Theaters bin und in dieser Eigenschaft auf ein offensichtliches Kommunikationsproblem hinweisen darf. Allerdings gibt es viel berufenere Kritiker als mich, z. B. Boreslaw Barlog, den Gründer des Schloßparktheaters und langjährigen Intendanten des nunmehr geschlossenen Schillertheaters:

> »... heute regieren die nackten Ärsche auf der Bühne, und das wird dann als Weltanschauung ausgegeben. ... Da gehen am Anfang zwanzig Männer in Militärmänteln vierzigmal um die Bühne, so lange, bis das Publikum schreit: ›Mensch, wo wollt ihr denn hin?‹ Und anschließend öffnen die Männer vorn an der Rampe ihre Mäntel und onanieren. ... Die Intendanten wurden von Leuten ausgewählt, die, auf deutsch gesagt, Arschlöcher sind und von Tuten und Blasen keine Ahnung haben. ... (Frank Castorf) inszeniert ›Lear‹ so, daß Cordelia sich im Nachthemd auf einen Eimer setzen muß, und über Lautsprecher wird das Pinkelgeräusch übertragen. Stell dir das mal vor. Die Senatoren, die meisten Intendanten, viele Regisseure, das sind doch Zwerge heute.«[6]

Im Gegensatz zur Kunstsoziologie sind solche Aussagen gut zu verstehen. Die übliche Theaterkritik des Feuilletons ist vor diesem Hintergrund ein eher rührender Versuch, dem Sinnlosen Sinn zu verleihen, sofern diese syntropische Anstrengung überhaupt unternommen wird.

---

[6] »Jetzt bist Du ein Staatsschauspieler«, Interview mit Boreslaw Barlog und Erich Schellow. In: SZ-Magazin, 15. 10. 1993, S. 12 ff.

Literatur

Etwas, aber nicht viel besser ist die Lage in der belletristischen Literatur. Zu dieser Einsicht gelangt man allerdings nicht, wenn man die literatursoziologischen Texte von Georg Lukács, Lucien Goldmann, Theodor W. Adorno oder Alphons Silbermann liest, sondern wenn man sich die belletristischen Literaten selber zu Gemüte führt und erlebt, wie ein kränklicher Pegasus mit matten Flügelschlägen über die Republik taumelt. Tief betroffen und gramgebeugt sitzen unsere Autoren über ihren Manuskripten, wie wenn sie die gesamte Erblast der deutschen Geschichte tragen müßten, und schnuppern mit traurigem Blick an verregneten Fenstern. Hand aufs Herz: Das ewige Gejammer der wundgescheuerten deutschen Seele kann doch kaum noch jemand ertragen! Es mangelt nicht an Betroffenheit und Gram, sondern an guten und interessanten Texten.

In anderen Industrieländern wird zwar eine Literatur produziert, die etwas farbiger und freudiger ist, aber wenn man diese Werke vor dem Hintergrund der Literaturgeschichte betrachtet, wirken sie doch ziemlich zweitklassig. Angesichts dieser Situation könnte man auf die Idee kommen, die betreffenden Werke nicht mehr im Original zu lesen, sondern sie nur noch in irgendeiner Variante von Fast-food zu konsumieren. Für einfache Ansprüche empfehle ich hierfür Reader's Digest oder Verfilmungen und für gehobene Ansprüche das Feuilleton der ›Süddeutschen Zeitung‹, das ich mit masochistischen Erregungen zu lesen pflege. Dort erfahren wir zum Beispiel folgendes:

» ›Lolita, Licht meines Lebens, Feuer meiner Lenden. Meine Sünde, meine Seele. Lo-li-ta: Die Zungenspitze macht drei Sprünge den Gaumen hinab und tippt bei drei gegen die Zähne. Lo.Li.Ta.
Sie war Lo, kurz Lo, am Morgen, 1,50 Meter groß in einem Söckchen. Sie war Lola in Hosen. Sie war Dolly in der Schule. Sie war Dolores von Amts wegen. Aber in meinen Armen war sie immer Lolita.‹
So beginnt Vladimir Nabokov seinen besten Roman, einen der größten dieses Jahrhunderts: Fast nur Wortgeklingel, keine Action, und doch ist dem Leser wohl nie ein Mädchen so verführerisch präsentiert worden wie dieses. Dazu das Skandalon: Die Kindfrau, 1,50 Meter groß mit Söckchen, befeuert die Lenden eines zweifellos sprachgewaltigen, of-

fensichtlich älteren Mannes. Wer nach solchem Auftakt nicht weiterliest, wer danach das Buch aus der Hand legt, der ist für die Literatur verloren.«[7]

Ich will mich im folgenden bemühen, so höflich wie möglich zu sein. Den qualitativen Verfall der Literatur versucht man mit einer quantitativen Inflation zu kompensieren. Das entropische Hauptereignis in diesem Bereich ist die jährliche Frankfurter Buchmesse. Die gute Literatur kommt heutzutage meistens nicht aus den Zentren des sogenannten Fortschritts, sondern aus dessen Peripherie, aber auch diese Literaturproduktion ist ziemlich mager im Vergleich zu dem, was die Literaturgeschichte schon bereitgestellt hat. Das Beste am heutigen Literaturmarkt ist vermutlich die Literaturkritik, die zwar unverständlich ist, sich aber immerhin auf einem hohen intellektuellen Niveau bewegt.

Nun könnte man natürlich fragen, ob Bücher überhaupt gelesen werden müssen. Es gibt ja den bekannten Trend, daß immer weniger Menschen lesen, aber immer mehr Menschen schreiben. Wenn sich dieser Trend fortsetzt, wird letztlich niemand mehr lesen, aber alle werden schreiben. Die Literatur hätte dann ein Höchstmaß an Entropie erreicht, das in der bildenden Kunst längst Realität geworden ist. Diese Entwicklung hätte einen erfreulichen Nebeneffekt: Da niemand mehr liest, braucht jedes Buch nur in zwei Exemplaren gedruckt zu werden: Das eine behält der Autor als Belegexemplar, und das andere wird bei der Deutschen Bibliothek in Frankfurt eingereicht. Verlage, Druckereien, Literaturkritik und Buchmessen würden verschwinden, und die in diesen Branchen tätigen Personen könnten sich mit sinnvolleren Dingen beschäftigen.

Auch das ebenso anmutige wie fragile Reich der Poesie verwandelt sich nach und nach in eine Trockensteppe mit seltsamen, verkrüppelten Gewächsen. Bezüglich der traditionellen Themen der Dichtung ist die moderne Lyrik äußerst enthaltsam und beschränkt sich darauf, alles das für besonders gehaltvoll zu halten, was unverständlich oder paradox klingt und irgendwie mit psychischer Unpäßlichkeit zu tun hat. In der Lyrik ist längst eingetreten, was in bezug auf die Prosa als Trend erwähnt wurde, nämlich die Tatsache, daß nur noch

---

[7] Uwe Wittstock, Autoren in der Sackgasse. In: Süddeutsche Zeitung, 26./27. 2. 1994, Beilage S. I.

geschrieben, aber nicht mehr gelesen wird. Dies ist ein guter Schritt in Richtung auf die Erhöhung von Entropie, deren höchster Zustand erreicht wird, wenn die Lyrik gar nicht mehr geschrieben wird. Außer den Dichtern würde das kaum jemand bemerken.

Erlauben Sie mir, zu diesem Thema noch ein kleines Dessert zu reichen. Auch dieses köstliche Häppchen entnahm ich dem Feuilleton der ›Süddeutschen Zeitung‹:[8]

> »1965 führte Schuldt Kunst und Dichtung zusammen und baute ›Textkörper‹, dreidimensionale Gedichte, die einen Anfang haben, aber dann, je nachdem wie man die Gebilde in der Hand hält, hier oder da oder dort weitergehen. Die Geometrie des Gegenstandes wird zum Satzbau des Textes: ›Weil es mich gestört hatte, daß ein Satzanfang, der sich in verschiedene Richtungen entwickeln kann, immer nur eine Möglichkeit realisiert, wenn man ihn weiterschreibt.‹ So hat er Potenzgedichte geschaffen, die der Leser hin und her drehend immer wieder neu variieren kann...
> Aus dem faden ›fad‹ wird:
> ›Fauler Atem, da / Fährt aus den / Flüchtlingen Armuts Dunst! / Fängt alles durch / Fehler an, dutzendweise / Falsch, als Dasein / Frivol auf Dachses / Füßen? Ach, dumme / Frage, aus dir / Faselt Aberwitz. Dein / Fimmel, allergisch, dreht / Flausen als Dochte / Flammende Ampeln der / Fopperei.‹«

Musik

Werfen wir nunmehr sozusagen ein Ohr auf die Musik. Um uns angemessen einzustimmen, hören wir zunächst, was uns die Musiksoziologie mitzuteilen hat:

> »Musiksoziologie hat musikbezogenes *Verhalten* (Handeln, Erleben) zum Gegenstand, wobei Musik meint: Schallereignisse (Töne, Klänge, Geräusche), die als solche in ihrer Abgegrenztheit von der sonst akustisch wahrnehmbaren *Umwelt* aus irgendeinem Grund als *wert*behaftet gelten. Für Musik ist konstitutiv, daß es sich um eine positive *soziale*

---

[8] Dichten im Dschungel des Lexikons. In: Süddeutsche Zeitung, 22. 5. 1995, S. 13.

Wertung solcher Schallereignisse handelt. Daraus folgt: Musik als sozial ausgezeichnetes akustisches Produkt muß nicht außerdem in einen konkreten *Interaktions*zusammenhang eingebettet sein, um soziologisch relevant zu werden. Es reicht insoweit, wenn ich mir eine Musikkassette alleine anhöre; ich muß sie nicht einem Dritten vorspielen.«[9]

Solchermaßen intellektuell gestärkt, wenden wir uns nunmehr den »wertbehafteten Schallereignissen« direkt zu. Die sinnreiche Unterscheidung in E- (ernste) und U- (Unterhaltungs-)-Musik hilft uns, die Kraftfelder der kulturellen Entropie zu identifizieren. Die klassische E-Musik wird mit einem hohen syntropischen Aufwand konserviert; dies sei anerkennend vermerkt. Die moderne E-Musik hat allerdings längst den höchsten Zustand der Entropie erreicht, was den positiven Nebeneffekt hat, daß sie nicht weiter entropieren kann.

Die *klassische* U-Musik ist ebenso syntropisch wie die klassische E-Musik und von dieser nur schwer zu unterscheiden (z. B. Mozart, Strauss).

In der *modernen* U-Musik gibt es drei Unterabteilungen, nämlich erstens alles, was im weitesten Sinne mit ethnischer Identität zu tun hat, zweitens die sogenannten Schlager, drittens die Chansons und schließlich viertens das, was dann noch übrig bleibt. In der ersten Gruppe gibt es nach wie vor erhebliche syntropische Leistungen (z. B. aus Afrika, den USA, Lateinamerika, Irland, Griechenland), aber auch einen galoppierenden entropischen Qualitätsverfall (z. B. die sogenannte deutsche Volksmusik). Die Schlager, die bis in die zwanziger Jahre hinein eine respektable Gattung der U-Musik darstellten, sind bereits voll entropiert, ein Schicksal, das etwas zeitverschoben auch die Chansons erleiden; die zentrale Veranstaltung, auf der letztere schubartig entropiert werden, ist der alljährlich stattfindende »Grandprix de la chanson«, der stundenlang die beste Fernsehzeit blockiert.

Was dann noch übrig bleibt, ist ein Konglomerat von Lautstärke, Gewalt, schlechtem Geschmack und Obszönität, wobei betont maskuline, betont feminine oder betont androgyne Schreihälse in gigantischen Spektakeln auftreten. Meistens putzen sie sich so heraus, daß sie aussehen wie gefährliche Insekten. Die Botschaft, die sie uns mitzuteilen haben, ist rela-

---

[9] Endruweit u. Trommsdorff, Wörterbuch der Soziologie, S. 457.

tiv simpel, nämlich jene Philosophie, mit der wir uns schon in den sechziger Jahren aufgrund eines Titels der »Rolling Stones« vertraut machen mußten: »I can get no satisfaction«. Ausgehend von einer beliebigen Theorie der Ästhetik ist es nicht nur erstaunlich, daß überhaupt jemand freiwillig in diesem Bereich tätig ist, sondern vor allem, daß sich diese Darbietungen eines riesigen Publikums erfreuen. Vor dem Hintergrund der Musikgeschichte kann man wohl ohne größere Skrupel von einer dynamischen Zunahme der Entropie sprechen.

Malerei und Plastik

Auch die bildende Kunst, soweit sie uns über den Kunstmarkt begegnet, befindet sich in einem Zustand hoher Entropie. Die betreffenden Produkte, die als Kunst bezeichnet werden, sind ein geheimnisvolles Nichts und haben erstens keinerlei Merkmale, die zu einer derartigen Bezeichnung berechtigen, und zweitens unterscheiden sie sich häufig nicht einmal geringfügig von Alltagsgegenständen. Es genügt in diesem Fall, daß ein selbsternannter Künstler solche Gegenstände als Kunst bezeichnet und sie mit diesem Anspruch ausstellt. Ein moderner Künstler braucht eigentlich nur noch ein einziges Segment der Kunst zu beherrschen, nämlich die Kunst der Vermarktung. Dies gilt für die Malerei ebenso wie für die Bildhauerei. Hierzu gehört dreierlei: (1) der Künstler muß möglichst exzentrisch auftreten, weil das Kunstpublikum der Meinung ist, ungewöhnlich sei identisch mit genial, (2) er muß eine möglichst wirre Kunstphilosophie anbieten, und (3) er muß den Applaus jener sogenannten Öffentlichkeit bekommen, die sich durch den Kontakt mit Kunst zwar aufwerten will, von ihr aber nichts versteht. Das schöne Märchen von ›Des Kaisers neuen Kleidern‹ stellt die Situation des modernen Kunstmarkts treffend dar. In einem anderen Märchen, dessen Titel mir entfallen ist, kommt ein Satz vor, der ungefähr so lautet: Er flog so hoch, daß ihn keiner mehr sah, und manche meinten, er sei überhaupt nicht geflogen.

Der Zustand höchster Wahrscheinlichkeit, nämlich des totalen Verfalls, ist in der bildenden Kunst bereits erreicht. Joseph Beuys, der als einer der bedeutendsten Künstler unserer Zeit gehandelt wird, war ein Vertreter jener hochentropischen Philosophie, nach der jeder Mensch ein Künstler sei. Diesbezüglich sei einschränkend erwähnt, daß nur wenige dieser fünf

Milliarden Künstler die entscheidende Fertigkeit im Bereich der modernen Kunst beherrschen, nämlich die bereits erwähnte Kunst der Vermarktung. Jeder Mensch ist ein Künstler, alles ist Kunst, alles ist erlaubt. Während die Malerei noch einige Beschränkungen bezüglich von Formaten und Farben setzt, ist die Freiheit im Bereich der sogenannten Objekte, Installationen und Happenings nahezu grenzenlos. Werfen wir einen kurzen Blick auf eines der wichtigsten modernen Kunstwerke:

»Die zentrale Arbeit ist die Honigpumpe, nun in massiver Präsenz als ruhendes Materiallager.... diese den menschlichen und gesellschaftlichen (Blut-)Kreislauf symbolisierende Arbeit existierte nicht losgelöst, sondern war untrennbar mit dem Raum der ›Free International University for Creativity‹ (FIU) verbunden. In der FIU aber trat Beuys nicht mehr als Einzelkämpfer auf, sondern wurde manchmal zu einem unauffälligen Teil von Diskussionsforen.«[10]

Für diejenigen Leser, die noch immer nicht verstanden haben, worum es in der modernen Kunst geht, will ich ein weiteres Zitat einfügen, das hoffentlich die erwünschte Klärung bringt:

»Auf den ersten Blick kann hier der Besucher den Umfang des Werkes erfassen. Mächtige plastische Gebilde und filigrane Stücke, frei im Raum oder, wie die vier langen hohen Filzwinkel mit dem Eurasienstab, hochaufgerichtet gegen die Wand gelehnt. Szenenbeherrschend in diesem Panorama sind die vier blockhaften Teile von ›Grond‹ (1980/81) und jene hundert Schultafeln, die Beuys auf einem niedrigen Podest aus rohen Holzplanken als ›Richtkräfte‹ (1974) arrangiert hat. Während die Kumulation der kreidebeschrifteten Tafeln – drei sind auf Staffeleien gestellt – auf die Aktion von Arbeitssitzungen verweist, sind die monumentalen plastischen Figuren von ›Grond‹ von einem gänzlich anderen Charakter. Hinter ausrangierten Büro-Möbeln – Schrank, Stuhl, Schreibtisch und einem Lautsprecher – ragt jeweils eine Batterie parallel geschichteter Kupferplatten auf, gleichsam als ›Hinterkopf‹ der gebrauchten Gegenstände. Beide Male weiten sich Alltag und Lebenspraxis in eine symboli-

---

[10] Seine dritte Heimat. Die documenta-Arbeiten von Joseph Beuys in Kassel. In: Süddeutsche Zeitung, 18. 10. 1993.

sche Dimension, wofür die Kunst allein Gestalt geben kann. Wer näher an die ›Richtkräfte‹ herantritt, wird weder den Schatten-Abdruck einer schwarzen Tafel auf dem Holzpodest übersehen, noch das matte Licht, das aus einem blinden Kasten auf die Schrift strahlt. Quer über die Tafeln führt ein Kreidestrich – ohne Ende über die Installation hinweg.
Noch stärker ist der transzendierende Zug im Fall von ›Grond‹. Dort zeigen sich die angebundenen Teile als skulpturale Hauptsache. Als Sinnbild der potenzierten Energie, erweitern die quasi-provisorisch in einem Holzgerüst zusammengeschraubten Kupferplatten den punktuellen Anlaß ins Unermeßliche. Was im kleinen konkret begonnen hat, stiftet Energie, behauptet der Künstler in dieser gewaltig kühnen Verklammerung von gebrauchtem Gerät und elementarem Wert-Stoff. Da funktioniert, in der Begegnung von kostbarem Kupfer mit der Qualität der Formkraft, eine zielgerichtete Symbolik. Der Lautsprecher mit dem Spruch ›Jetzt brechen wir hier den Scheiß ab‹, ist nicht in Betrieb, das zeitweilig tätige Büro für direkte Demokratie, wie die skulpturale Arbeit zeigt, ist längst abmontiert. Beuys hat der Initiative ein transistorisches Denkmal gesetzt.«[11]

Lassen wir diese Erkenntnisse einen Moment auf uns einwirken und runden wir das Thema mit zwei Nachrichten ab, die ich ebenfalls der Tagespresse entnahm:

»Eine spanische Musikerin, die 1992 bei einem Konzert in einer Kölner Kirche einen toten Hirsch auf dem Altar aufgebahrt hatte, ist am Montag vom Vorwurf der Anstiftung zur Tierquälerei freigesprochen worden. Ein Schöffengericht beim Kölner Amtsgericht vertrat die Ansicht, die Präsentation des toten Hirschen falle unter die im Grundgesetz garantierte Freiheit der Kunst. Die Staatsanwaltschaft hatte der 33jährigen Komponistin und Sängerin vorgeworfen, ein Tier ›ohne vernünftigen Grund‹ getötet und damit gegen das Tierschutzgesetz verstoßen zu haben. Die Künstlerin recht-

---

[11] Beuys in der Offensive. In: Süddeutsche Zeitung, 2. 12. 1993, S. 16. Wenn ich nicht schon vorher einiges Material gesammelt hätte, wäre mein Aufwand für Recherchen dennoch unerheblich gewesen, denn Texte eines solchen Zuschnitts findet man ständig, ohne zu suchen, z. B. Formvernichtung, Selbstverzehrung. In: Süddeutsche Zeitung, 8. 3. 1994, S. 14 oder Die Revolution sind wir. In: Süddeutsche Zeitung, 14. 3. 1994, S. 11.

fertigte ihr Verhalten und sagte, es sei ›eine alte Tradition‹, in der Kunst mit Kadavern zu arbeiten.«[12]

»Das dänische Kunstmuseum in Esbjerg, das in seinen Vitrinen den Künstler Christian Lammerz verwesende Schweine ausstellen ließ, will die sieben Kadaver für umgerechnet jeweils 18 000 Mark verkaufen. Schließlich handele es sich bei den toten Schweinen um Kunst, sagte Museumsdirektor Peter Meyer. Lammerz hatte die Schweine nach der Schlachtung wieder zusammengenäht und in Vitrinen zur Schau gestellt, um die Museumsbesucher den Prozeß der Verwesung beobachten zu lassen. Das Museum mußte eine Belüftung einbauen, um den penetranten Verwesungsgeruch erträglicher zu machen.«[13]

Wenden wir uns nunmehr einigen weniger prominenten Künstlern aus meinem Bekanntenkreis zu. Da ist zunächst einmal James, ein junger Mann aus England, der von sich sagt, daß er Bildhauer sei. Statt einer Hose trägt er eine Art Wickelrock; der rechte Daumennagel ist blau lackiert. Seine berufliche Selbstdeutung lautet: »Sculpture today has nothing to do with old Greek stone monuments. It's free, it's philosophy, it's imagination, it's love, it's everything.« Seine letzte Skulptur, die ich bewundern durfte, sah folgendermaßen aus: Drei Distelköpfe waren auf blaues Papier geklebt, in der Mitte ein weißer Streifen. James versicherte mir, daß diese Skulptur exakt seine Gefühle vom Vortage zum Ausdruck brachte. Das sei jetzt aber schon Vergangenheit, und dieses Kunstwerk hätte für ihn bereits keinerlei Bedeutung mehr.

Ein anderer Künstler, den ich kenne, heißt Heinz. Er trägt immer eine ausgewaschene Leinenhose, ein altes T-Shirt und eine abgewetzte graue Lederjacke. Er malt großformatige abstrakte Bilder, und zwar ausschließlich in den Grundfarben gelb, rot und blau. Heinz erklärt sein künstlerisches Anliegen folgendermaßen: »Das eigentliche Ziel, das ich aber noch nicht erreicht habe, besteht darin, ein Bild zu malen, das sich völlig auflöst, wenn man es interpretieren will. Es ist einfach Nichts.« Ich meine, daß Heinz dieses hochgesteckte Ziel schon längst

---

[12] Toter Hirsch auf dem Altar fällt unter Kunstfreiheit. In: Süddeutsche Zeitung, 22. 2. 1994, S. 10.
[13] Museum will ausgestellte Schweinekadaver verkaufen. In: Süddeutsche Zeitung, 15. 4. 1994, S. 8.

erreicht hat. Es gibt im übrigen ein wichtiges Detail: »Die Linie muß für sich selber sprechen, aber wenn man sich auf sie einläßt, darf sie keine Aussage mehr haben.«

Der dritte Künstler, den ich hier kurz vorstellen möchte, heißt Dirk de Haan. Die wichtigsten Voraussetzungen für einen Künstler bestehen seiner Ansicht nach darin, daß er keine fachliche Ausbildung hat und die Kunstgeschichte nicht kennt, weil er sonst nie zu sich selbst findet. Ebenso wichtig sei das Prinzip »no message«. Das funktioniert folgendermaßen: »Ich warte so lange, bis ich alle Ideen, die in mir hochkommen, als schwachsinnig erkannt habe, besonders jene, die zunächst tiefsinnig erschienen. Dann knall' ich mir die Birne voll. Dann mach' ich einen dicken roten Strich auf die Leinwand, und dann mach' ich einfach weiter. Ich schmeiße Sand drauf, ich pinkle drauf und mach' einfach alles, wonach mir gerade ist. Danach fühle ich mich zwar genauso beschissen wie vorher, aber die reichen Typen kaufen so was.«

Ein besonders magersüchtiger Sproß der bildenden Kunst ist das sogenannte Design, dessen höchste Erfüllung darin zu bestehen scheint, einen technischen Gegenstand so kalt und so seelenlos zu gestalten, wie es nur irgendwie geht. Wo das Design überwiegt, werden die betreffenden Gegenstände darüber hinaus unpraktisch. Es scheint den Designern keine Ruhe zu lassen, daß die ideale Form für die meisten Gegenstände bereits gefunden wurde, und zwar von längst verstorbenen Personen, die alle keine Designer waren. Wenn es nicht so ärgerlich wäre, wäre es rührend zu sehen, wie sich unsere Designer darum bemühen, einen ästhetischen Standard zu erreichen, der durch alle historischen Epochen von der Bronzezeit bis zum Jahre 1918 mühelos erreicht wurde.

Erfreulicherweise kann man sich der modernen Kunst teilweise entziehen, indem man tunlichst darauf achtet, Kunstausstellungen, Kunstzeitschriften und die einschlägigen Sendungen im Fernsehen zu meiden. Leider ist dies im sogenannten öffentlichen Raum nicht möglich. Ich weiß nicht, was schlimmer ist: die Brunnenanlagen, die Standbilder oder die unsägliche »Kunst am Bau«. Glücklicherweise kenne ich keinen der betreffenden Künstler oder der verantwortlichen kommunalen Beamten. Alle Menschen, die ich kenne, leiden unter der ästhetischen Verschandelung unserer städtischen Umwelt und fahren im Urlaub gerne in Orte, die von diesem Fortschritt verschont geblieben sind.

Die Zunahme der Entropie können wir natürlich auch in der »Filmkunst« beobachten. Auf der einen Seite haben wir alle nur denkbaren Varianten von Pornographie und Gewalt, und auf der anderen Seite haben wir vor allem Filme, in denen depressive Personen in deprimierenden Milieus bei deprimierendem Wetter eine deprimierende Handlung abwickeln, wobei alles, was krank, pervers, mies, obszön, frech, larmoyant, primitiv, häßlich, kriminell, steril und/oder banal ist, ein besonderes Prestige hat. Die wenigen syntropischen Ausnahmen bestätigen die entropische Regel.

3. Alltagskultur

Verlassen wir nunmehr das Reich der Kultur im engeren Sinne und werfen einen Blick auf die sogenannte Alltags- und Freizeitkultur. Auch diese ist zwar ein Teil der Kultur im soziologischen Sinne, nicht aber im Sinne eines wertenden Kulturbegriffs, den ich bevorzuge, weil er es beispielsweise erlaubt, die Mona Lisa in eine andere Schublade zu legen als ein Poster von Michael Jackson. In der Alltags- und Freizeitkultur werden alle Neurosen der hochentwickelten Gesellschaften ausgelebt. Dies ist ein Stoff, mit dem man ganze Bibliotheken füllen könnte. Um dieses Buch nicht zu sprengen und um den Leser psychisch nicht zu überlasten, will ich mich kurz fassen und nur einige wenige Aspekte ansprechen.

Technik

Die technische Zivilisation ist reich an Überraschungen und entropischen Effekten. Denken wir zunächst an jene zahlreichen Produkte sympathischer Nutzlosigkeit, wie zum Beispiel Spielkarten-Mischmaschinen, Gartenzwerge und Raumsprays, sowie an jene anderen Produkte, die nicht richtig funktionieren, wie zum Beispiel Toilettenpapier, das nur ausnahmsweise an den vorgesehenen Sollbruchstellen reißt, Verpackungen, die ohne schweres Werkzeug nicht zu öffnen sind, oder Nahrungsmittel, die einem das Kalzium aus den Knochen ziehen.

Eine hiermit verwandte Gattung von Produkten könnte zwar »an sich« angemessen funktionieren, tut es aber nicht de facto. Hierfür zwei Beispiele: Die in den modernen Betonlabyrinthen von den Architekten und Städteplanern vorgesehenen »Kommunikationsräume« bleiben desolater und trostloser als jede Tiefgarage. Das zweite Beispiel betrifft die allerheiligste Ikone der modernen Industriegesellschaft, nämlich das Auto. Dieses technisch vortreffliche Produkt hat maßgeblich zur Zerstörung der Städte, der Landschaft und der Biosphäre – einschließlich der anderen Verkehrsteilnehmer, die ja auch Teil der Biosphäre sind – beigetragen, dabei aber immer mehr von seiner sinnvollen Funktion eingebüßt.

Ich vermute, daß in einer modernen Großstadt ungefähr ein Drittel aller gefahrenen Strecken der Suche nach einem Parkplatz gilt, ein weiteres Drittel für überflüssige Unternehmungen verfahren und das letzte Drittel mit Fahrten zu Werkstätten und Tankstellen ausgefüllt wird. Darüber hinaus schätze ich die Durchschnittsgeschwindigkeit des Autoverkehrs in einer modernen Großstadt auf ungefähr zehn Stundenkilometer. Diese Geschwindigkeit kann man zwar auch mühelos mit dem Fahrrad erreichen, man mag aber mit dem Fahrrad trotz seiner evidenten Vorzüge nicht so gern fahren, weil man sich die Auspuffgase des stockenden Autoverkehrs nach Möglichkeit ersparen will. Die Autos werden zwar immer schneller und besser – übrigens auch teurer –, zugleich aber auch immer sinnloser. Abgesehen davon werden sie sich immer ähnlicher, erleiden also nicht nur eine Zunahme der Entropie im funktionalen, sondern auch im ästhetischen Sinne. Alte Autos machen gute Laune; moderne Autos produzieren aseptische Langeweile.

Denken wir weiterhin an jene zahlreichen Produkte, die kein normaler Mensch mehr angemessen handhaben kann. Obwohl ich handwerklich begabt bin, war ich nicht in der Lage, die Aufhängungsvorrichtung eines Rolleaus aus einem bekannten schwedischen Möbelhaus zu verstehen. Ebenso habe ich bislang noch nicht herausbekommen, was die meisten Knöpfe und Anzeigen an meiner Stereoanlage bedeuten, ganz abgesehen von den Schwierigkeiten, meinen Radiowecker auf die Sommer- bzw. Winterzeit umzustellen. Dasselbe Problem scheint auch im Rüstungsbereich zu bestehen: Die modernen Waffensysteme sind derart kompliziert und sensibel geworden, daß man Zweifel hat, ob sie im Ernstfall überhaupt einsetzbar wären, aber wenn sie tatsächlich funktionieren würden, würde man all das zerstören, was man eigentlich verteidigen will. Die Argumente für die moderne Rüstung scheinen also nicht in allen Details schlüssig.

Nicht zu vergessen seien auch jene Produkte, die zur Erhöhung der Bequemlichkeit erfunden wurden und sich großer Beliebtheit erfreuen. Bequemlichkeit führt zu einem Verfall der körperlichen und intellektuellen Leistungsfähigkeit, was sich kollektiv zu kulturellem Verfall auswirkt. Der Indianerhäuptling Standing Bear brachte dies folgendermaßen auf den Punkt:

»Sie bringen wundersame Dinge hervor, aber es sind alles Dinge, die zerstören. Sie nennen Bequemlichkeit Komfort, aber es zerstört die physische Kraft des Menschen. Komfort macht Kulturmenschen, Kulturpflanzen und Kulturtiere zu kranken Schwächlingen.«[14]

Denken wir weiterhin an jene zahlreichen Produkte, die nicht nur entbehrlich, sondern häßlich sind, zum Beispiel Mountain-Bikes, Outdoor-Kleidung, Surfboards, Leggings, Digitaluhren, Spoiler, Nasenringe, Designer-Bestecke und ähnlicher Unsinn. Aber denken wir vor allem an jene Produktionsverfahren und Produkte, welche die Selbstzerstörung der technischen Zivilisation herbeiführen werden, das heißt alles, was mit Massenvernichtungswaffen, Umwelt- und Ressourcenplünderung, Landschaftsverbrauch, Giften, pathologischen Keimen, Sprengstoffen, Radioaktivität, elektromagnetischen Wellen und »Problemmüll« zu tun hat. In diesem Zusammenhang ist der Begriff der Risiko-Gesellschaft geprägt worden. Nichts scheint die moderne Industriegesellschaft so zu reizen wie die Gefahr. Deren entropische Qualität kommt angemessen im eingangs zitierten »Dritten Gesetz von Murphy« zum Ausdruck: Alles, was schiefgehen kann, geht irgendwann tatsächlich schief.

Architektur und Stadtentwicklung

Ein wichtiger und aufgrund seiner materiellen Masse unübersehbarer Bereich, der höheren Zuständen der Entropie entgegenstrebt, betrifft die Architektur. Nehmen wir zunächst zur Kenntnis, was uns der Soziologe zu sagen hat:

---

[14] H. J. Stammel, Indianer. Gütersloh 1979, S. 180.

»Die Regeln, nach denen architektonische Werke gestaltet werden, hängen unter anderem ab von den Verwertungsbedingungen, unter denen Architekten arbeiten, und von ihren Menschen- und Gesellschaftsbildern; sie sind also zu einem erheblichen Teil sozial determiniert. Ergebnis solcher Gestaltung sind Konfigurationen physischer Objekte, die auf bestimmte Zwecke des Gebrauchs hin angelegt sind. Damit beeinflussen sie die Beziehungsformen und Handlungsmuster der Menschen, die sie benutzen – der Grundriß und die Ausstattung einer Wohnung zum Beispiel wirken sich auf die soziale Organisation des Haushaltes aus, der in dieser Wohnung lebt. Diese Synomorphie ist in der Mikrosoziologie, vor allem aber in der Umweltpsychologie, vielfach nachgewiesen worden. Will man sie erklären, dann muß man physische Objekte als Träger von Zeichen auffassen (Semiotik), die wahrgenommen, interpretiert und auf Handeln bezogen werden. Dieser Decodierungsprozeß ist selber wieder von sozialen Bedingungen abhängig: Die *soziale Distanz* zwischen Gestaltungs- und Interpretationscode bestimmt über das relative Verhältnis von denotativen und konnotativen Elementen und damit über das Ausmaß an Verhaltenssicherheit, das ein Akteur in einer Situation entwickeln wird.«[15]

Solchermaßen auf höhere Stufen der Unklarheit versetzt, wollen wir wieder festen Boden unter die Füße bekommen und uns fragen, ob sich die Probleme der Architektur aus der Perspektive von deren Opfern noch etwas konkretisieren lassen. Ich denke: ja. Zuallererst muß jedoch die heiligste aller heiligen Kühe geschlachtet werden, nämlich das Bauhaus. Schon deren Protagonisten haben die Umwelt mit einer Vielzahl schrecklicher Gebäude verunstaltet, aber noch schlimmer war die Wirkung der zahlreichen Epigonen, die – wie Pandora – ihre Büchsen öffnen und Plagen aller Art über die Landschaft verteilen. Seit dem Bauhaus wird so gebaut, wie es die Architekten gut finden. Das ist die eigentliche Katastrophe. Von »Baukunst« kann gar nicht mehr die Rede sein.

Für ihre Behauptung, schön und funktional sei im Grunde dasselbe, haben sie selber die eindrucksvollsten Gegenbeweise geliefert, aber am fatalsten war sicherlich die Tatsache, daß sie

---

[15] Endruweit u. Trommsdorff, Wörterbuch der Soziologie, S. 41 f.

die Hauptfunktion ihrer »funktionalen« Gebäude vollkommen übersehen haben, daß diese nämlich dem Wohlbefinden der in ihnen arbeitenden und wohnenden Menschen dienen sollten. Die moderne Architektur schwankt zwischen aseptischer Sterilität und düsterer Impotenz. Zwei Beispiele aus Hamburg sollen genügen: Die Arbeitersiedlungen der Gründerjahre am Grindelhof sind heutzutage Leckerbissen auf dem Wohnungsmarkt, und keinem Bauhaus-inspirierten Architekten ist je ein ähnlich schöner Bahnhof gelungen wie derjenige am Dammtor, in dessen unmittelbarer Nähe sich übrigens ein scheußliches Hotelhochhaus befindet, das den Verfall der Architektur für jedermann erkennbar macht. In diesem Zusammenhang sollte man erwähnen, daß die Postmoderne noch viel schlimmer ist, als es bereits die Moderne war.

Die alten Industrie-, Infrastruktur- und Wohngebäude haben eine ästhetische und emotionale Qualität, die der modernen Architektur gänzlich abgeht. In massiver Form kann man dies in den zahlreichen Vorortsiedlungen und Trabantenstädten erleben, und die höchste Steigerung dieser menschenfeindlichen Sterilität ist wohl die Retortenstadt Brasília, die von monumentaler Trostlosigkeit ist und als deren einzige sinnvolle Einrichtung der Flughafen gelten muß, von dem aus man in richtige Städte fliegen kann. Ich kenne nur noch eine ähnlich desolate Stadt, die aufgrund ihrer Lebendigkeit allerdings nicht ganz so trostlos wie Brasília wirkt, nämlich Athen. Am allerschlimmsten ist aber wohl der sozialistische Städtebau, den ich glücklicherweise nur vom Hörensagen kenne.

Betrachtet man die Architekturgeschichte aller Völker von ihrem Beginn bis zum Ersten Weltkrieg, so erweisen sich die betreffenden Gebäude und Siedlungsanlagen als durchweg erfreulich. Mißmut stellt sich ein, wenn man die spätere Architekturgeschichte betrachtet. Sie hat wesentlich zur psychischen Deformation jener Menschen beigetragen, die ihr tagtäglich ausgesetzt sind, bis sie ihren individuellen Geschmack an jene Monstrositäten angepaßt haben, um die allgegenwärtige ästhetische Umweltverschmutzung überhaupt ertragen zu können. Dennoch finden sie die Innenstadt von Bamberg instinktiv schön und die Münchner Vorstadt Neu-Perlach häßlich; sie würden auch lieber in einer alten Jugendstilwohnung leben als in einem dieser modernen Schuhkartons, und sie würden auch lieber in einem schönen alten Restaurant in Freiburg essen gehen als in einem Betonbunker in Hannover.

Eindrucksvolle Beispiele für den Verfall der Architektur finden sich auch in Hotels. Folgende Stimmung wird den meisten Lesern vertraut sein:

> »Ich bin in einem kleinen, dem Anspruch nach komfortablen Zimmer eines modernen Hotels, das mit den allerneuesten Errungenschaften ausgestattet ist. Das Bett ist sauber und weich, die Dusche funktioniert bestens, der Toilettensitz ist seit dem letzten Gast sterilisiert worden, wenn ich glauben darf, was auf dem herumgeschlungenen Papierstreifen gedruckt steht; Seife, Handtücher, Streichhölzer, Briefpapier – alles ist in Hülle und Fülle vorhanden.
> Ich fühle mich deprimiert, unsagbar deprimiert. Müßte ich dieses Zimmer für längere Zeit bewohnen, dann würde ich verrückt werden – oder Selbstmord begehen. Der Geist des Ortes, der Geist der Menschen, die diese Stadt so schrecklich gemacht haben, wie sie ist, sickert durch die Wände. Mord liegt in der Luft. Er droht mich zu ersticken.«[16]

Nicht die Erfindung des Betons war verheerend, sondern die Tatsache, daß er in die Hände der modernen Architekten geraten ist. Dieser sinnvolle Baustoff, der erfreulicherweise eine diskrete Farbe hat, wurde ebenso zum materiellen Träger des schlechten Geschmacks wie andere neue Materialien, zum Beispiel Aluminium und die zahlreichen Kunststoffe, die grundsätzlich auch sehr sinnvoll sind und in akzeptabler Präsentation verarbeitet werden könnten. Wie bei vielen technischen Innovationen überwiegen aber auch hier die negativen Effekte gegenüber den positiven.

Die jüngsten Versuche, die moderne Architektur zu humanisieren, wirken aufgrund ihrer mangelnden Professionalität eher rührend, und sie bleiben weit hinter dem Niveau zurück, das die Architektur schon einmal erreicht hatte, von einigen technischen Innovationen im Bereich der Strom- und Wasserinstallationen einmal abgesehen. Letztere lassen sich im übrigen relativ simpel nachrüsten, was den allseits beliebten »modernisierten Altbau« ergibt.

Die allerschlimmsten Auswüchse, die man eigentlich gar nicht erwähnen mag, sind Gebäude der Bundesbahn, der Fernsehanstalten, der Gewerkschaften, weiterhin moderne Kirchen,

---

[16] Miller, Der klimatisierte Alptraum, S. 24.

Krankenhäuser, Kulturzentren und alles, was im engeren und weiteren Sinne mit Spielplätzen, Friedhöfen, Autobahnen, Ski-Anlagen, Studentenwohnheimen und Tankstellen zu tun hat.

Der Beitrag der modernen Architektur zur Erhöhung der Entropie besteht nicht nur im ästhetischen Verfall, sondern in den kollektiven psychischen Schäden, die dieser verursacht. Ähnliches gilt für die Stadtentwicklung, welche die Erhöhung der sozialen Entropie außerordentlich beschleunigt. Die moderne Stadt hat längst jene positiven Funktionen verloren, denen sie historisch ihre Entstehung verdankt. So sind insbesondere die großen Städte komplexe neurotische Gebilde, die mehr Probleme schaffen als lösen. Hier – in den Zentren des sogenannten Fortschritts – sind die gesellschaftlichen Desintegrationsprozesse am allerbesten zu beobachten. Diese Tatsache illustriert beispielhaft die generelle These, wonach der Entwicklungsprozeß mit steigendem Niveau einen gegenläufigen Prozeß zunehmender Entropie erleidet, bis die Entwicklung schließlich völlig zusammenbricht. Dieser Zustand ist in vielen Teilsystemen der Architektur und der Stadtentwicklung längst erreicht, zum Beispiel in den öffentlichen Bahnhofstoiletten – um lediglich diese bescheidenen, aber dennoch bedeutsamen gesellschaftlichen Institutionen zu erwähnen –, die aus vielerlei Gründen für Personen mit einem Mindestmaß an syntropischen Ansprüchen schon lange nicht mehr benutzbar sind.

Der Psychoanalytiker Alexander Mitscherlich hat sich in einem breiteren Ansatz mit der Stadtentwicklung beschäftigt;[17] seine Grundthese besagt sinngemäß, daß das Leben in der modernen Großstadt immer stärker mit der natürlichen Triebausstattung des Menschen in Konflikt gerät. Vor 130 Jahren, als die Städte (besonders in den USA) nach heutigen Maßstäben noch geradezu idyllisch waren, sprach Chief Seattle, der Häuptling der Duwamish, in seiner berühmten Rede vor dem Präsidenten:[18]

»Der Anblick Eurer Städte schmerzt die Augen des roten Mannes. Vielleicht, weil der rote Mann ein Wilder ist und

---

[17] Alexander Mitscherlich, Die Unwirtlichkeit unserer Städte. Frankfurt a. M. 1967.
[18] Wir sind ein Teil dieser Erde. Die Rede des Häuptlings Seattle vor dem Präsidenten der Vereinigten Staaten von Amerika im Jahre 1855. Olten, Freiburg 1982, S. 18 f. Diese Rede wurde zwar gehalten, aber der heute vorliegende Text ist im Wortlaut nicht authentisch; er wurde aus der Erinnerung protokolliert und mehrfach redigiert; diese Tatsache entwertet allerdings nicht den Inhalt.

nicht versteht. Es gibt keine Stille in den Städten der Weißen. Keinen Ort, um das Entfalten der Blätter im Frühling zu hören oder das Summen der Insekten. Aber vielleicht nur deshalb, weil ich ein Wilder bin und nicht verstehe. Das Geklappere scheint unsere Ohren nur zu beleidigen. Was gibt es schon im Leben, wenn man nicht den einsamen Schrei des Ziegenmelkervogels hören kann, oder das Gestreite der Frösche am Teich bei Nacht? Ich bin ein roter Mann und verstehe das nicht.«

Ein weißer Mann, der das verstand, war Henry Miller. Seiner ausgeprägten Sensibilität für Architektur und Stadtentwicklung verdanken wir die folgenden Impressionen:

»Chicagos South Side ... ist wie ein riesiges, unorganisiertes Irrenhaus. Nichts kann hier gedeihen als Laster und Krankheit ... Von all den kleinen, von Menschenhand geschaffenen Parks ist der in Jacksonville, Florida, wohl der armseligste, eintönigste, schäbigste, denke ich. Er gehört in ein George Grosz-Bild. Er riecht förmlich nach Tuberkulose, üblem Mundgeruch, Krampfadern, Paranoia, Verlogenheit, Onanie und Okkultismus. Alle die Tunichtgute, die Taugenichtse, die Ehemaligen und Möchtegerne Amerikas scheint es hier irgendwann hinzutreiben ... Wir wettern über den Vandalismus der Hunnen, über unsere ehemaligen Feinde, die Deutschen – und doch geht mitten unter uns, in dem letzten architektonischen Refugium Amerikas, im Garten einer Welt, die wir mit eigenen Händen zerstört haben, das hinterhältige Werk der Zerstörung weiter.«[19]

So ist das.

Mode

Werfen wir nunmehr einen Blick auf die Mode und lassen zur Einstimmung wieder den Soziologen sprechen:

»Folgende Faktoren wurden unter anderem in den Erklärungsansätzen genannt: die Triebstruktur des Menschen

---

[19] Miller, Der klimatisierte Alptraum, S. 47, 52 und 112.

(dazu zählen u. a. die Neugierde und das Setzen sexueller Signale), der Fetischcharakter der Kleidung, das Streben nach Schmuck und Auszeichnung, das Streben nach Nachahmung und Identifikation, aber auch nach Abgrenzung, das heißt die Ambivalenz von *Konformitäts-* und *Individualisierungs-*bedürfnissen, die Distinktionsversuche oberer Sozialschichten, das kapitalistische Profitstreben. Nicht nur die Ursachen, sondern auch die Auswirkungen der Mode sind umstritten. Sie wird verantwortlich gemacht für den wachsenden *Konsum*terror, aber auch für die Demokratisierung der Gesellschaft oder die Ästhetik des Alltags.«[20]

Sehr schön. Aber lassen Sie mich an dieser Stelle noch eine Anmerkung zur Entropie anfügen. Ein gutes Motto lautet: Der schlechte Geschmack ändert sich ständig; der gute Geschmack ändert sich nicht. Dieses Motto ist auch auf das Begriffspaar Unwahrheit/Wahrheit anwendbar, aber dies nur am Rande. Nachdem sich die Bekleidungsindustrie von bewährten ästhetischen Standards abgewandt und auf die individuelle Nachfrage umgestellt hat, entropierte ein gesellschaftlicher Bereich, dem die Demokratisierung nicht zuträglich war. Zwar wird die individuelle Nachfrage von selbsternannten ästhetischen Eliten vorgeformt, aber letztere bewegen sich selber innerhalb der ästhetischen Standards, die im größten Teil der Bevölkerung latent vorhanden sind. Dazu paßt das Postulat der »Selbstverwirklichung«, wonach jedermann das anzieht, was ihm selber gefällt. Dies hat verheerende Konsequenzen und führt zum Zerfall aller ästhetischen Ordnungsstrukturen. Die selbsternannten ästhetischen Eliten im Bereich der Mode sind Meinungsführer, die den entropischen Prozeß sozusagen von oben her beschleunigen.

Betrachten wir nur kursorisch, für welche Kleidungsstücke sich viele Zeitgenossen bei ihrem Bemühen um Selbstverwirklichung entscheiden: Gesundheitssandalen mit Socken; Jogging-Anzüge; Hosenröcke; ausgeleierte Pullover; Lederjacken; Kleidungsstücke mit großen Firmenemblemen, absurden Aufdrucken und in schrillen Farben; über- oder unterdimensionierte Jacken, Hosen und Mäntel; haarsträubende Farbkombinationen; Westernstiefel usw.

Wenn der Leser von einem Gefühl der Trauer erfaßt wird,

---

[20] Endruweit u. Trommsdorff, Wörterbuch der Soziologie, S. 451.

weil er bei dieser zufälligen Aufzählung erkennt, welcher ästhetischen Umweltverschmutzung er täglich ausgesetzt ist, so muß ich dieses Gefühl mit dem Hinweis verstärken, daß sich die am Körper getragene Mode selbstverständlich nicht auf die Kleidung beschränkt, sondern sich auch auf Schmuckstücke, Uhren, Brillen, Frisuren und Make-up erstreckt. Ähnliche Erscheinungen gibt es bei fast allen Produkten des Alltagslebens, zum Beispiel Möbeln, Teppichen, Autos, Haushaltstextilien, Geschirr, Besteck u. ä. Alle Erinnerungen, die jetzt im Leser aufsteigen, sollte er ohne Widerstand durch sich hindurchfließen lassen, damit sie nicht an ihm haftenbleiben.

Freizeitkultur

Die Mode führt uns zwanglos in das bunte Paradies der Freizeitkultur. Bevor wir uns in subjektiven Wertungen verlieren, bitten wir noch einmal den Soziologen um ein objektivierendes Wort:

> »Die Freizeitsoziologie umfaßt die Anwendung von theoretischen Ansätzen, Methoden und Erkenntnissen der allgemeinen Soziologie auf Phänomene der Freizeit. Diese ist ein strukturelles Ergebnis moderner gesellschaftlicher Arbeitsteilung, insbesondere der von Jahreszeiten und traditionellen Ritualen unabhängigen Standardisierung und Normierung der Arbeitszeit sowie der Trennung von Wohnung und Arbeitsplatz für die meisten abhängig Beschäftigten im Zuge der Industrialisierung, die zur lebensweltlichen Polarisierung von Arbeit und Freizeit führte, mit der auch der Wandel der modernen Familie von der Produktions- zur typischen Konsumtionsgruppe einherging. Von Freizeit als Sphäre relativer individueller Disponibilität des Handelns kann allerdings, für die breite Arbeiterschaft, erst seit den Arbeitszeitverkürzungen dieses Jahrhunderts gesprochen werden, die in der arbeitsfreien Zeit auch Spielraum jenseits physiologisch notwendiger Rekreation gelassen haben. Allerdings ist der humanistische Gedanke der freien Zeit als Mittel gesteigerter individueller Freiheit bereits gegen Ende des 16. Jahrhunderts in Europa verbreitet.«[21]

[21] Ebd., S. 211 f.

Eine schöne, aber nutzlose Formulierung. Lassen Sie mich das Thema im folgenden noch etwas vertiefen. Die aufgrund kürzerer Arbeitszeiten gewonnene Freizeit muß irgendwie totgeschlagen werden, und sie wird dazu genutzt, um eine neue Unfreiheit zu erzeugen. Dies geschieht entweder durch depressive Lethargie, durch zwanghafte Hyperaktivität oder durch Fernsehkonsum. Von diesen drei Varianten ist die depressive Lethargie wohl noch die angemessenste Reaktion.

Die zwanghafte Hyperaktivität begegnet uns in der Regel als Sport,[22] der längst seine Funktion zur Erhaltung der körperlichen Gesundheit verloren hat und in eine kollektive Neurose gemündet ist. Dies allein wäre schlimm genug, noch schlimmer ist jedoch die Tatsache, daß sich zur Alimentierung dieser kollektiven Neurose eine spezialisierte Industrie herausgebildet hat, deren hochentropische Produkte wie Ski-Lifte, Schneekanonen, Surf-Bretter, Mountain-Bikes, Paraglider, Enduring-Motorräder und Skate-Boards mit dem jeweiligen modischen »Outfit« die Landschaft massenhaft verschandeln. Entropische Kraftfelder ganz eigener Art sind darüber hinaus große Sportveranstaltungen, bei denen im Sinne des soziologischen Begriffs des Ventilverhaltens die unterdrückte Sekundärpersönlichkeit zu einem dominanten gesellschaftlichen Akteur wird. So ungefähr würde ein der Werturteilsfreiheit verpflichteter Soziologe beispielsweise über die Fußball-Rowdies schreiben.

In zunehmendem Maße werden auch jene Sportveranstaltungen entropiert, die traditionellerweise syntropische Kraftfelder des guten Geschmacks und kultivierter Umgangsformen waren, zum Beispiel Tennisturniere.

---

[22] Damit klar ist, worum es dabei geht, sollten wir noch einmal den intellektuellen Beistand der Soziologie in Anspruch nehmen: »Als grundlegende Charakteristika des Sports treten hervor: körperliche Bewegung, soziale Normierung, Leistungsorientiertheit und Unproduktivität. Entgegen der früher vertretenen Auffassung, Sport sei lediglich zweckfreies Tun, hebt er sich nach heutiger Auffassung von Alltags- und Arbeitshandlungen dadurch ab, daß er zwar nicht unbedingt zwecklos ist, jedoch auch nicht ausschließlich den tradierten Nützlichkeitserwägungen unterliegt (...). Sport bewegt sich in zahlreichen unterschiedlichen Ausprägungen zwischen den Polen Spiel und Arbeit, Kampf und Muße und tritt als Breiten- oder Leistungssport – je nach Intensität der wettkampforientierten Aktionen – in Erscheinung. Sport ist zu messen an den Prinzipien der Konkurrenz, Gleichheit und des Rekordstrebens; er ist gekennzeichnet durch die Phänomene der *Differenzierung, Spezialisierung, Rationalisierung* und Verwissenschaftlichung.« Endruweit u. Trommsdorff, Wörterbuch der Soziologie, S. 680.

Drei Aspekte erscheinen im Zusammenhang mit dem Sport noch erwähnenswert: (1) Ein Jugendlicher, dem es gelingt, einen kleinen pelzigen Ball öfters als sein Gegner in dessen Feld zu plazieren, verdient wesentlich mehr Geld als der deutsche Bundeskanzler; (2) es gibt sehr sonderbare Aktivitäten, die als Sport betrachtet werden, zum Beispiel Autorennen, Boxen oder Synchronschwimmen; und es gibt (3) eine verbreitete medikamentöse Selbstschädigung der Sportler, die sozialwissenschaftlich noch nicht ausreichend gewürdigt wurde.

Ein soziologisch talentierter Fußballtrainer hat kürzlich auf eine wichtige morphologische Analogie aufmerksam gemacht: »Im Sport ist es wie im richtigen Leben, nur intensiver.« Man könnte den Sport in diesem Sinne als einen besonders empfindlichen Bio-Indikator für »das richtige Leben« betrachten. Diese Erkenntnis liefert uns wertvolle Hinweise auf die Zunahme der Entropie, welche die Gesamtgesellschaft erleidet.

Abgesehen vom Sport gibt es natürlich viele andere Möglichkeiten, um die Freizeit auszufüllen. Hierzu gehört insbesondere der Tourismus. Die bekannte und häufig in Anspruch genommene These, daß Reisen bilde, ist eine alte Klamotte, wo es doch heute darum geht, möglichst viel zu »erleben«. Das, was alle erleben wollen, reicht aber nicht für alle und führt dazu, daß sich die Wallfahrtsorte des Welttourismus zu internationalen Rummelplätzen entwickeln, an denen man am allerwenigsten das findet, was man sucht. Dies ist ein schönes und für jedermann leicht erfahrbares Beispiel für qualitative Entropie.

Medien

Eine andere erfolgreiche Variante, um die Freizeit auszufüllen, bieten die Massenmedien. Nehmen wir zunächst mit der angemessenen Aufmerksamkeit auf, was der Soziologe sagt:

> »Massenmedien stellen Organisationen/Institutionen dar, die sich mit den technischen Mitteln der Massenvervielfältigung befassen. Massenmedien werden als technische Einrichtungen, Instrumente bzw. Apparaturen bezeichnet, mit denen Aussagen bzw. Botschaften öffentlich, indirekt und einseitig an ein disperses Publikum verbreitet werden. Die verschiedenen Definitionen betonen übereinstimmend die

technische Vermittlungsleistung der Massenmedien, den einseitigen, das heißt rückkoppelungsarmen, Kommunikationsfluß sowie die Verbreitung der Aussagen an eine Öffentlichkeit – im Gegensatz zur Individualkommunikation.
Das Feldschema der Massenkommunikation (...) zeigt die vielen sozialen und psychologischen Faktoren und Interdependenzen, denen sowohl Kommunikator als auch Empfänger unterliegen. Der besondere Charakter der Massenkommunikation wird durch einen Vergleich mit interpersonaler Kommunikation deutlich. In der Massenkommunikation ist zum Beispiel die Beziehung zwischen Kommunikator und Empfänger weitaus unpersönlicher, künstlicher und von größerer sozialer Distanz geprägt, besitzt geradezu asymmetrische Eigenschaften: Die Kommunikatoren der Massenmedien verfügen über mehr Ressourcen, Prestige und Expertenwissen als die Empfänger. Obwohl Massenkommunikation der Intention nach auf andere Individuen (Empfänger) bezogen ist, ist sie nicht unmittelbar an deren Handeln orientiert. Es fehlt vor allem an der reflexiven Doppelstruktur der Erwartungen. Massenkommunikation gerät daher allenfalls zu ›para-sozialer Interaktion‹.«[23]

Lassen wir es dabei bewenden. Natürlich könnte man auch einen anderen Akzent setzen:

»... und dann gehen wir wieder unserer Arbeit nach oder greifen zu Drogen – zu Drogen, die weit schlimmer sind als Opium oder Haschisch – ich meine Zeitungen, Rundfunk, Kino. Wirkliche Drogen geben einem die Freiheit, sich seinen eigenen Träumen hinzugeben. Die amerikanische Abart zwingt einen, die perversen Träume von Menschen zu schlucken, deren einziger Ehrgeiz es ist, ihren Job zu behalten, gleichgültig, was man sie zu tun heißt.«[24]

Greifen wir einen beliebigen Bereich der Medien heraus, nämlich die sogenannte Fernsehkultur.[25] Ein wesentliches Kriterium bei der Erstellung der Fernsehprogramme sind die sogenannten Einschaltquoten. Dies führt dazu, daß hauptsächlich

---

[23] Endruweit u. Trommsdorff, Wörterbuch der Soziologie, S. 420.
[24] Miller, Der klimatisierte Alptraum, S. 31.
[25] Vgl. Jobst Plog, Wer zuletzt kotzt, hat gewonnen. In: Süddeutsche Zeitung, 9./10. 10. 1993, Beilage, S. III.

das gesendet wird, was die meisten Fernsehzuschauer sehen wollen. Die Konsequenzen sind bekannt: unerträgliche »Shows« (von denen die »Talk-Shows« am schlimmsten sind), redundante Informationen über die Chronologie des laufenden Schwachsinns, nicht endende Quasi-Informationen über Pseudo-Ereignisse, seichte Serien, »Reality-TV«, Soft-Pornos, stundenlange Sportübertragungen, Horrorfilme und psychologisierende Krimis, in denen der Kriminelle kein Verbrecher, sondern ein potentieller Held ist.[26] Auch in diesem Bereich führt die Bejahung von Demokratie an der falschen Stelle und eine modische Abwertung des Elitären zu einer pampigen Soße aus dem Kochbeutel. Der Genuß dieser amorphen Nahrung wird zusätzlich dadurch getrübt, daß man schlechtgemachte Werbe-Spots über Produkte ertragen muß, die man entweder schon benutzt oder niemals benutzen wird. Der Soziologe sieht das alles mit der angemessenen emotionalen Distanz:

> »Ganz allgemein bezeichnet der Begriff der *Werbung* die planmäßige Beeinflussung einer Person oder einer Vielzahl von Personen mit der Absicht, diese zu einem Verhalten zu stimulieren, das für die Interessen und Wünsche des Werbenden vorteilhaft ist. In diesem weiteren Sinne von Werbung versucht zum Beispiel ein einzelner, durch gezielte Einflußnahme die Gunst und Zuneigung eines Mitmenschen zu gewinnen und ihn zu einer erwünschten Interaktion anzuregen. Im engeren Verständnis von Werbung deckt sich dieser Begriff vor allem mit der Wirtschaftswerbung. Diese umfaßt alle Bemühungen einer bewußt-planmäßigen Beeinflussung von ausgewählten Personenkategorien (Zielgruppen) mit dem Ziel, zur Förderung des Absatzes von Produkten (Investitions- und Konsumgüter) und Dienstleistungen bestimmte Kaufhandlungen auszulösen. Im Rahmen des Marketing (kunden- und absatzorientierte Unternehmensführung und -gestaltung) gehen der Werbung häufig die Markt- und die Motivforschung voraus. Durch die weitgehende soziokulturelle Bestimmtheit menschlicher Motive und Verhaltensweisen hängt der Erfolg der Werbung davon ab, inwieweit sie die aus dem sozialen Umfeld des Einzelmenschen resultierenden Verhaltensdeterminanten berücksichtigt, insbesondere der Werte und Normen der Gesell-

---

[26] Banditen sind in der Regel die Helden von Versagern, aber dies nur am Rande.

schaft, von Subkulturen, sozialen Gruppen und Bezugsgruppen sowie soziale Rollen. Bilden diese soziokulturellen Verhaltensdeterminanten einerseits eine Barriere zwischen dem Umworbenen und der Flut der Werbebotschaften, so werden sie andererseits zunehmend in die Gestaltung von Werbung einbezogen. Die zielgruppenspezifische Werbung dient der Ansprache und Beeinflussung der Werte, Anspruchshaltungen und Geschmacksnormen bestimmter Bevölkerungsteile. Die meist mit Hilfe der Massenmedien (Werbeträger) durchgeführte Werbung spricht die Zielgruppenmitglieder unterschiedlich an. Gemäß der Zweistufenhypothese der Kommunikation (...) hängt der Erfolg massenmedial verbreiteter Werbung von Meinungsführern (Opinion leaders) und Konsumpionieren ab, die in ihren Primärgruppen andere Mitglieder stark beeinflussen.«[27]

Ein solcher Text ist für einen normalen Menschen kaum zu verkraften. Auch die Behauptung, nicht das Fernsehen an sich sei schädlich, sondern die Art, wie die Menschen damit umgehen, ist ein schwer zu ertragender Sophismus, denn man will eigentlich nur eine einfache Antwort auf die einfache Frage, warum überhaupt so viel Unfug gesendet wird. Vielleicht um die Menschen zu testen, ob sie angemessen damit umgehen können? Manchmal möchte ich in die Tischkante beißen, obwohl ich als Soziologe natürlich zu einem hohen Maß an Triebverzicht angehalten bin.

Das meiste, das man sich im Fernsehen ansieht, will man eigentlich gar nicht sehen. Man sieht es sich trotzdem an, weil man hofft, man werde später das sehen, was man tatsächlich sehen will. Wer beim Fernsehen von Hoffnung lebt, wird so lange frustriert, bis er verstanden hat, daß auf jede Täuschung eine Enttäuschung folgt. Das hohe technische Niveau der Telekommunikationseinrichtungen kontrastiert mit dem niedrigen inhaltlichen Niveau der übermittelten Informationen. Das ist etwa so, wie wenn man ein Hochleistungsflugzeug baut, um damit Hausmüll zu transportieren.

Zur Ehre des Fernsehens sei allerdings zugestanden, daß es noch syntropische Reste gibt: interessante politische und naturwissenschaftliche Sendungen sowie gute Spielfilme, die allerdings so spät angesetzt werden, daß man sie als normaler

---

[27] Endruweit u. Trommsdorff, Wörterbuch der Soziologie, S. 805 f.

Berufstätiger meistens nicht mehr sehen kann. Es sollte auch nicht unerwähnt bleiben, daß die entropischen Prozesse in den anderen Massenmedien (Rundfunk und Presse) zwar auch um sich greifen, daß sich aber dennoch entropieresistente Kerne erhalten haben (z. B. Westdeutscher Rundfunk, ›Die Zeit‹, die ›Süddeutsche Zeitung‹ und – nicht zu vergessen – das ›Deutsche Adelsblatt‹).

Damit wir diesen Abschnitt aber nicht allzu versöhnlich beenden, möchte ich noch einige Beispiele anführen, und zwar zitiere ich aus zwei Marktführern des Illustriertengeschäfts. Um das Sample einigermaßen repräsentativ zu gestalten, habe ich mich für eine Zufallsprobe entschieden:[28]

»Die Pinte übersät mit geplatzten Präsern, die Spannung wie bei ›Wetten, daß...?‹ Wird Klaus, Stimmungsbolzen vom Bodensee, es schaffen, sich ein spanisches Verhüterli der Marke Androtex über den Kopf zu zwängen? Sieben Anläufe sind gescheitert, diesmal klappt's. Klaus zieht den Kondomring auf Schnurrbarthöhe und bläst durch die Nase. Gewaltig wölbt sich der Gummiballon über seinem Schädel und läßt ihn ausschauen wie eine Kreuzung aus Bankräuber und Außerirdischem. Da johlen die Kumpels im ›Hans Wurst‹ auf Gran Canaria, und Kellner Paco muß Weißbier ohne Ende heranschleppen.«

»Warum sind Frauen verrückter nach Dinos als Männer? Das liegt am Anima-Prinzip, dem jede Frau folgt. Ziel: die Erhaltung der Art (im Gegensatz zum zerstörerischen Animus-Instinkt des Mannes). Deshalb empfinden Frauen das Schicksal dieser großen, unschuldigen Wesen emotionaler. Frauen reagieren auch auf die Freudsche Symbolik (z. B. Dino-Rüssel, Wasser), die Spielberg im Film zeigt.«

»So haben wir die Prinzessin noch nie gesehen. Sie kauert vor einer Lehmhütte, lauscht den Worten einer alten, weisen Frau. Lady Di, 32, besucht ein Flüchtlingslager in Simbabwe. Zu Hause in London wohnt sie im schönen Kensington Palace mit seinen 200 Zimmern. Kann Lady Di sich in die Lebensform der Frau unter dem Schilfdach überhaupt hineindenken? Sie hört von Hunger, von Medizinmännern. Die

---

[28] Stern, 9. 12. 1993, S. 24. Bunte, 5. 8. 1993, S. 31, 105.

Prinzessin lauscht gespannt und sieht das Glück der alten Frau: die Lehmhütte, eine Matte, das Feuerholz.«

Jugendkultur

Ein weiterer Bereich der im Zusammenhang mit der Alltags- und Freizeitkultur Erwähnung verdient, betrifft die sogenannte Jugendkultur. Ich habe das Gefühl, daß sich die heutige Jugend eine Zukunft vorstellt, in der sie ohne Anstrengung zum Erfolg kommt. Es genügt, daß man sich etwas wünscht (»You can get it, if you really want it«). Da ich 51 Jahre alt bin und in dieser Eigenschaft im Verdacht stehe, die Jugend nicht ganz fair beurteilen zu können, will ich berufenere Personen zu Wort kommen lassen. Der Leser ist eingeladen, die folgenden Zitate über die Präferenzen der Jugend (1992) im Hinblick auf die soziale Entropie selber zu interpretieren:[29]

> »Gegen eklige Fachvokabeln wie ›Food artist‹ und ›Adventure meals‹. Gegen Kultur beim Essen. Gegen Sushi und Steh-Italiener und Salate mit raffiniertem Dressing. Gegen Hunter. Gegen die Lifestyle-Doktrin, daß Essen sinnliches Erleben heißt.
> Gegen alles, was nicht superlustig ist, und gegen Studien, die sich sorgen, ob Jugend noch irgend etwas lustig findet. Dagegen, daß Pop etwas für jeden ist und jeder ein Popstar ist, der CDs sammelt.
> Für guten Spaß und Punkrock und das uralte Versprechen, daß im Popkontext jeder recht hat, der rumschreit voller Liebe, Haß und Hysterie, und das am besten gleichzeitig in unter drei Sekunden.
> Für graues Wildleder und drei rosa Streifen. Für Kreppsohlen, die so dünn und hart sind, daß sie krank machen. Für Schuhe, die man für keinen Sport, aber für jeden Nachtklub braucht.
> Gegen Haare. Die langen und die, die kurz, aber nicht abrasiert sind. Gegen den Spießerschnitt ›langes Deckhaar, kurze Seiten, ausrasierter Nacken‹. Gegen den Haarschnitt, der beim Friseur ›mal was anderes‹ heißt.
> Für langes Nackenhaar, Ponyfransen, Haarzotteln über die

---

[29] Moritz von Uslar, Die coole Nummer. In: SZ-Magazin, 15. 10. 1992, S. 52 ff.

Ohren. Für den Haarschnitt, den alle daneben finden und der beim Friseur ›Fassonschnitt‹ heißt. Für den 1981-Cut des englischen Soulboy und Modernisten, dessen Stil immer besser war als seine Musik.
Gegen das Alter, wenn Sex schwierig ist oder gar nicht geht. Gegen das Gestammel, daß Sex für Schweine ist, traurig macht und ›doch nicht schützt vor Einsamkeit‹. Gegen Sex im Kopf.
Für echten Körpersex, das Rumgeknete, die harte Gangart, oft, an allen möglichen Orten. Für Präser. Für Jugend, wenn Sex am besten geht.
Gegen gutes Fernsehen und schlechte Videoclips. Gegen schöne Pop-T-Shirts und alles, was uncool ist.
Für ein Metallica- und AC/DC-T-Shirt. Für Headbangen und das ›Hehehe‹, das die beiden machen, wenn sie vor dem Fernseher sitzen. Für das ›cool‹, wenn was Perverses kommt, also Langhaarige mit E-Gitarren. Für das ›uncool‹, wenn was anderes kommt, also keine Langhaarigen.
Gegen Jeans mit Gürtel. Gegen alle Gürtel. Gegen die breiten, die schwarzen, die mit Sonnenblumenschnalle, die zu viele Mädchen tragen. Gegen die Jimmy-Dean-Silberschnalle. Gegen den Irrglauben, daß Jeans jedem passen.
Für ein Cover, das ein Muskelpaar zeigt, das am Strand mit einem Wasserreifen spielt. Für Geschmack. Für den Geschmacksirrsinn. Für noch mehr Style in der Full-Style-Welt der Popmusik.
Gegen Scharping und seine öden Pro- und-Contra-Reden. Gegen die SPD, die Arbeitslose doof und Asylanten Scheiße findet. Gegen Sozialminister, die korrekte Politik predigen und nicht daran glauben.
Für linke Skinheads. Für politischen Aktivismus. Für Karl Marx, den Allgemeinen Studentenausschuß und Lesezirkel an der Universität.«

Sexualität

Ein zentraler Bereich moderner Gesellschaften, in denen die Zunahme der Entropie besonders augenfällig wird, ist die Sexualität. Natürlich hat sich auch die Soziologie dieses interessanten Themas angenommen. Wir erfahren zum Beispiel folgendes:

»Sexualität ist eine kommunikative Beziehung, bei der Akteure Gefühle erleben, die eine genitale Lust zum Zentrum haben, ohne sich darauf zu beschränken. Für das sexuelle Erleben ist ein Orgasmus weder notwendige noch hinreichende Bedingung, und extragenital festgemachte Emotionen gehören dazu. Sexuelles Handeln bezieht sich immer auf Körperliches, und auf der Grundlage genitaler Reagibilität konstituieren weitere Sinnbezüge den Aufbau einer sexuellen Situation. Natur und Kultur wirken hier unaufhebbar zusammen (...). Sexualität läßt sich weder auf die rein physiologische noch auf eine rein geistige Dimension reduzieren. Die Kommunikation mag sich an ein bestimmtes Gegenüber (anwesend oder erinnert) richten, auch an einen verallgemeinerten oder phantasierten Partner oder sogar an sich selbst.«[30]

Die bereits erwähnte Behauptung von Joseph Beuys, jeder Mensch sei ein Künstler, ist nicht ganz unproblematisch, aber meine Behauptung, jeder Mensch sei ein Soziologe, hat vieles für sich, vor allem im Bereich der Sexualität. Wir alle sind aufgerufen, die diesbezüglichen Erkenntnisse der Fachleute aus der Perspektive von sachkundigen Amateuren zu ergänzen.

Wir wissen, daß die Liebe häufig jene Probleme verstärkt, die sie eigentlich lösen soll, und daß dies auch für die Sexualität gilt. Wenn man sich auf dieses Gebiet begibt, muß man mit Komplikationen rechnen. Die Demokratisierung, Liberalisierung und Kommerzialisierung der Sexualität, die unter dem Etikett der sexuellen Revolution stattgefunden hat, hat nicht nur fröhlich aufgelegte Jakobiner auf den Plan gerufen, sondern auch zur Aufstellung von Guillotinen geführt, mit denen nicht nur Köpfe abgeschlagen wurden. Die meisten Revolutionen gehen verloren, nachdem sie gewonnen wurden. Dies gilt auch und besonders für die sexuelle Revolution, die genau das zerstört hat, was sie eigentlich erreichen wollte. Sollten wir wegen der zahlreichen verdrängten Formen der Sexualität wirklich alle Tabus beseitigen? Pornographie, Libertinage und eine höchst pragmatische Interpretation der sogenannten Selbstverwirklichung haben dazu beigetragen, die Sexualität zu entropieren, ohne das Patriarchat zu zerstören, dem allerdings kaum mehr verblieben ist als sein lächerliches Inventar. Traditionelle

---

[30] Endruweit u. Trommsdorff, Wörterbuch der Soziologie, S. 568.

Verbindungen der Sexualität mit Gefühlen gelten heutzutage als altbacken, wenn nicht als pervers. Der Versuch, in der Sexualität einen Lebenssinn zu finden, der woanders nicht möglich scheint, führt dazu, daß sich die aufgestaute Leidenschaft in den Irrgärten der Liebe verliert und sich zu strammen Neurosen auswächst. Leidenschaft nimmt natürlich selten ein gutes Ende. Jedes Abenteuer hat seinen Preis, und die Summe aller Abenteuer kann man letztlich nur mit psychischen Schäden bezahlen. Und damit sind wir wieder mitten im entropischen Prozeß.

Vergessen wir in diesem Zusammenhang ebenfalls nicht, daß die Kommerzialisierung der Sehnsucht nach menschlicher Nähe schon immer einen sehr stabilen Wirtschaftszweig hervorgebracht hat, der insofern entropisch wirkt, als er die Sexualität aus weitergehenden sozialen Bindungen ausgliedert, das heißt, sie buchstäblich nackt inszeniert. Komplexere Formen der sozio-kulturellen Einbindung der Sexualität – wie zum Beispiel die Familie – geraten durch diese professionelle Konkurrenz leicht aus den Fugen.

Familie

Die Entropieschübe, denen die Familie in der modernen Gesellschaft in so augenfälliger Weise zum Opfer fällt, speisen sich natürlich nicht in erster Linie aus ihrer amateurhaften Sexualität. Wenn dies der Fall wäre, wäre die Familie schon vor Jahrtausenden ausgestorben.

Werfen wir zunächst einen Blick auf die Familiensoziologie. Sie entwickelte sich während der frühen Industrialisierung als sogenannte Krisenwissenschaft (ähnlich wie die Gemeindesoziologie) und hatte eine enge Verbindung zur Sozialpolitik. Davor war die Beschäftigung mit der Familie weitgehend spekulativ und sozialphilosophisch. Die Familie ist die verbreitetste Gesellungsform des Menschen; sie wird von der Biosoziologie auf seinen animalischen Ursprung zurückgeführt (obwohl nur wenige Tiere in Familienverbänden leben und viele Menschen weder Familien bilden noch aus einer solchen stammen).

Unterschieden wird zwischen der Kernfamilie, der polygamen Familie und der erweiterten bzw. Großfamilie. Die wichtigsten Ergebnisse der Familiensoziologie wurden von der Ethnologie und der modernen Familiensoziologie erbracht. Die Ethnologie fand unter anderem folgendes heraus: Familien bilden eine Einheit von Sexual- und Wirtschaftsbeziehung (Arbeitsteilung nach Geschlechtern); dies schließt weder Nebenbeziehungen wie in der polygamen Familie aus, noch sagt es etwas über die Dauer der Beziehung aus. Die Kernfamilie hat eine große Bedeutung für den Aufbau der sozio-kulturellen Persönlichkeit. Inzesttabu und Verwandtschaftsbeziehungen werden kulturell unterschiedlich geregelt. Das häufig religiös begründete Inzesttabu (Exogamiegebot) hat mehrere Funktionen: Es kann sich gegen biologische Folgen von Inzucht richten (Erbpathologie); es hat eine Funktion sozialer Sicherung, oder es fördert die soziale Kohäsion dadurch, daß es verschiedene Gruppen durch regelmäßigen Frauentausch aneinanderbindet. Kleine Gruppen sind in der Regel exogam, große Gruppen sind in der Regel endogam.

Verwandtschaftsbeziehungen regeln den familiären Status in bezug auf Namen, Prestige und Besitzansprüche. Seit der Entfaltung der europäischen Hochkulturen setzte sich allmählich der monogame Familientyp mit lebenslanger gegenseitiger Treue- und Beistandspflicht durch. Dessen Ausprägung als moderne Kernfamilie seit Beginn der Industrialisierung ist der Hauptgegenstand der modernen Familiensoziologie. Besonders bemerkenswert ist ihr zunehmender Funktionsverlust; als wichtigste Funktionen verblieben die Fortpflanzung und der Aufbau der sozio-kulturellen Persönlichkeit. Eine wichtige psychologische Funktion hat die Familie als Intimgruppe mit ihrem hohen Grad an gegenseitiger Vertrautheit sowie als Freizeit- und Rekreationsraum.

Die Familie ist die erste und wichtigste Primärgruppe des Menschen. Wenn sie gestört ist, sind negative Folgen für die Persönlichkeitsentwicklung zu erwarten. Störungen können auch auf familialer Überorganisation (Familismus) beruhen, weil sie die – für eine befriedigende Entfaltung der soziokulturellen Persönlichkeit – notwendige Zuwendung zu einer vielfältigen sozialen Umwelt verhindert.

Das neue Leitbild der Ehe ist die Partnerschaftsehe mit geringem innerfamilialen Autoritätsgefälle, was auch eine Anpassung an die Rolle der zumindest zeitweise berufstätigen Frau widerspiegelt. Ich habe gerade eine solche Partnerschaftsehe hinter mir und fühle mich sehr herausgefordert, meine Erfahrungen in die Familiensoziologie einzuspeisen. Das will ich hier aber nicht tun, weil ich mir dieses kostbare Thema für eine eigenständige Publikation aufsparen will. Ein besonderes Problem für die Familiensoziologie bilden die unvollständigen und atypischen Familien, die – obgleich sie für eine Gesellschaft in bestimmten Häufigkeiten »normal« sind – nicht normal für die betreffenden Personen sind (Mutter- und Vaterverwaisung, kinderlose Ehen, Stiefkinder, Adoptivkinder).

Bisher vernachlässigt wurde die Analyse von Menschen, die nicht oder nicht optimal familial eingebunden sind (Alleinstehende, Alleinerziehende, kinderlose Verwitwete, Seeleute, Strafgefangene u. ä.). Von besonderem Interesse ist für die Familiensoziologie die eheliche Partnerwahl, unter anderem unter dem Gesichtspunkt der Stabilität der Ehe (z. B. sind Ehen aus dem Nachbarschaftsbereich stabiler, weil soziale Vernetzungen einen festigenden sozialen Druck ausüben, manchmal aber auch gerade nicht, weil dadurch die Chance sinkt, einen passenden Partner zu finden). Um ganz sicher zu gehen, daß wir alles richtig verstanden haben, konsultieren wir noch zwei Originaltexte:

»Die Ehe ist eine durch Sitte oder Gesetz anerkannte, auf Dauer angelegte Form gegengeschlechtlicher Partnerschaft eigener Art. Der Begriff ›Ehe‹ ist nicht auf ein einzelnes Kriterium, auf das der Legitimität oder der biologischen und sozialen Reproduktionsleistung, reduzierbar. Denn ihre eigene Art wird durch ihre besondere Binnenstruktur und durch die gesellschaftlichen Zuweisungen verschiedenster Funktionen begründet, die zum Teil inhaltlich, vor allem aber in ihren Kombinationen und in den Prioritätenfolgen die vielfältigsten Variationen in der menschlichen Gesellschaft aufweisen. Trotz aller kulturellen Unterschiede ist die Ehe überall – wenn auch mit unterschiedlichen Verpflichtungsgraden – als soziale Institution der legitimen Nachkommensicherung anerkannt, die zumeist unter öffentlichem Schutz steht und – in mehr oder weniger starkem Maße – öffentlichen Regulierungen unterworfen ist, Erbfolgen begründet und die – zumindest dem Anspruch nach – von den Partnern gegenseitige Hilfeleistung und Kooperation verlangt.«[31]

»Die Familie ist eine Gruppe besonderer Art, da sie eine bestimmte Rollenstruktur (Vater/Mutter/Tochter/Sohn/En-

---

[31] Endruweit u. Trommsdorff, Wörterbuch der Soziologie, S. 131.

kel/Schwester usw.) aufweist; für diese ist die Geschlechts- und Generationsdifferenzierung konstitutiv (= Zwei- oder Mehr-Generationen; weiblich/männlich) und durch sie wird ein ganz besonderes Kooperations- und gegenseitiges Solidaritätsverhältnis normiert, dessen Begründung in allen Gesellschaften zeremoniell begangen wird (...). Dieser Gruppe besonderer Art wird ferner von der jeweiligen Gesellschaft, in der sie eingebunden ist, die Erfüllung ganz bestimmter Funktionen übertragen.«[32]

Adam und Eva waren monogam; das war für beide auch nicht besonders schwierig. Die These, wonach Männer und Frauen sozusagen strukturell nicht zusammenpassen, erscheint mir zu apodiktisch, aber die elegantere These, wonach die reduzierte Stabilität von Ehe und Familie sich nur noch aus Werten und Normen der Vergangenheit speist, die wie paläontologische Fossilien bruchstückhaft in der Gegenwart auffindbar sind, erscheint doch ziemlich plausibel. Im Zuge der Relativierung aller Werte ist dieses fragile Konstrukt in keiner Weise gegen die erotische Entropie gefeit, wie wir sie beispielhaft und fachmännisch bezüglich der britischen Königsfamilie dokumentiert bekommen. Während ich mich um besonders zurückhaltende Formulierungen bemühe, drängt sich mir ein Kalauer auf: »Gelegenheit macht Liebe«.

Vor diesem Hintergrund wird es verständlich, daß sich bei der sogenannten Sozialisation des Kindes zwei Varianten als dominant durchgesetzt haben, nämlich die Verwahrlosung und die antiautoritäre Erziehung. Beide produzieren dasselbe hochentropische Resultat. Eine Minderheit von Eltern versucht, das Bauhaus-gerechte Kind zu formen, aber auch dieser Versuch mündet immer und rasch in einer Neurotisierung des Kindes und der Eltern. Von der jüngeren Generation haben wir nichts Gutes zu erwarten.

Psyche

Die moderne Industriegesellschaft produziert alle möglichen Güter, Dienstleistungen, Erlebnisse und Gefühle, aber am allermeisten produziert sie Neurosen. Ein kurzer Blick auf die

[32] Ebd., S. 198.

zeitgenössische Musikszene, von der man ja sagt, daß sie den Zeitgeist repräsentiert, mag diesbezüglich als Beispiel genügen. Dieses Beispiel kennzeichnet allerdings lediglich die Spitze eines riesigen Eisbergs neurotischer Störungen, die unter der Oberfläche des Alltagslebens verborgen sind. Da aber alle Menschen mehr oder weniger verrückt sind, ist es schwierig zu bestimmen, was überhaupt noch als psychisch gesund betrachtet werden kann. Wir sind Teil einer Gesellschaft geworden, die wir nicht mehr verstehen.

Die Biosoziologie, die seitens der Soziologie zu Unrecht etwas geringschätzig behandelt wird, hat darauf aufmerksam gemacht, daß die heutigen Menschen im biologischen Sinne nahezu identisch sind mit Steinzeitmenschen, die ihrerseits als Selektion der besten Mutanten das Resultat einer langen stammesgeschichtlichen Anpassung an ihre natürliche Umwelt waren. Der Mensch ist im biologischen Sinne eigentlich ein Tier, das heißt ein rudimentär behaarter Affe. Da sich die Umwelt der Menschen aufgrund ihrer eigenen Aktivitäten viel schneller verändert hat, als es dem Rhythmus der biologischen Anpassungen entspricht, kommt es zu Konflikten mit der angeborenen Affekt- und Triebstruktur (z.B. Sexualität, Paarungsverhalten, Solidarität innerhalb der Fortpflanzungsgemeinschaft, Aggression, Kleingruppenidentität u.ä.). Sigmund Freud hat die Kultur im Sinne der gesellschaftlichen Werte und Normen als ein Ergebnis von Triebverzicht beschrieben. Ich möchte den Zusammenhang zwischen dem biologischen Substrat und der Kultur etwas anders formulieren: Der Konflikt zwischen den sozialen Zwängen und der biologischen Affekt- und Triebstruktur führt zur Neurotisierung der einzelnen Menschen und der gesamten Gesellschaft einschließlich deren Kultur. Die Tatsache, daß daraus auch *physische* Krankheiten erwachsen, liegt auf der Hand:

»Das Dilemma des heutigen Menschen besteht darin, daß er, das seßhaft gewordene ›Lauftier‹, infolge seiner neuerdings bevorzugt sitzenden Lebensweise unter ›sensomotorischer Amnesie‹ leidet, dem Vergessen elementarer gesamtkörperlicher Erfahrungen. Bei der heutigen Lebensweise in den hochtechnischen Gesellschaften kommen die evolutionär ausgebildeten Zeitstrukturen und Grundfähigkeiten des menschlichen Körpers zu kurz. Folglich sind seine Krankheiten nicht entweder somatischer oder psychischer, sondern biopsychosozialer Natur.«[33]

Die bekannteste Instinktsicherung, die eine lange stammesgeschichtliche Entwicklung bis heute überdauert hat, ist die Schrecksekunde, die als Totstellreflex gegenüber einem überlegenen Feind einmal sehr sinnvoll war, aber heute – zum Beispiel im Autoverkehr – ziemlich kontraproduktiv ist. Ich denke, daß auch der mit dem Instinkt von Millionen Jahren ausgestattete Geschlechtstrieb in unserer Gesellschaft mehr Probleme schafft als löst. Der Versuch, ihn soziokulturell einzuhegen, hat einige pathologische Institutionen – wie die Monogamie und den Zölibat – hervorgebracht. Auch die allseits geforderte Xenophilie – also das Gebot, alle Fremden zu lieben – erfordert ein hohes Maß an Selbstkontrolle, um die instinktive Abgrenzung der eigenen sozio-kulturellen Identität zu überwinden. Viele Personen schaffen das nicht; bei anderen führt dies zu einer neurotischen Überreaktion, nämlich zu einer zwanghaften Identifikation mit allem Fremden und einer Abwertung der eigenen ethnischen Zugehörigkeit. Ein hohes Maß an Selbstkontrolle erfordert auch die allseits erwartete Aggressionshemmung, die uns zum Beispiel daran hindert, jene Personen umzubringen, die wir insgeheim gerne umbringen würden. Diesbezüglich sollte auf eine sonderbare Eigenschaft der menschlichen Psyche aufmerksam gemacht werden: Ironischerweise verbindet uns mit den Menschen, die wir hassen, eine innere Verwandtschaft.

Vieles von dem, was wir gerne tun würden, tun wir aufgrund der sozialen Kontrollen also nicht. Dies führt zu psychischen Verkrüppelungen, perversen Träumen, Angst vor dem Wahnsinn und neurotischem Ventilverhalten in zahlreichen Varianten. Einige dieser Varianten sind gesellschaftlich geächtet, wie Psychose, Vandalismus, Sadismus, Alkoholismus oder Selbstmord. Andere werden aber positiv bewertet, wie die zwangsneurotisch gespeisten vegetativen Entladungen im Sport oder die krankhaften Manien im Rahmen der sogenannten Leistungsgesellschaft. Letztere hat Henry Miller treffend charakterisiert:

---

[33] Wir haben dem Körper den Krieg erklärt. In: Süddeutsche Zeitung, 14. 1. 1994, S. 10.

»Die großen Zeitvergeuder, so scheint mir, gibt es im Norden, unter den rastlos Geschäftigen. Ihr ganzes Leben, könnte man sagen, ist nichts als verschwendete Zeit. Der dicke, kurzatmige Mann von fünfundvierzig, mit schwabbeligem Gesicht und sexuell verbraucht, ist das größte Symbol für die Sinnlosigkeit, das Amerika hervorgebracht hat. Er ist ein Nymphomane der Energie, mit der er nichts vollbringt. Er ist ein Nachbild des Steinzeitmenschen. Er ist ein statistisches Bündel aus Fett und überreizten Nerven, nur dazu da, damit der Versicherungsagent eine beängstigende Prognose aufstellen kann. Er übersät das ganze Land mit wohlhabenden, rastlosen, hohlköpfigen, müßigen Witwen, die sich zu gespenstischen Schwesternschaften zusammenschließen, in denen Klatsch und Diabetes mühelos ineinander übergehen.«[34]

Die natürliche Lebensfreude ist hinderlich für den Erfolg. Es gibt auch die gegensätzliche Variante, nämlich jene Zeitgenossen, die in die Frühjahrsmüdigkeit verfallen, nachdem sie aus dem Winterschlaf erwacht sind und danach trachten, den Sommer wie brütende Enten in eintönigem Wohlbefinden zu verbringen, um im Herbst vom reifen Fallobst zu leben. Für jene Leser, die griffige Formulierungen lieben, biete ich hierfür den Begriff der Psychosklerose an.

Was liegt näher, als in der Psychotherapie Trost zu suchen? Im Grunde brauchen wir eine Psychotherapie für die gesamte Menschheit, aber diese kann aus zwei Gründen nicht geleistet werden: Erstens läßt sich eine solche Inflation an Handreichungen für die verwundeten Seelen nicht finanzieren, und zweitens bedürfen die Psychotherapeuten dieser Fürsorge am allermeisten. Was verstehen diese Seelenklempner schon vom Sinn des Lebens? Häufig ist die Therapie schlimmer als die Krankheit. Wie sollen sich die Psychotherapeuten im übrigen verhalten, wenn ihre Patienten sich nicht nur minderwertig fühlen, sondern tatsächlich minderwertig sind? Dies ist nämlich häufig der Fall, weil nur noch eine kleine Minderheit von besonders begabten Zwangsneurotikern den gespreizten Anforderungen der Gesellschaft entsprechen kann, während die große Mehrheit an den Ansprüchen des modernen Lebens zerbricht und aufgrund der ständig erlittenen Kränkungen

---

[34] Miller, Der klimatisierte Alptraum, S. 41.

krank wird, und zwar unheilbar krank, weil die Ursachen dieser Krankheit wohl verdrängt, nicht aber abgestellt werden können. Im Grunde sind wir alle verrückt.

Nachdem ich diese Zeilen geschrieben hatte, stand ich auf, um mir eine Flasche Wein – also ein rauscherzeugendes Nervengift – aus der Küche zu holen. Dort fiel mein Blick zufällig auf eine aufgeschlagene ›Süddeutsche Zeitung‹, und zwar auf einen Artikel mit dem Titel ›Ein einig Volk von Trinkern‹.[35] Ihm entnahm ich folgende Informationen: Die Deutsche Hauptstelle gegen die Suchtgefahr (DHS) gibt die Zahl der behandlungsbedürftigen Alkoholiker in Deutschland mit 2,5 Millionen an. 1992 sind ungefähr 40 000 Deutsche an den Folgen des Alkoholkonsums gestorben. Seit 1950 hat sich der Alkoholkonsum verdreifacht. Zu den Alkoholkranken kommen 1,4 Millionen Medikamentensüchtige, zwischen 100 000 und 200 000 Heroinsüchtige, bis zu 120 000 Spielsüchtige sowie eine steigende Zahl von Menschen mit Eßstörungen hinzu. Da diese Daten in unmittelbarem Zusammenhang mit unserem Thema stehen, wollte ich nicht versäumen, sie hier vorzustellen. Sie zeigen, daß der Selbsterhaltungstrieb in der modernen Gesellschaft zunehmend versagt. Dies kennen wir bereits aus der Selbstmordstatistik. Wir sind fremd und verwirrt geworden in dieser modernen Welt. Hinter der Wirklichkeit ist nicht nur das Absurde verborgen, sondern sie ist selber absurd.

4. Umwelt

Auf dem Weg in eine bessere Zukunft haben wir uns gründlich verirrt. Für diejenigen Leser, die sich an die Pathologie der Gesellschaft emotional gewöhnt und angepaßt haben, will ich im folgenden ein Thema ansprechen, das sich für eine psychische Bewältigung noch als ziemlich sperrig erweist.[36] Zur Einstimmung sollen einige Stichwörter genügen: Stickoxide, Kadmium, Becquerel, DDT, PCB, Dioxin, Agent Orange, Waldsterben, Artensterben, Ozonloch, Sauerstoffloch, Treib-

---

[35] Süddeutsche Zeitung, 17. 12. 1993, S. 12.
[36] Die einleitenden Passagen dieses Abschnitts lehnen sich an eine frühere Publikation d. Verf. an: Umweltzerstörung in der Dritten Welt. München 1987, S. 9ff.

hauseffekt, Saurer Regen, Endlagerung, Verklappung, Versteppung, Verbauung, Minamata, Bhopal, Seveso, Windscale, Tschernobyl, Mururoa- und Bikini-Atoll und atomarer Winter.

Destruktiver Fortschritt

In vielen Gewässern kann man nicht mehr schwimmen, geschweige denn daraus trinken. Gurken schmecken wie Tomaten, und Kalbfleisch schmeckt wie Schweinefleisch. Schnitzel verdampfen in der Pfanne zu einem geschrumpften Gebilde, das mehr Ähnlichkeit mit Silikon als mit Fleisch hat, von Hormonen, Tranquilizern und sonstigen Rückständen gar nicht zu reden. Schweinepest und Rinderwahnsinn sind Tagesgespräch. Pilze sollen wegen radioaktiver Auflading nur noch gelegentlich und Muscheln wegen Schwermetallbelastung und bakterieller Verseuchung mit äußerster Vorsicht gegessen werden, ebenso Innereien, und nach Tschernobyl wußte man überhaupt nicht mehr, was man noch essen sollte, nachdem Etikettenschwindel sogar mit Milchpulver für Kinderheime betrieben wurde. Wegen des Ozonlochs in der Atmosphäre nehmen die Hautkrebserkrankungen zu, und wegen erhöhter Ozon-Werte am Boden darf man im Sommer keinen Sport mehr treiben. Die Fische fast aller größeren deutschen Flüsse sind ungenießbar (um den schönen Schein zu wahren, importieren die traditionsreichen Aalgaststätten an der Elbe die Aale aus Norwegen). Lebensmittelskandale wie Frostschutzmittel im Wein oder Salmonellen in den Eiern sind an der Tagesordnung. Die Muttermilch ist mit Pestiziden und das Trinkwasser mit Nitraten belastet. Die Nordsee ist nahe am ökologischen Zusammenbruch. Das Watt ist hochgradig gefährdet. Die Wälder sterben, was viele Zeitgenossen aber gar nicht bemerken, weil sie wegen der neuen Zeckengefahr nicht mehr in den Wald gehen. Das Grundwasser ist vielerorts chemisch belastet. Der Regen ist sauer. Die Luft ist voller Schadstoffe. Die Allergien und Umwelterkrankungen nehmen zu. Die historische Bausubstanz wird angefressen. Die Städte werden immer »funktionaler«, aber ihre Funktion als humaner und ästhetischer Lebensraum geht dabei immer mehr verloren. Im Grunde wissen wir genau, was wir nicht tun dürfen, aber wir tun es trotzdem.

Wo man hinsieht, verschwinden Natur und Landschaft. Wir erleben einen Artenschwund ohne Beispiel in der Geschichte.

Obwohl die Verarmung unserer Natur erschreckend voranschreitet, wird sie nur von wenigen wahrgenommen. Viele Pflanzen, aber auch Vögel, Eidechsen, Blindschleichen, Kröten, Flußkrebse, Flußmuscheln, Frösche, Hasen und zahlreiche Insekten verschwinden lautlos aus unserem Milieu.

In der Bundesrepublik Deutschland, wo die offizielle Umweltpolitik durch ein gewisses Maß an technokratischem Optimismus gekennzeichnet ist, sind 31 Prozent der Arten von Farn- und Blütenpflanzen und 39 Prozent der Tierarten gefährdet; 6 Prozent der deutschen Tierarten sind bereits ausgestorben.[37] Nach einer Erhebung der Vogelwarte Radolfzell gibt es zum Teil besorgniserregende Bestandsverluste bei fast allen Rohrsängern, bei der Dorngrasmücke, dem Braun- und Blaukehlchen, dem Neuntöter, dem Gartenrotschwanz, dem Zaunkönig, dem Stieglitz und dem Wendehals und sogar bei »Allerweltsarten« wie der Amsel und dem Star. Ebenfalls gefährdet sind der Grauschnäpper, der Gelbspötter und die Klappergrasmücke.[38] Als ein weiteres – von beliebig vielen Beispielen – seien die Schmetterlinge erwähnt: In der ›Roten Liste der gefährdeten Tiere und Pflanzen in der Bundesrepublik Deutschland‹ (1984) sind von den heimischen Großschmetterlingen 28 Arten (zwei Prozent) als ausgestorben und 507 Arten (39 Prozent) als vom Aussterben bedroht, stark gefährdet oder potentiell gefährdet ausgewiesen.

Es entsteht ein immer komplexerer Verbund von »Verkehrs-, Nutz-, Erholungs- und Entsorgungsräumen«, das heißt eine Mischung aus Rennstrecke, Betonwüste, Sportplatz und Müllkippe, und zwar ohne Rücksicht auf die soziale, ökologische und ästhetische Gesamtqualität dieses Arrangements, das sozusagen die physische Infrastruktur der Gesellschaft darstellt.

Ein gesondertes Thema, das bei weitem noch nicht die Aufmerksamkeit gefunden hat, die es verdient, betrifft die elektromagnetische Verseuchung, deren physische und psychische Effekte bis zum Beweis des Gegenteils bagatellisiert werden. Es ist allerdings schwierig, diesen Beweis nach den Kriterien der elektromagnetischen Lobby zu erbringen, aber dies ist letztlich wohl nur noch eine Frage der Zeit. Es ist nämlich

---

[37] Vgl. Volkmar J. Hartje, Zur Erhaltung genetischer Ressourcen. In: Zeitschrift für Wirtschafts- und Sozialwissenschaften 106 (1986) 3, S. 229–252 (229).
[38] Vgl. Das Rotkehlchen vom Aussterben bedroht. In: Süddeutsche Zeitung, 7. 11. 1986, S. 63.

kaum vorstellbar, daß die Summe aller elektromagnetischen Wellen, die unseren Alltag durchdringen und mit einfachen technischen Geräten aufgefangen werden können, keinen Einfluß auf die diffizile Funktionsweise lebender Systeme haben, um so mehr, als diese selber von schwachen elektromagnetischen Impulsen gesteuert werden.

Ein anderes Thema, das bei weitem unterschätzt wird, betrifft die Gentechnologie. Deren Ziele sind aller Ehren wert, aber die unerwünschten Nebeneffekte sind in keiner Weise zu überblicken und lassen befürchten, daß eine weitere Büchse der Pandora geöffnet wird, deren Inhalt allein ausreichen würde, um die gesamte Zivilisation in kürzester Zeit zu entropieren.

Wir haben es in der Tat weit gebracht, und wenn wir so weitermachen, werden wir es auch noch weiter bringen, bis die letzte Stadt einen Flughafen und einen Autobahnanschluß hat, der letzte Berg einen Skilift und das letzte Dorf ein Motocross-Gelände, bis jeder Fluß begradigt und einbetoniert ist, bis die Autobahnen zehnspurig und die Häuser 50stöckig sind, bis in jedem Salzstock giftige und radioaktive Abfälle lagern, bis schadstoffresistente Holzplantagen an der Stelle der heutigen Wälder stehen, bis jedes Kalb geklont und jedes Schwein mit Betablockern vollgestopft ist, bis der letzte Sumpf ausgetrocknet und das letzte Grundstück zugepflastert ist, bis wir mit Lärmschützern und Gasmasken spazierengehen und uns das Gift aus den Ohren quillt, bis Hasen und Igel nur noch in Kinderbüchern vorkommen, bis der letzte Hering an Land springt und der letzte Schmetterling in den bereits ausgestorbenen Zoo fliegt.

Wenn wir das alles geschafft haben, und hoffentlich auch bald in der Lage sein werden, mit unseren Raketen die Welt hundertmal statt nur zwanzigmal zu zerstören, dann bricht endlich das goldene Zeitalter an, für das sich so viele Generationen abgestrampelt haben. Wir gehören zu jenen Glücklichen, welche die Vorboten dieses Zeitalters erleben dürfen.

Die ökologische Problematik, die den gesamten Bereich des Umwelt- und Ressourcenschutzes umfaßt, hat in den letzten Jahren zwar eine zunehmende Bedeutung in der politischen Diskussion bekommen, dennoch ist sie noch nirgendwo zu einem zentralen Bestandteil der Gesamtpolitik geworden, vergleichbar etwa mit der Wirtschafts- oder der Sicherheitspolitik. Die Rolle der Ökologie im Rahmen der modernen

Gesellschaft wird gelegentlich mit der Aufgabe von Sanitätern in einem Krieg oder mit der Funktion einer schlecht ausgerüsteten Feuerwehr in einer Stadt voller Pyromanen verglichen.

Nicht alles, was als sogenannter Sachzwang präsentiert wird, kann unter einer ökologischen Perspektive ohne weiteres akzeptiert werden. Hinter vielen behaupteten Sachzwängen verbergen sich recht durchsichtige Motive, und diese Motive gilt es abzuwägen gegenüber der Notwendigkeit, die materielle Verfügbarkeit und natürliche Regenerationsfähigkeit unseres Lebensraumes für uns selber ebenso wie für spätere Generationen zu erhalten. Es ist durchaus »utilitaristisch« gedacht, wenn man den Ast nicht absägt, auf dem man sitzt. Unsere Zivilisation mit ihrem allgegenwärtigen Utilitarismus läßt diesen gerade dort vermissen, wo er besonders nötig wäre. Die ökologische Problematik hat jedoch nicht nur eine utilitaristische, sondern auch eine ethische und ästhetische Qualität, die im allgemeinen viel zu wenig Beachtung findet und nicht mit dem nötigen Nachdruck in die aktuelle Diskussion eingebracht wird.

Die Gefahren für das Fortbestehen der Industriegesellschaft kommen nicht von der ökologischen Bewegung, sondern von der unübersehbaren destruktiven Dynamik der weltweit vorherrschenden »Zivilisation«, die von vielen selbsternannten Realisten und Experten durch immer neue Sachzwänge in Richtung auf unterschiedliche Katastrophen gesteuert wird. Die sinnvolle Frage lautet nicht: Soll die Industriegesellschaft abgeschafft werden?, sondern: Unter welchen Bedingungen könnte diese Gesellschaft global und langfristig überleben, und wie ließe sie sich vernünftiger, humaner und ethisch vertretbarer gestalten? Diese Frage bezieht sich selbstverständlich nicht alleine – aber doch sehr zentral – auf die ökologische Problematik. Es gibt eine optimistische und eine pessimistische Antwort. Die optimistische basiert darauf, daß wir genug über die ökologischen Zusammenhänge wissen, um die richtigen Entscheidungen treffen zu können, und die pessimistische basiert darauf, daß wir genug über die sozialen und politischen Zusammenhänge wissen, um bezüglich der richtigen Entscheidungen keine Illusionen zu haben.

Die ökologische Problematik ist einer jener Bereiche, in denen die autodestruktiven Tendenzen und moralischen Defizite der modernen Zivilisation besonders deutlich hervortreten. Hierbei geht es um Probleme, die mit Sprachregelungen, Verdrängungen, Beschwichtigungen, Aussitzen, technokratischen

Symptomkuren oder Anwendung des Sankt-Florians-Prinzips nicht gelöst werden können. Unter diesem Blickwinkel kann von Pessimisten möglicherweise mehr Sensibilität für die Kosten des Fortschritts und mehr Realitätssinn für konstruktive Alternativen erwartet werden als von Optimisten.

Nach der Definition von Ernst Haeckel ist Ökologie »die Haushaltslehre von der Natur«. Während Haeckel besonders die belebte Natur im Auge hatte, wird Ökologie heute ganz allgemein als die Wissenschaft der Wechselbeziehungen innerhalb der belebten und unbelebten Natur verstanden. Bekanntlich gibt es nicht nur eine vom Menschen verursachte, sogenannte anthropogene Milieuschädigung, sondern auch Einwirkungen durch Klima, Wetter, Naturkatastrophen, Tiere und Pflanzen. Seit einigen Jahrzehnten ist die anthropogene Milieuschädigung jedoch die bei weitem entscheidende, und auf diese wird zu Recht die Aufmerksamkeit in der modernen ökologischen Diskussion konzentriert.

Hauptverantwortung für die globalen Umweltprobleme

Die modernen Industrieländer, die in ihrem nationalen Hoheitsbereich die vergleichsweise beste Umweltpolitik betreiben und sich in zunehmendem Maße für die internationale Umweltpolitik engagieren, sind gleichwohl die Hauptverantwortlichen für die globalen Umweltprobleme, namentlich bezüglich der Emission von Treibhausgasen und des weltweiten Ressourcenverbrauchs. Allein auf die USA entfällt fast ein Viertel und auf die OECD-Länder fast die Hälfte aller energiebedingten CO_2-Emissionen. Die Nachfolgerepubliken der ehemaligen Sowjetunion haben einen Anteil von knapp 20 Prozent und die VR China von 10 Prozent (1986). Pro Kopf sieht die Reihenfolge der Spitzenreiter folgendermaßen aus (Tonnen CO_2 pro Einwohner und Jahr/1986): USA 19,7, ehemalige DDR 21,2, Kanada 17,0, Bundesrepublik Deutschland einschließlich der ehemaligen DDR 13,7, ehemalige Sowjetunion 13,2, Polen 12,7, Großbritannien 11,9, Bundesrepublik Deutschland ohne die ehemalige DDR 11,7, Japan 7,5.[39]

---

[39] Entnommen aus: Enquete-Kommission des 11. Deutschen Bundestages »Vorsorge zum Schutz der Erdatmosphäre« (Hrsg.), Schutz der Erde. 2 Bände. Band 1, Bonn 1990, S. 49 ff.

Die OECD- und die ehemaligen RGW-Staaten sind also die Hauptverantwortlichen für die energiebedingten CO_2-Emissionen, wobei die ersteren einen besseren Wirkungsgrad aufweisen als die letzteren. Ähnliche Asymmetrien zeigen sich beim Verbrauch von mineralischen und natürlichen Ressourcen; allein die USA verbrauchen mehr als ein Drittel aller weltweit geförderten Rohstoffe.[40] Die Bürger der Schweiz verbrauchen an Grundstoffen pro Kopf und Jahr 90 Tonnen (davon 60 Tonnen Wasser), das heißt das 1 200fache ihres Körpergewichts. Im Laufe eines 70jährigen Lebens kommen auf diese Weise pro Kopf 84 000 Tonnen zusammen.[41]

Zusammenfassend läßt sich zu diesem Punkt feststellen, daß die Industrieländer stark überproportioniert an der Nutzung der Umwelt und der Ressourcen beteiligt sind, und zwar in einem solchen Maße, daß weder eine zeitlich unbefristete Fortsetzung noch eine Globalisierung dieser ökologischen Belastung bzw. Ausbeutung möglich erscheinen.

Schlechtes Vorbild

Dies berührt einen weiteren Punkt im Hinblick auf die Verantwortung der Industrieländer, nämlich ihr schlechtes Vorbild. Der Wirtschafts- und Lebensstil der Industrieländer wird weltweit nachgeahmt und von den Industrieländern selber kräftig propagiert; eine »erfolgreiche« nachholende Entwicklung in einer quantitativ relevanten Größenordnung – beispielsweise für drei Milliarden Menschen – würde allerdings eine globale ökologische Katastrophe nach sich ziehen, und die ökologische Selbstdisziplinierung einiger Industrieländer würde ein letztlich irrelevantes Resultat im Verhältnis zur nachholenden Verschmutzung und Ressourcenausbeutung der Entwicklungsländer erbringen.

Ähnliche Inkonsistenzen ergeben sich aus der Tatsache, daß die OECD-Länder zwar eine vergleichsweise (!) gute Umweltpolitik betreiben, in bezug auf viele Einzelbereiche aber wenig glaubwürdig erscheinen, wenn sie die Umweltzerstörung und Ressourcenausbeutung in den Entwicklungsländern

---

[40] Vgl. Ernst Friedrich Schumacher, Small is Beautiful. Die Rückkehr zum menschlichen Maß. Reinbek 1977, S. 108.
[41] Vgl. Herbert Gruhl, Himmelfahrt ins Nichts. München 1992, S. 249.

kritisieren. Dies betrifft praktisch alle Bereiche der ökologischen Problematik, zum Beispiel den Artenschwund, das Waldsterben, die toxische Belastung der Gewässer, der Luft und der Böden, den Landschaftsverbrauch, den massenhaften Autoverkehr, die Verdichtung des Flugverkehrs, die Abfallwirtschaft,[42] die Umweltbelastungen durch die sogenannte Freizeitgesellschaft, den Transport und die Lagerung gefährlicher Stoffe, die Rohstoff- und Energieverschwendung für überflüssige Zwecke, die Massentierhaltung, die »Flurbereinigung« usf. Außerdem basiert der heutige Lebensstandard der Industrieländer zum Teil auf einer »historischen« Nutzung bzw. Belastung der Umwelt; die Warnung an die Adresse der Entwicklungsländer, nicht das gleiche zu tun, wirkt nicht sehr überzeugend und klingt nach einer Doppelmoral.

Transnationale Umweltschäden

Die globale Verantwortung der Industrieländer geht aber noch weiter, denn sie sind nicht nur die führenden Akteure und die hauptsächlichen Nutznießer des internationalen Systems – einschließlich der Weltwirtschaft – , sondern sie sind auch direkt wie indirekt an der Umweltzerstörung und Ressourcenausbeutung in den Entwicklungsländern beteiligt, so etwa über den Außenhandel (z. B. Import von Monokulturprodukten und Holz; Export von toxischen Substanzen einschließlich Giftmüll), über Auslandsinvestitionen (z. B. im Bereich Chemie, Kraftfahrzeuge, Agrobusiness, Holzwirtschaft), über Kredite und andere Arten der Einwirkung auf den gesellschaftlichen Prozeß in den Entwicklungsländern (z. B. durch den Export von Entwicklungsideologien).

Auf dieser Ebene gibt es manche Widersprüchlichkeiten aus der Perspektive der Industrieländer und einiger der von ihnen dominierten Organisationen: So kollidieren die Importinteressen der Industrieländer bezüglich der Entwicklungsländer teilweise mit ihrem internationalen ökologischen Engagement, und die ökologischen Auflagen von Weltbankprojekten passen nicht so recht zu den geforderten wirtschaftlichen Anpassungsprogrammen, die zum Teil auf Exportsteigerungen mit negativen ökologischen Konsequenzen hinauslaufen (verstärk-

---

[42] Ebd., S. 249 ff.

te Ausbeutung der mineralischen Ressourcen, Intensivierung der agrarischen Monokulturen u. ä.).

Weiterhin fällt den Industrieländern eine globale Verantwortung insofern zu, als sie aufgrund ihrer technischen, finanziellen und wissenschaftlichen Möglichkeiten einen wesentlichen Beitrag zur Lösung der bestehenden Probleme leisten könnten, und zwar nicht nur im Sinne einer Intensivierung der ökologischen Konservierung und Modernisierung im eigenen Land, sondern auch im Sinne entsprechender Transfers von Knowhow und Kapital an die Entwicklungsländer.[43]

Auch die Selbstdeutung der Industrieländer als »Kulturnationen« impliziert eine globale Verantwortung, und zwar namentlich bezüglich der ethnischen und ästhetischen Dimension des Umgangs der Menschen mit ihrer Umwelt im Sinne dessen, was in theologischer Terminologie als »Erhaltung der Schöpfung« bezeichnet wird.[44]

Ihrer Verantwortung kommen die »reichen« Industrieländer allerdings nur sehr zögerlich nach, weil sie Wohlfahrtseinbußen vermeiden wollen und mit Blick auf die Entwicklungsländer sowie die ehemaligen bzw. noch bestehenden sozialistischen Staaten befürchten, unübersehbare finanzielle und technologische Mittel in ein Faß ohne Boden zu stecken. Die Tatsache, daß die ökologische Situation in den Entwicklungsländern noch desolater ist und weitaus verantwortungsloser gehandhabt wird (vgl. Kapitel III), entlastet die »reichen« Industrieländer keineswegs.

Optimierung des Untergangs

Es wurde eingangs bereits erwähnt, daß die Paradoxie besonders erfolgreicher Arten darin besteht, daß sie ihr Milieu durch Überbevölkerung und Übernutzung so lange schädigen, bis sie ihre eigene Lebensgrundlage zerstören. Die Einsicht, daß genau dies für die Menschheit zutrifft, nimmt zwar namentlich in den modernen Industrieländern zu, aber die Maßnahmen, die dagegen unternommen werden, eignen sich allenfalls dazu, den

---

[43] Vgl. Maurice F. Strong, Themen für den Umweltgipfel 1992 – die globale Herausforderung. In: Europa-Archiv 47 (Mai 1992) 9, S. 231–237 (235).

[44] Dieser wichtige Aspekt spielt in der gegenwärtigen Auseinandersetzung fast keine Rolle oder er wird – z. B. von kirchlicher Seite – nicht ausreichend »professionell« in die Diskussion eingebracht.

Untergang zu optimieren. Sie sind nämlich bereits für den hoheitlichen Bereich dieser Länder ungenügend, und was diesbezüglich an bescheidenen Erfolgen vorzuweisen ist, wird durch die nachholende Umweltzerstörung und Ressourcenplünderung in den Entwicklungsländern bei weitem wettgemacht. Die Menschheit, die einen irreversiblen entropischen Prozeß bezüglich der Umwelt in Gang gebracht hat, wird letztlich selber dessen Opfer werden, und zwar in den Entwicklungsländern zuerst und in den Industrieländern zuletzt, wobei diese Reihenfolge eigentlich nicht mehr sehr relevant ist.

V. Perspektiven

Die Lage ist schlimm, aber es kommt noch schlimmer. Man kommt der Wahrheit wohl am nächsten, wenn man das Allerschlimmste annimmt. Die menschliche Zivilisation wird der Entropie zum Opfer fallen, wobei es keinen Raum für Zuversicht gibt. Dabei sind drei Varianten vorstellbar:

1. Die menschliche Spezies ist eine mißglückte Laune der Natur und stirbt in absehbarer Zukunft als biologische Gattung aus.
2. Von Menschen erzeugte Roboter, die sich selber reproduzieren und weiterentwickeln können, übernehmen die sogenannte Krone der Schöpfung und rotten die Menschen bis auf wenige Exemplare aus, um letztere in Forschungslabors und zoologischen Gärten zu halten.
3. Die Menschheit kümmert auf einer niedrigen Zivilisationsstufe dahin, bis die physikalische Entropie des Lebens auf der Erde nach dem Erlöschen der Sonne ein Maximum erreicht.

Der Vorsitzende Mao, der ein mißtrauischer Bursche war, empfahl, die Wahrheit in den Tatsachen zu suchen. In diesem Sinne spricht alles für die erste Variante. Auf sie wird es wohl hinauslaufen.

Es gibt immer mehr – und längst viel zu viele – Menschen, und von diesen beschäftigen sich immer weniger mit konstruktiven Dingen. Einer rätselhaften Gesetzmäßigkeit folgend, testen wir gleichzeitig alle Wege, die in den Untergang führen. Im Grunde ist es gleichgültig, welcher dieser Wege das Ende letztlich herbeiführen wird. Wenn wir wollen, daß alles gut wird, müßten viele Dinge geändert werden, aber sie können nicht geändert werden, weil die kollektive Intelligenz, die der individuellen Intelligenz in vielen Bereichen überlegen ist, ausgerechnet bei der Frage nach dem Überleben der Menschheit versagt.

Insbesondere die hochentwickelten Gesellschaften werden magisch von der Katastrophe angezogen. Sie streben immer höher, schneller und weiter und nähern sich unaufhaltsam dem Abgrund. Die Erlösung kommt nicht durch Sozialismus, Rebirthing, Kräutertee, Greenpeace, Gandhi, Soziologie und ähnliche Heilswege mittlerer Reichweite. Auch der Versuch, den entropischen Prozeß durch globale Planung umzukehren, verspricht keinen Erfolg, denn alles »Social Engineering« produziert in der Regel das Gegenteil von dem, was es anstrebt. Man darf einen Mühlstein nicht mit einem Rettungsring verwechseln.

Es gibt viele zwanghafte Optimisten, die der Meinung sind, daß es schon irgendwie weitergehen wird, weil es immer irgendwie weitergeht. Schön wärs! Die Zukunft wird in der Gegenwart vorbereitet und beginnt *jetzt*. Sie zeigt einen stabilen Trend in die falsche Richtung. Damit beginnt auch das Ende eines schönen Traums. Die Vertreibung aus dem Paradies mündet im Nichts. Der größere Teil der Menschheit marschiert grölend in die Katastrophe; der kleinere Teil resigniert in der angemessenen Mischung aus Ratlosigkeit und Weisheit. Es ist zu spät, um noch Kraft aus der Verzweiflung zu schöpfen. Mit großen Pupillen blicken wir in die Leere des Universums. Wir sind verloren zwischen Milliarden Kilometern und Milliarden Jahren. So ist der Stand der Dinge.

Literaturhinweise

Altvater, Elmar, Der Preis des Wohlstands. Münster 1992.
Atkins, Peter W., Wärme und Bewegung. Die Welt zwischen Ordnung und Chaos. Heidelberg 1986.
Bateson, Gregory, Geist und Natur. Frankfurt a. M. 1982 (Originalausgabe: Mind and Nature. A Necessary Unity. 1979).
Beck, Ulrich, Risikogesellschaft. Auf dem Weg in eine andere Moderne. Frankfurt a. M. 1986.
Brown, Neville, Climate, Ecology and International Security. In: Survival 31, Nr. 6 (Nov./Dez. 1989), S. 519–532.
Brüseke, Franz Josef, Chaos und Ordnung im Prozeß der Industrialisierung. Skizzen zu einer Theorie globaler Entwicklung. Münster, Hamburg 1991.
Brzoska, Michael, ABC-Waffen und Raketen in der Dritten Welt. In: Deutsches Übersee-Institut/DÜI (Hrsg.), Jahrbuch Dritte Welt 1990. München 1989, S. 130–152.
Carson, Rachel, Der stumme Frühling. München 1962.
Crutzen, Paul J. u. Müller, Michael (Hrsg.), Das Ende des blauen Planeten? Der Klimakollaps: Gefahren und Auswege. München 1989.
Dahrendorf, Ralf, Homo Sociologicus. In: Kölner Zeitschrift für Soziologie 10 (1958) 2/3.
Ders., Pfade aus Utopia. München 1968.
Ditfurth, Hoimar von, Wir sind nicht nur von dieser Welt. Naturwissenschaft, Religion und die Zukunft des Menschen. Hamburg 1981.
Ders., So laßt uns denn ein Apfelbäumchen pflanzen. Es ist soweit. Hamburg 1985.
Donnelly, Jack, Global Policy Studies: A Sceptical View. In: Journal of Peace Research 27, Nr. 2 (1990), S. 221–320.
Dreitzel, H. P. (Hrsg.), Sozialer Wandel, Zivilisation und Fortschritt als Kategorien der soziologischen Theorie. Neuwied 1967.
Drewermann, Eugen, Der tödliche Fortschritt. Von der Zerstörung der Erde und des Menschen im Erbe des Christentums. Regensburg 1981.
Dziedzic, Michael J., The Transnational Drug Trade and Regional Security. In: Survival 31, Nr. 6 (Nov./Dez. 1989), S. 533–548.
Ebeling, W. u. Feistel, R., Physik der Selbstorganisation und Evolution. Berlin 1982.
Eibl-Eibesfeld, Irenäus, Der Mensch, das riskierte Wesen. Zur Naturgeschichte menschlicher Unvernunft. München 1991.
Eisenstadt, S. N., Sozialer Wandel, Differenzierung und Evolution. In: Zapf W. (Hrsg.), Theorien des sozialen Wandels. Köln, Berlin 1969, S. 75 ff.
Endruweit, Günter u. Trommsdorff, Gisela (Hrsg.), Wörterbuch der Soziologie. Stuttgart 1989.

Enquete-Kommission des 11. Deutschen Bundestags »Vorsorge zum Schutz der Erdatmosphäre« (Hrsg.), Schutz der Erde. 2 Bände. Bonn 1990.

Erpenbeck, J., Autopoiese – Selbstorganisation – Erkenntnistheorie. In: Deutsche Zeitschrift für Philosophie 37 (1989) 5, S. 416–426.

Etzioni, A. u. Etzioni, E., Social Change. New York 1964.

Falkenmark, Malin, Global Issues Confronting Humanity. In: Journal of Peace Research 27, Nr. 2 (1990), S. 177–190.

Fetscher, Irving, Überlebensbedingungen der Menschheit. Zur Dialektik des Fortschritts. München 1980.

Foreign and Commonwealth Office (Hrsg.), Aids: The Situation World-Wide. Background Brief. London, August 1990.

Friedrich, Heinz, Kulturverfall und Umweltkrise. Plädoyers für eine Denkwende. München 1982.

Gellner, Ernest, Nationalismus und Moderne. Berlin 1991.

Georgescu-Roegen, Nicholas, The Entropy Law and the Economic Process. Cambridge, London 1971.

Ders., The Entropy Law and the Economic Process in Retrospect. In: Eastern Economic Journal 12, Nr. 1, S. 3–25.

Glucksmann, André, Die Macht der Dummheit. Frankfurt a. M., Berlin 1988.

Gramckow, Heike, Die Drogenpolitik der Bush-Administration und die Entwicklung des Drogenproblems in den USA. In: Aus Politik und Zeitgeschichte. Beilage zur Wochenzeitung Das Parlament. Nr. B42/90 (12. 10. 1990), S. 28–39.

Gruhl, Herbert, Ein Planet wird geplündert. Die Schreckensbilanz unserer Politik. 13. Aufl. Frankfurt a. M. 1990.

Ders., Himmelfahrt ins Nichts. München 1992.

Habermas, Jürgen, Zur Logik der Sozialwissenschaften. 5. Aufl. Frankfurt a. M. 1982.

Halliday, D. u. Resnick, R., Fundamentals of Physics. 2. Aufl. New York u. a. 1981.

Hauff, Volker (Hrsg.), Unsere gemeinsame Zukunft. Weltkommission für Umwelt und Entwicklung. Greven 1987 (Engl. Originalfassung: Brundtland, Gro Harlem u. a., Our Common Future. Oxford, New York 1987).

Hoffmann, Karl-Dieter, Koka, Kokain und Unterentwicklung in Südamerika. In: Der Überblick 26, Nr. 1 (März 1990), S. 59–64.

Homans, G. C., Funktionalismus, Verhaltenstheorie und sozialer Wandel. In: Zapf, W. (Hrsg.), Theorien des sozialen Wandels. Köln, Berlin 1969.

Howie, Catharine McDonald, Die Europäische Gemeinschaft und Gesundheitsfragen der Dritten Welt. Brüssel, Juli 1989 (Kommission der Europäischen Gemeinschaften, Europa-Information Nr. DE 60).

Jonas, Hans, Das Prinzip Verantwortung. Versuch einer Ethik für die technologische Zivilisation. Frankfurt a. M. 1979.

Kennedy, Paul, In Vorbereitung auf das 21. Jahrhundert. Frankfurt a. M. 1993.

Kirsch, Werner, Kommunikatives Handeln, Autopoiese, Rationalität. München 1992.

Koestler, Arthur, Der Mensch. Irrläufer der Evolution. Frankfurt a. M. 1989.

König, René (Hrsg.), Handbuch der empirischen Sozialforschung. Band 1, Stuttgart 1967, Band 2, Stuttgart 1969.

Korkisch, Friedrich, Die demographische Explosion der dritten Welt – Konfliktpotential des 21. Jahrhunderts. In: Österreichische Militärische Zeitschrift 27, Nr. 5 (1989), S. 417–422.

Laotse, Tao Tê King. Bern, München, Wien 1967.

Lorenz, Konrad, Die acht Todsünden der zivilisierten Menschheit. München 1973.

Ders., Die Rückseite des Spiegels. Versuch einer Naturgeschichte menschlichen Erkennens. München 1973.

Lovelock, James, Das Gaia-Prinzip. Die Biographie unseres Planeten. Zürich/München 1991.

Luhmann, Niklas, Autopoiesis, Handlung und kommunikative Verständigung. In: Zeitschrift für Soziologie (1982) 11, S. 366–379.

Ders., Autopoiesis als soziologischer Begriff, in: Haferkamp, H. u. Schmid, M. (Hrsg.), Sinn, Kommunikation und soziale Differenzierung. Beiträge zu Luhmanns Theorie sozialer Systeme. Frankfurt a. M. 1987, S. 307–320.

Ders., Soziale Systeme. Grundriß einer allgemeinen Theorie. 2. Aufl. Frankfurt a. M. 1988.

Ders., Die Wirtschaft der Gesellschaft. Frankfurt a. M. 1988.

Mabry, Donald, The US Military and the War on Drugs in Latin America. In: Journal of Interamerican Studies 30, Nr. 2/3 (Coral Gables/Fla. 1988), S. 53–76.

Marx, Karl, Grundrisse der Kritik der politischen Ökonomie (Rohentwurf 1857–1858). Berlin 1953.

Maturana, Humberto R., Erkennen: Die Organisation und Verkörperung von Wirklichkeit. Ausgewählte Arbeiten zur biologischen Epistemologie. Braunschweig, Wiesbaden 1982.

Maturana, Humberto R. u. Varela, Francisco, Autopoietische Systeme: Eine Bestimmung der lebendigen Organisation. In: Maturana 1982, S. 170–235.

Dies., Der Baum der Erkenntnis. Die biologischen Wurzeln des menschlichen Erkennens. Bern/München/Wien 1987.

Matthies, Volker, Kriegsschauplatz Dritte Welt. München 1988.

Meadows, Dennis, Die Grenzen des Wachstums. Bericht des Club of Rome zur Lage der Menschheit. Stuttgart 1972.

Ders., Wachstum bis zur Katastrophe? Stuttgart 1974.

Meyer-Abich, Klaus M., Frieden mit der Natur. Freiburg 1979.

Miller, Henry, Der klimatisierte Alptraum. Reinbek 1977.

Mitscherlich, Alexander, Die Unwirtlichkeit unserer Städte. Frankfurt a. M. 1967.

Mocek, R., Anmerkungen zur Autopoiesis. In: Deutsche Zeitschrift für Philosophie 38 (1990) 4, S. 354–363.

Moore, W. E., Die Diskontinuität in den sozialen Systemen. In: Heintz, Peter (Hrsg.), Soziologie der Entwicklungsländer. Köln, Berlin 1962, S. 294 ff.

Ders., Order and Change. Essays in Comparative Sociology. New York/London/Sidney 1967.

Ders., Strukturwandel der Gesellschaft. München 1967.

Nietzsche, Friedrich, Also sprach Zarathustra. Leipzig o. J.

Ogburn, William F., Social Change with Respect to Culture and Original Nature. New York 1950.

Opitz, Peter J. (Hrsg.), Das Weltflüchtlingsproblem. Ursachen und Folgen. München 1988.

Ders. (Hrsg.), Weltprobleme. Bonn (Bundeszentrale für Politische Bildung) 1990.

Organization for Economic Co-Operation and Development (Hrsg.), The State of the Environment. Paris 1991.

Parsons, Talcott, A Functional Theory of Change. In: Etzioni, A. u. E. (Hrsg.), Social Change. New York 1964.

Ders., Das Problem des Strukturwandels: eine theoretische Skizze. In: Zapf, Wilhelm (Hrsg.), Theorien des sozialen Wandels. Köln, Berlin 1969, S. 35 ff.

Postman, Neil, Wir amüsieren uns zu Tode. Urteilsbildung im Zeitalter der Unterhaltungsindustrie. Frankfurt a. M. 1985.

Ribeiro, Darcy, Die Indianer und wir. In: Ders., Unterentwicklung, Kultur und Zivilisation. Frankfurt a. M. 1979, S. 255–284.

Samjatin, Jewgeni, Aufsätze. Autobiographie. Brief an Stalin. Leipzig, Weimar 1991.

Sand, Peter H., Lessons Learned in Global Environmental Governance. Washington (The World Resources Institute) 1990.

Scheler, Max, Die Stellung des Menschen im Kosmos. 10. Aufl. Bern, München 1983.

Schumpeter, Joseph, Theorie der wirtschaftlichen Entwicklung. Berlin 1932.

Ders., Kapitalismus, Sozialismus und Demokratie. Mensch und Gesellschaft. Bern 1946.

Schütze, Christian, Das Grundgesetz vom Niedergang. Arbeit ruiniert die Welt. München 1989.

Sennett, Richard, Das Ende der Soziologie. In: Die Zeit, 30. 9. 1994, S. 61 f.

Shindo, Eiichi, Hunger and Weapons: The Entropy of Militarisation. In: Lawrence, Peter u. a. (Hrsg.), War and Famine. Baltimore 1985, S. 6–22.

Slesser, Malcolm, Forecasting Long-Term Energy Prices from an Entropy Theory of Value. In: OPEC Review 13 (1989) 3, S. 191–202.

Smelser, N. J., Social Change in the Industrial Revolution. London, Chicago 1959.

Ders., The Sociology of Economic Life. Englewood Cliffs 1963.
Smelser, N. J. u. Lipset, S. M. (Hrsg.), Social Structure and Mobility in Economic Development. London 1966.
Smith, Adam, Eine Untersuchung über Natur und Ursachen des Volkswohlstandes. 3 Bände. Jena 1908–1923.
Spengler, Oswald, Der Untergang des Abendlandes. 2 Bände. München 1927.
Stammel, H. J., Indianer. Gütersloh 1979.
Stiftung Entwicklung und Frieden (Hrsg.), Globale Trends. Bonn, Düsseldorf 1992.
Stockholm International Peace Research Institute/SIPRI (Hrsg.), SIPRI Yearbook 1990. World Armaments and Disarmament. New York 1990.
Taylor, Gordon Rattray, Die biologische Zeitbombe. Revolution in der modernen Biologie. Frankfurt a. M. 1968.
Ders., Das Selbstmordprogramm. Zukunft oder Untergang der Menschheit. Frankfurt a. M. 1973.
Teubner, G. u. Febbrajo, A. (Hrsg.), State, Law, Economy as Autopoietic Systems. Mailand 1990.
The World Resources Institute u. The International Institute for Environment and Development (Hrsg.), World Resources 1988–1989. New York 1988.
Toynbee, Arnold, Menschheit und Mutter Erde. Die Geschichte der großen Zivilisationen. Frankfurt a. M., Berlin, Wien 1982.
United Nations (Hrsg.), Global Outlook 2000. New York 1990.
United Nations Fund for Population Activities/UNFPA (Hrsg.), Weltbevölkerungsbericht 1990. Bonn (Deutsche Gesellschaft für die Vereinten Nationen) 1990.
Watzlawick, Paul, Beavin, H. J. u. Jackson, D. D., Interaktion als System. In: Türk, Klaus (Hrsg.), Handlungssysteme. Opladen 1978, S. 202–216.
Weber, Alfred, Der Dritte oder der Vierte Mensch. Vom Sinn des geschichtlichen Daseins. München 1953.
Weiner, Myron, Immigration: Perspectives from Receiving Countries. In: Third World Quarterly 12, Nr. 1 (Januar 1990), S. 140–165.
Weizsäcker, Carl Friedrich von, Der Garten des Menschlichen. München 1984 (1977).
Wilson, Edward O., Biologie als Schicksal. Die soziobiologischen Grundlagen menschlichen Verhaltens. Berlin 1980.
Wöhlcke, Manfred, Abhängige Industrialisierung und sozialer Wandel. München 1981.
Ders., Umweltzerstörung in der Dritten Welt. München 1987.
Ders., Der Fall Lateinamerika. Die Kosten des Fortschritts. München 1989.
Ders., Risiken aus dem »Süden«. Neue Themen in den Nord-Süd-Beziehungen nach dem Ende des Ost-West-Konflikts. Ebenhausen 1991 (unveröffentlichtes Manuskript).
Ders., Umweltflüchtlinge. München 1992.
Ders., Der ökologische Nord-Süd-Konflikt. München 1993.

Worldwatch Institute (Hrsg.), State of the World 1989. New York, London 1989.

Zapf, Wilhelm (Hrsg.), Theorien des sozialen Wandels. Köln, Berlin 1969.

Gesellschaft
Politik
Wirtschaft

Christoph
Buchheim:
**Industrielle
Revolutionen**
dtv 4622

Ralf Dahrendorf:
**Der moderne
soziale Konflikt**
dtv 4628

Gilberto Freyre:
**Das Land in der
Stadt**
Die Entwicklung
Brasiliens
dtv/Klett-Cotta
4537

Erich Fromm:
**Arbeiter und
Angestellte am
Vorabend des
Dritten Reiches**
dtv 4409

Ernest Gellner:
Der Islam als Gesellschaftsordnung
dtv 4588

Bronislaw Geremek:
**Geschichte der
Armut**
dtv 4558

Gerd Hardach:
Der Marshall-Plan
Auslandshilfe und
Wiederaufbau in
Westdeutschland
1948-1952
dtv 4636

Indianische Realität
Nordamerikanische
Indianer in der
Gegenwart
Herausgegeben von
Wolfgang Lindig
dtv 4614

**Klassische Texte
der Staatsphilosophie**
Herausgegeben von
Norbert Hoerster
dtv 4455

Hans van der Loo/
Willem van Reijen:
Modernisierung
Projekt und Paradox
dtv 4573

Herbert Marcuse:
Der eindimensionale Mensch
Studien zur Ideologie
der fortgeschrittenen
Industriegesellschaft
dtv 4623

Peter Cornelius
Mayer-Tasch:
**Politische Theorie
des Verfassungsstaates**
dtv 4557

Jörg P. Müller:
**Demokratische
Gerechtigkeit**
dtv 4610

Oskar Weggel:
Die Asiaten
dtv 4629